REGINALD FELKER

Advogado. Ex-Presidente da ABRAT (Associação Brasileira de Advogados Trabalhistas).

LITIGÂNCIA DE MÁ-FÉ E CONDUTA PROCESSUAL INCONVENIENTE

DOUTRINA, JURISPRUDÊNCIA E LEGISLAÇÃO

EDITORA LTr®
SÃO PAULO

Dados Internacionais de Catalogação na Publicação (CIP)
(Câmara Brasileira do Livro, SP, Brasil)

Felker, Reginald

Litigância de má-fé e conduta processual inconveniente: doutrina, jurisprudência e legislação / Reginald Felker. — São Paulo: LTr, 2007.

Bibliografia
ISBN 978-85-361-0969-5

1. Conduta processual inconveniente 2. Litigância de má-fé I. Título

07-1724 CDU-347.921.1

Índice para catálogo sistemático:

1. Litigância de má-fé e conduta processual inconveniente: Processo civil 347.921.1

Produção Gráfica e Editoração Eletrônica: **RLUX**
Capa: **ELIANA C. COSTA**
Impressão: **HR GRÁFICA E EDITORA**

(Cód. 3417.2)

LTr®

EDITORA LTDA.

Rua Apa, 165 — CEP 01201-904 — Fone (11) 3826-2788 — Fax (11) 3826-9180
São Paulo, SP — Brasil — www.ltr.com.br

Maio, 2007

Dedico este trabalho, in memoriam, *a meus pais,*
Eugênio Felker *e* Elvira Hintz Felker,
que me ensinaram o que não se aprende
em Cursos de Mestrado ou Doutorado:
honestidade, humildade e dedicação ao trabalho.

ÍNDICE

Siglas e abreviaturas 11

Prefácio — *Ruy Rosado de Aguiar Júnior* 13

I — Introdução 19

1. Cena I 19
2. Cena II 20
3. Personagens da cena judiciária 22
   3.1. O juiz 22
   3.2. O agente do Ministério Público 22
   3.3. O advogado 22

II — Conceitos gerais 23

1. Litigância de má-fé 23
2. Lide Temerária 23

III — Histórico 31

IV — A litigância de má-fé e a indevida conduta processual na legislação brasileira e comparada 34

1. Na fase de 1891 a 1934 34
2. No âmbito da Ordem dos Advogados do Brasil 35
   2.1. Decreto n. 22.478/33 35
   2.2. Lei n. 4.215/63 35
   2.3. Lei n. 8.906/94 35
3. No Código Penal 36
4. No Código de Processo Civil de 1939 36
5. No Código de Processo Civil de 1973 37
   5.1. Art. 14 — As modificações introduzidas pela Lei n. 10.358/2001 42
6. No Código de Defesa e Proteção do Consumidor 44
7. Projetos de Lei 44

8. Disposições no Direito Comparado 46
8.1. Na Itália 47
8.2. Na Alemanha 47
8.3. Em Portugal 47
8.4. Na França 47
8.5. Na Bolívia 47
8.6. No Peru 48
8.7. Na Argentina 49
8.8. No Uruguai 49

V — Das conseqüências da litigância de má-fé e da conduta processual inconveniente 51
1. Quanto à natureza da condenação 51
1.1. A multa 52
1.2. A indenização por perdas e danos 55
1.3. Os honorários advocatícios 58
1.4. As custas e despesas processuais 58
1.5. Outras penalizações de ordem administrativa, civil e penal .. 59
2. Da reiteração de pedidos e litigar contra coisa julgada 60
3. Sustentar a parte teses antagônicas no mesmo processo 61
4. Oferecimento de bens impenhoráveis à penhora 62
5. Uso do processo para conseguir objetivo ilegal: conluio e simulação 63
6. Conduta maliciosa 66
6.1. Mudança de denominação 66
6.2. Negativa de alimentos 66
6.3. Negativa de submeter-se a exame de DNA 66
6.4. Não comparecimento da parte a ato judicial 67
6.5. Sonegar informações 67
6.6. Falta de fundamento legal 68
6.7. Utilização de formulário, por computador, sem atender às particularidades da ação proposta ou da defesa oferecida 69
6.8. Conduta indevida na distribuição dos feitos 70
7. Penalização *ex officio* 71
8. Condenação indenizatória nos próprios autos 75
9. Motivação 76

VI — Litigância de má-fé por advogar contra disposição da lei ou da jurisprudência 78

VII — Litigância de má-fé por atentar contra a verdade 84

VIII — Litigância de má-fé por protelação indevida do feito 90

IX — Dos excessos de linguagem no curso do processo 99

1. Alegadas ofensas contra Magistrado e do Magistrado 106
2. Ofensa proferida por advogado contra advogado da gente adversa 110
3. Ofensa proferida pelo advogado contra a parte contrária 112
4. Quando a lei fala em "partes" estará abrangendo o agente do Ministério Público? 113
5. E quanto ao delegado de polícia, oficial de justiça e funcionários do Judiciário e funcionários em geral? 115
6. E quanto à testemunhar? 117
7. Ofensas dirigidas a terceiros, que não intervêm no processo .. 118

X — Da condenação da Fazenda Pública por litigância de má-fé ou deslealdade processual 120

XI — Da litigância de má-fé no mandado de segurança 127

XII — Da litigância de má-fé no juízo trabalhista 130

1. Indústria de Reclamatórias 150

XIII — Da responsabilidade pessoal do advogado 153

XIV — Hipóteses que não configuram litigância de má-fé 167

XV — Da carga ideológica e das motivações pessoais na apreciação da litigância de má-fé 174

XVI — Conclusões 177

Fontes de consulta 181

SIGLAS E ABREVIATURAS

A	— Autor
ABRAT	— Associação Brasileira dos Advogados Trabalhistas
AC	— Acórdão
ADIN	— Ação Direta de Inconstitucionalidade
AGETRA	— Associação Gaúcha dos Advogados Trabalhistas
AGP	— Agravo de Petição
AGRINT	— Agravo Interno
AGRREG	— Agravo Regimental
AI	— Agravo de Instrumento
AJURIS	— Associação dos Juízes do Rio Grande do Sul
APL	— Apelação
AP S/REV	— Apelação em ação revisional de locação
AR	— Agravo Regimental
AÇRESC	— Ação Rescisória
ARQJURISPR	— Arquivo de Jurisprudência
ART	— Artigo
CAM	— Câmara Cível
Cf	— Conforme
CIV	— Cível
CF	— Constituição Federal
CLT	— Consolidação das Leis do Trabalho
CP	— Correição Parcial
CPC	— Código de Processo Civil
DJ	— Diário da Justiça
DJU	— Diário da Justiça da União
Ed	— Edição
ED	— Editora
EMBDECL	— Embargos Declaratórios

EI — Embargos Infringentes
EOAB — Estatuto da OAB
ERR — Embargos em Recurso de Revista
GR — Grupo
GR CAM CIV — Grupo de Câmaras Cíveis
INPS — Instituto Nacional de Previdência Social
INSS — Instituto Nacional de Seguridade Social
MS — Mandado de Segurança
OAB — Ordem dos Advogados do Brasil
p. — Página
PLS — Projeto de Lei do Senado
R — Réu
RO — Recurso Ordinário
RE — Recurso Extraordinário
RESP — Recurso Especial
RHC — Recurso em Mandado de Segurança
RR — Recurso de Revista
RSE — Recurso criminal em sentido estrito
SDC — Sessão de Dissídios Individuais - Tribunais do Trabalho
SDI — Sessão de Dissídios Coletivos - Tribunais do Trabalho
STF — Supremo Tribunal Federal
STJ — Superior Tribunal de Justiça
t. — Tomo
T — Turma
TACiv — Tribunal de Alçada Cível
t.a — Tradução do autor
TACR — Tribunal de Alçada Criminal
TFR — Tribunal Federal de Recursos
TJ — Tribunal de Justiça
TRF — Tribunal Regional Federal
TRIBPL — Tribunal Pleno
TRT — Tribunal Regional do Trabalho
TST — Tribunal Superior do Trabalho
V — Volume

PREFÁCIO

O Dr. *Reginald Hintz Felker* é um exemplo raro de profissional que atua com a mesma competência nas mais diversas áreas do Direito: Promotor de Justiça com exemplar desempenho na tutela dos interesses públicos; político defensor intransigente da legalidade e da ordem jurídica, ao tempo em que posições tais eram tidas como perturbadoras da paz social; professor de Direito Romano na nossa Faculdade de Direito da Universidade Federal do Rio Grande do Sul, e nas Faculdades de Direito de Santo Ângelo e de Cruz Alta; advogado dedicado ao direito trabalhista e ao direito público; líder e representante da classe dos advogados, hoje integrante do Conselho Federal da Ordem dos Advogados do Brasil. Com essa multiplicidade de compromissos, ainda encontra tempo para a produção intelectual, do que é exemplo a edição recente de dois trabalhos: "Algumas reflexões sobre o MERCOSUL, advocacia e relações de trabalho", OAB Editora, 2004, e "O dano moral, o assédio moral e o assédio sexual nas relações de trabalho", LTr Editora, 2006.

Em "Litigância de má-fé e conduta processual inconveniente", que agora publica, o autor examina um tema que atormenta os advogados destinados a trilharem a estreita e indefinida linha entre a defesa dos interesses do cliente e o abuso do exercício desse direito. É um dilema que deve ser resolvido no foro íntimo do profissional, mas que é submetido ao julgamento do juiz, e muitas vezes não há coincidência nessa apreciação, com graves e muitas vezes irrecuperáveis danos, não tanto materiais, mas morais, uma vez que a condenação por litigância de má-fé traz consigo um juízo de má conduta.

De minha parte, sempre entendi que essa matéria estava e está mal equacionada na lei. O uso dos meios e recursos que a lei processual alcança os cidadãos pode ser feito ordinariamente pelo interessado, e disso normalmente resulta algum prejuízo à contraparte; como sanção ao uso indevido, deveria ser prevista uma multa, automaticamente resultante da rejeição do pedido ou do recurso. Essa conseqüência independe de julgamento de culpabilidade na conduta, pois já estaria prevista de forma prévia e abstrata pela lei, e por isso presente nas considerações que a parte deve fazer quando avaliar o custo/benefício do seu pedido em juízo, ou do seu recurso. Perdeu, pagou. Assim como está, a imposição da sanção é associada a um reproche sobre a conduta do advogado, que tem dois inconvenientes: de uma parte, inibe o juiz que vê o abuso, mas não quer tisnar a defesa; de outra, a impunidade que daí resulta estimula comportamentos indevidos. O juízo de litigância de má-fé deveria ser reservado somente àquelas situações em que se caracterizasse o abuso de direito definido no art. 187 do Código Civil, mais o dolo específico de uso do meio ou recurso processual para causar dano efetivo e grave à contraparte.

A regulamentação legal foi examinada pelo autor, que partiu de casos concretos para fazer as classificações e estabelecer a orientação que melhor se ajusta ao nosso sistema.

Assim, inicia o trabalho por fixar a distinção entre litigância de má-fé, erro grosseiro e ato atentatório à dignidade da Justiça, e passa ao relato da história do instituto, do modo como estruturado nos tempos antigos, desde Roma, na legislação comparada, no ordenamento em vigor e nos projetos de lei que tramitam no Congresso Nacional. Analisa a posição dos diversos figurantes da cena judiciária, advogados, partes e Ministério Público, as conseqüências jurídicas das muitas situações processuais que podem surgir, e enumera as ações de uns e outros que podem ensejar a incidência de alguma norma processual sancionadora. Abre capítulos especiais para descrever os efeitos da advocacia contra disposição de lei ou afrontando precedentes jurisprudenciais, contra a verdade dos fatos, para provocar a demora no andamento dos feitos, por excesso de linguagem contra o juiz, o promotor, o advogado, a parte adversa e os demais figurantes. Critica com acerto e veemência a orientação judicial que não reconhece a possibilidade da litigância de má-fé contra a Fazenda Pública, como se esta pudesse praticar ilícitos e sair impune, apenas porque a condenação implicaria ônus ao Estado.

Advogado com larga experiência no foro trabalhista, o autor dedica longo estudo à situação específica do juízo do trabalho, cujos processos têm peculiaridades a justificar a disquisição doutrinária surgida sobre o reconhecimento desse instituto na justiça especializada. Admitindo a possibilidade, o autor acentua as razões pelas quais se impõe cautela no respectivo julgamento, que nem por isso deve ensejar a aceitação ou o aplauso de comportamentos altamente lesivos ao processo, de ambas as partes, sejam reclamantes ou reclamados. Faz uma observação que se aplica ao foro em geral: não é a multiplicidade de processos, nem o volume de demandas acima da capacidade de resposta pelo Judiciário, que autorizam se tenha o pedido ou o recurso passível de reprimenda.

Por fim, traz à baila o tema da motivação dos julgamentos. É sabido que o juiz leva consigo, no momento da decisão, a sua visão de mundo, mas, mesmo aí, deve ter a lucidez suficiente para saber distinguir a influência desses fatores subjetivos e se policiar para que a sentença não seja um ato discricionário. Daí a importância da fundamentação e a possibilidade de revisão dos julgados. Mas o perigo se agrava nos casos em que a decisão pode ser o resultado de uma emoção, provocada pela atitude da parte, como seguidamente acontece quando o juiz se depara com o que considera abusivo. Tratar do ponto e apresentar as suas nuances é uma das virtudes do texto.

Estou honrado em fazer este prefácio e o apresento como testemunho da minha admiração pelo autor, cuja trajetória acompanho desde que, juntos, montamos banca de advocacia nos tempos longínquos de Santa Rosa. O presente livro é fruto da sua experiência e meditada ponderação, e estou convencido de que seu esforço será recompensado pelo auxílio que prestará a todos quantos se defrontam com as dificuldades jurídicas da litigância de má-fé.

Porto Alegre, 24 de outubro de 2006.

Ruy Rosado de Aguiar Júnior

"Bailarina inconstante e volúvel, a Justiça troca de par
no decorrer do jogo das contradições da História.
Ora a vemos bailar com os poderosos,
ora com os fracos, ora com os grandes senhores,
ora com os pequenos e humildes.
Nesse jogo dinâmico todos querem ser seu par
e, quando ela passa para outras mãos,
logo será chamada de prostituta pelos
relegados ao segundo plano."

(Roberto A. R. de Aguiar)

I — INTRODUÇÃO

1. CENA I

Pedro Pedreiro procura o advogado "*XY*", pedindo para entrar com uma Reclamatória Trabalhista contra seu ex-empregador. Relata-lhe a história da relação empregatícia, transcorrida nos três anos pretéritos. Fora despedido sem receber o valor das horas extras prestadas, nem domingos trabalhados, sem gozo da folga semanal.

"*XY*" anota detalhadamente todas as informações, redige a petição inicial e ingressa em juízo.

Na data aprazada, sentam-se à Mesa de audiência as Partes perante o Juiz. Rejeitada a proposta conciliatória, levantada preliminarmente pelo juízo, é dado ao Reclamado produzir sua defesa.

O procurador do Empregador, então, para surpresa de "*XY*", alega, e comprova, exibindo documentos, que os pedidos formulados na Reclamatória já haviam sido objeto de decisão judicial anterior, em Reclamatória formulada pelo mesmo Reclamante, perante outra Vara do mesmo foro trabalhista, através de outro procurador, restando, naquela ação, comprovado, por sentença não recorrida, que inexistiam provas da alegada prestação de jornada extraordinária e que sempre gozara folga semanal, sendo a Reclamatória julgada improcedente.

Depois de um fulminante olhar jogado sobre o Advogado do Reclamante, que somente não levou este a esconder-se debaixo da mesa porque o espaço oferecido era por demais exíguo, o Juiz interpela o Reclamante.

— É verdade que o senhor já pediu o pagamento de horas extras e domingos em outra ação anterior, igual a esta?

— Sim Senhor.

— O senhor sabia que não houve sequer recurso dessa decisão?

— Sim Senhor.

Interpelado se tinha alguma manifestação ou prova a produzir, "*XY*" mal teve força para balbuciar um não senhor. O Juiz respirou fundo, concentrou-se por dez segundos e passou, desde logo, a ditar a sentença ao secretário da audiência. Naturalmente julgou improcedente a reclamatória em face da coisa julgada e condenou o Reclamante por litigância de má-fé.

Assinada a ata, retiram-se as partes e procuradores. Fora da sala, "*XY*" encara o Reclamante e explode:

— Mas como seu *Pedro*, como é que o senhor veio pedir novamente as horas extras que já tinham sido objeto de julgamento, me fazendo pagar um mico deste tamanho?

Com a expressão facial mais angelical, entre ingenuidade e malícia, *Pedro Pedreira* exclama:

"— Mas pô, seu dotô, e se desse uma '*riviria*'?!"

2. CENA II

Mário Marcineiro, aposentado pelo órgão previdenciário oficial, por evidente erros (intencionais ou não), foi prejudicado no valor atribuído a seus proventos.

Procurou o Advogado "*ZW*" para buscar seus direitos judicialmente. Proposta foi a ação. O demandado utilizou-se de todos os recursos ordinários (ordinários, mais no sentido de grosseiros, juridicamente medíocres, do que no sentido de usual, comum). Vencidos embargos, embarguinhos, agravos e agravinhos, foi decidido que *Mário Marcineiro* tinha razão e lhe deveriam ser pagos os créditos indevidamente surrupiados durante muitos meses. Abre-se nova fase: a liquidação da sentença. Renovadas "n" impugnações, recursos ordinários, novos agravos e agravinhos, embargos e embarguinhos, decorrem meses sem que se decida qual o montante devido ao Autor. Determinado dia o Autor perde a paciência e solicita ao seu advogado:

— Doutor, peça para eles fazerem os cálculos e vamos aceitar o que apresentarem e terminar com esta novela que não agüento mais.

"*ZW*" redige a petição solicitando que o réu apresente o cálculo, nos termos que entendia serem corretos. Intimado, o Órgão Previdenciário apresenta seus cálculos, considerando ser devedor pela quantia de "X" reais. Intimado, o Autor, por seu procurador, concorda com o cálculo apresentado pelo réu. O juiz homologa o cálculo. Publicada a nota de expediente, dando notícia da homologação do cálculo, o Réu ingressa com recurso, recorrendo contra a homologação do cálculo que ele próprio havia apresentado.

O Tribunal mantém a decisão do Juiz após um ano de tramitação do recurso, negando, porém, a existência de litigância de má-fé, sob o argumento que o Órgão Previdenciário teria apenas procurado resguardar o interesse público.

Estas duas situações, pinçadas de fatos reais, levam-nos a refletir sobre uma série de indagações:

a) sob o ponto de vista da ÉTICA, haverá substancial diferença de comportamento entre uma e outra das situações relatadas, a ponto de justificar a pronta condenação por litigância de má-fé no primeiro caso e a absolvição do Réu no segundo caso?

b) O Poder Público, através de seus órgãos diretos e indiretos, está isento (Poder Público) da aplicação de litigância de má-fé?

c) Qual a responsabilidade do advogado na condenação por litigância de má-fé?

d) Como tem sido o tratamento dado pela legislação à alegada litigância de má-fé?

e) No tratamento da litigância de má-fé não estará inserida uma considerável carga ideológica?

Estes, dentre outros problemas, é que o presente estudo procura enfrentar, trazendo, não aos doutos, mas, especialmente, aos iniciantes nas lides jurídicas, alguns subsídios que podem ser absorvidos da legislação, da doutrina e da jurisprudência.

> "Já amadurecemos o juízo de que o advogado, para efetivamente enobrecer a arte que professa, precisa dotar-se de sólida capacitação técnica e excelente formação moral.
>
> Sua obrigação primeira consiste em sustentar, perante os pretórios, às abertas, sem subterfúgios, teses eticamente justas, juridicamente defensáveis, posto nem sempre vitoriosas. A derrota de um ponto de vista jurídico, desde que defendido com lealdade processual e probidade científica, não importa em desdouro. Ao revés, o triunfo obtido à custa de desmistificação, por eventual equívoco do juiz ou inadvertência da parte contrária, talvez possa representar a egoística satisfação de momento fugaz, nunca, porém, simbolizará o lançamento de mais um grão de trigo na seara imensa da Justiça, que ocupa o ápice dos valores da vida."

(JOSÉ DUTRA)[1]

---

(1) Palavras do Desembargador aposentado José Dutra por ocasião do compromisso como advogado, perante a OAB/RS, citadas no ac. dos EMBDECL 23.173, da 4ª CAM do TJRS, 03.09.1975, *in Novo Código de Processo Civil nos Tribunais do Rio Grande do Sul e Santa Catarina*, de Athos Gusmão Carneiro, Tomo I, Coleção AJURIS.

3. PERSONAGENS DA CENA JUDICIÁRIA

3.1. O Juiz

"Um bom juiz deve, primeiro, ser honesto; segundo, possuir uma dose razoável de habilidade; terceiro, ter coragem; quarto, ser cavalheiro; e ... finalmente, ... se tiver algum conhecimento na lei, isto será um bom auxílio."

(LYNDHURST)

3.2. O Agente do Ministério Público

"Entre todos os cargos judiciários, o mais difícil, segundo me parece, é o do Ministério Público. Este, como sustentáculo da acusação, devia ser tão parcial como um advogado; como guarda inflexível da lei, devia ser tão imparcial como um juiz."

(CALAMANDREI)

3.3. O Advogado

"No advogado, a retidão de consciência é mil vezes mais importante que o tesouro dos conhecimentos. Primeiro é ser bom: logo, ser firme; depois, ser prudente; a ilustração vem em quarto lugar; a perícia, em último."

"O que ao advogado importa não é saber o Direito, e sim conhecer a vida. O direito positivo está nos livros. ... Mas o que a vida reclama não está escrito em nenhuma parte. ... Por isso digo que a Justiça não é fruto de estudo, e sim de sensação."

"Não procures nunca nos tribunais ser mais que os magistrados, mas não consintas ser menos."

(ANGEL OSSORIO)

II — CONCEITOS GERAIS

1. LITIGÂNCIA DE MÁ-FÉ

Litigância de *litigar*, do latim *litigare*, pleitear ou questionar em juízo.

Má-fé, de *mala*, latim, má e *fides*, fé, ou seja, a ausência de boa-fé, ou esta como o procedimento honesto, estado psicológico de quem age com o que considera correto, conduta ou estado de consciência com que o sujeito que atua em uma relação jurídica.(1)

Boa-fé, conceitua-a *Rodolfo Capón Filas*(2), como sendo a

> "Conduta normal/média, reputada obrigatória pelos agentes sociais em uma determinada atividade, como meio idôneo de satisfazer seus compromissos. Funciona como válvula de segurança do ordenamento, evitando sua esclerose ou sua impossibilidade de adaptar-se a novas situações sócio-reais. (...)
>
> A boa-fé é um conceito-válvula. Funciona em dois aspectos fundamentais: boa-fé-crença e boa-fé-lealdade. O primeiro designa o conteúdo intelectual que a consciência média reconhece na obrigação. O segundo, o modo de complementá-la, reconhecido pela dita consciência média."

2. LIDE TEMERÁRIA

Lide, do latim *lis*, processo, litígio e *temerário*, do latim *temerariu*, imprudente, arriscado, sem fundamento. É o procedimento precipitado, afoito.(3)

No que tange à má/boa-fé processual, acentua *Pontes de Miranda*:

> "Existe direito de litigar — dito direito de ação — e nenhuma limitação se fazia a esse direito no texto de 1939. Tampouco a pretensão à tutela jurídica, que nasce dele. Ou do uso das formas. O que se condenou, no texto legal, foi o abuso. A liberdade de se defender em justiça é essencial

---

(1) FERREIRA, Aurélio Buarque de Holanda. *Novo Dicionário da Língua Portuguesa*. 1ª ed., 15ª impressão. ED Nova Fronteira.

(2) FILAS, Rodolfo Capón. *Diccionario de Derecho Social*. ED Rubinzal-Culzoni, Santa Fé, Argentina, 1987, Verbete "Buena Fé", p. 57, t.a.

(3) ARMARIO, Faustino G. *Diccionario de Derecho Romano*. ED Réus, Madrid, 1976 .

à própria liberdade de pensamento e de ação, sem a qual a sociedade envilece e regride. Onde a justiça falha, a infelicidade humana se insinua. Onde se cerceia a defesa, estrangula-se a liberdade humana, antes mesmo que a justiça falhe. Assim, o abuso do direito processual só existe quando se compõe os seus pressupostos segundo texto legal; e nunca se aprecia antes de ter produzido os seus efeitos, porque então se estariam a peneirar, liminarmente a pretensão à tutela jurídica, a pretensão processual, a ação e a prática dos atos processuais. (...) ... presume-se de boa-fé quem vai litigar, ou está litigando, ou litigou. Tal presunção somente pode ser elidida *in casu* e quando haja má-fé, propriamente dita. A apreciação do exercício abusivo do direito processual tem de partir daí."[4]

E *Edson Prata*,

"Diz-se litigante de má-fé não só o que tiver deduzido pretensão ou oposição cuja falta de fundamento não ignorava, como também o que tiver conscientemente alterado a verdade dos fatos ou omitido fatos essenciais e o que tiver feito do processo ou dos meios processuais um uso manifestamente reprovável, com o fim de conseguir objetivo ilegal ou de entorpecer a ação da justiça ou de impedir a descoberta da verdade."[5]

Clovis Bevilaqua[6] caracteriza o abuso de direito, e nesse campo é que tem sido incluída a litigância de má-fé, como

"tendo aparência legítima, importa num desvio da ordem jurídica."

Adiante acentua:

"A evolução do direito se tem operado no sentido do maior desenvolvimento e acentuação de seus intuitos éticos e correspondente redução dos seus elementos egoísticos. A sociologia compreendendo-o como força moral destinada a manter o equilíbrio das energias sociais em ação, contribuiu fortemente para a solução do problema do abuso do direito.

Se a função do direito é manter em equilíbrio os elementos sociais colidentes, desvirtuar-se-á, mentirá ao seu destino, quando se exagerar, no seu exercício, a ponto de se tornar um princípio de desarmonia."

Efetivamente, a litigância de má-fé, em se constituindo em abuso de direito, fere o princípio do equilíbrio, da busca da harmonia social, ferindo os parâmetros éticos que devem nortear a lide judicial.

Não se pode transformar o processo, de instrumento eficaz em busca da afirmação do direito em veículo de chicanas, que vão se concretizando por ardis e astúcias, para impedir que seja cumprida a missão do Judiciário, em resolver os conflitos de forma célere e justa.

---

(4) MIRANDA, Pontes de. *Comentários ao Código de Processo Civil*, t. I. ED Forense, 1974, p. 385.
(5) PRATA, Edson. *Comentários ao Código de Processo Civil*, V II, t. I. ED Forense, 1987, p. 129.
(6) BEVILAQUA, Clovis. *Código Civil dos Estados Unidos do Brasil* — Comentário ao artigo 160, V I. ED Rio, 1975.

Não foi diferente o magistério de *Inocêncio Borges da Rosa*,[7] ao expor:

"No desvio da finalidade do direito exercido compreende-se o exercício irregular da ação judicial, o seu exercício com excessos reprováveis. O exercício de má-fé caracteriza-se pelo procedimento descabido, doloso ou culposo, nocivo a outrem."

O ERRO GROSSEIRO poderá ser penalizado como litigância de má-fé?

Se é verdade que toda conduta processual de má-fé caracteriza um procedimento inconveniente, há, porém, procedimentos processuais inconvenientes, puníveis também, que não podem ser caracterizados como litigância de má-fé.

Nestas últimas hipóteses podemos alinhar o erro grosseiro, a linguagem inconveniente nas expressões escritas ou orais, no curso do processo e atos atentatórios à dignidade da Justiça, cometidos pelas partes ou Operadores do Direito que intervêm na demanda, promotores, advogados, peritos, testemunhas e mesmo juízes.

Como o abuso de direito, caracterizado pela conduta de má-fé, pressupõe dolo ou culpa do agente, afigura-se que o erro grosseiro, sem que o mesmo cause prejuízo para a parte contrária, não deve ser penalizado, além das conseqüências processuais decorrentes e a responsabilização pelos prejuízos que venha a causar ao seu próprio cliente, frente a este.

Note-se que a disposição originária do Código Processual de 1973 que dispunha,

"deduzir pretensão ou defesa, cuja falta de fundamento não possa razoavelmente desconhecer",

foi retificado, dispondo o novo inciso I, do art. 17, do CPC, que a litigância de má-fé estaria caracterizada pela pretensão ou defesa contra expresso texto de lei ou fato incontroverso. É verdade que se prejuízo houver, o dano deverá ser indenizado, ainda que sem culpa ou dolo do agente. Mas a conduta maliciosa, a má-fé processual com que se manifesta a parte deverá ser penalizada, com ou sem prejuízo à parte contrária, porque o prejuízo decorre do menosprezo à Justiça; o que não ocorre, todavia, com o erro grosseiro que não causou dano à parte contrária, pois da ignorância crassa não decorre menosprezo à Justiça, apenas demérito ao profissional despreparado. De sorte que se afigura mais plausível que se do erro grosseiro decorrer prejuízo, caberá a indenização do art. 18 do CPC, mas não a multa de 1% por litigância de má-fé.

Faz-se necessário, de início, promover-se uma distinção, que usualmente não tem sido observada nas inúmeras decisões, nas diversas instâncias judiciais, entre a *litigância de má-fé*, o *erro grosseiro* e o *ato atentatório à dignidade da Justiça.*

Na litigância de má-fé a parte age com conduta maliciosa, sabendo não ter razão, utilizando-se do processo para obter vantagem indevida e

(7) ROSA, Inocêncio Borges da. *Comentários ao Código de Processo Civil e Comercial*, V I. ED Livraria do Globo, 1940, p. 156.

causar prejuízo à parte contrária. O *improbus litigator* ... será penalizado com multa e deverá indenizar o prejudicado pelo prejuízo sofrido, incluindo o dano emergente e o lucro cessante, dentro das regras comuns à responsabilidade civil por abuso de direito. É o interesse da parte que primordialmente estará sendo resguardado.

A matéria está regulada nos arts. 17 e 18 e seus parágrafos, do CPC. Em se tratando, especificamente, de expedientes manifestamente protelatórios por meio de Embargos de Declaração, o tratamento legal estará previsto no parágrafo único do art. 538 do CPC; se referente a agravo, o CPC nos remete ao art. 557, § 2º.

Os erros grosseiros, a imperícia, normalmente decorrentes do despreparo do profissional do Direito, não trazem a intenção de causar prejuízo, mas o podem causar. A eles não deve ser aplicada a multa por litigância de má-fé, prevista no Código Processual, mas responderão pelos prejuízos que decorrerem à parte contrária, independente da intencionalidade.

"Litigância de má-fé — Interpretação ingênua da Lei — Hipótese não caracterizada."

"(...) Como anota *Theotônio Negrão*, lastreado em entendimento da jurisprudência, 'a boa-fé se presume. Nem existe necessariamente má-fé como conseqüência de interpretação ingênua, bisonha ou esdrúxula da lei'. (cf. *Código de Processo Civil e Legislação Processual em Vigor*, nota 3, ao art. 16, 11ª ed)."[8]

No mesmo sentido,

"LITIGÂNCIA DE MÁ-FÉ — Descaracterização — Autor que, por imprudência ou imperícia, ajuíza ação cujo resultado positivo não é alcançado em razão da fragilidade de seus argumentos."

(...)

"Por fim, como bem ficou ressaltado na decisão recorrida, não restou caracterizada a litigância de má-fé, pois a lide temerária alegada somente se consubstancia quando o autor sabendo que não tem razão, ajuíza ação cuja vitória tem consciência de que jamais poderá alcançar. Fica, portanto, descaracterizada a má-fé, quando, de modo imprudente ou imperito, o demandante ajuíza ação cujo resultado positivo, embora acredite, não é alcançado em razão da fragilidade de seus argumentos.

Neste sentido, ensinam *Nelson Nery Jr* e *Rosa Maria de Andrade Nery*: 'A norma veda ao litigante ou interveniente agir de modo temerário ao propor a ação, contestá-la ou em qualquer incidente ou fase do processo. Proceder de modo temerário é agir afoitamente, de forma açodada e anormal, tendo consciência do injusto, de que não tem razão. (...) O procedimento temerário pode provir de dolo ou culpa grave, mas não de culpa leve (...) A mera imprudência ou simples imperícia não caracteriza a lide temerária, mas, sim, a imprudência grave, a imperícia fruto de erro inescusável, que não permitem hesita-

---

(8) 1º TACiv SP — 3ª CAM — AP 325.328 — 30.5.1984 — *RT* 587/126.

ção do magistrado em considerar ter havido má-fé (...) O litigante temerário age com má-fé, perseguindo uma vitória que sabe ser indevida'. (*Código de Processo Civil Comentado*, 7ª ed. 2003, p. 372)."(9)

Os fundamentos legais iremos buscar nos arts. 186 e 187 do Código Civil combinados com art. 18, § 2º, do CPC.

Já nos atos atentatórios à dignidade da Justiça, como no processo de execução, ou em fase desta, quando o devedor já está em posição de sujeição diante do credor, a improbidade da parte ofende a dignidade da Justiça e é o órgão jurisdicional que é ofendido. As demarches protelatórias, maliciosas ou temerárias do devedor deverão ser penalizadas com fundamento no art. 601 do CPC, no qual é prevista uma multa que reverterá em favor da parte contrária.

Luiz Carlos Teixeira Bomfim destacou com muita propriedade esta característica distintiva entre a litigância de má-fé e o ato atentatório à dignidade da Justiça, em acórdão em que funcionou como relator:

"PROCESSO DE EXECUÇÃO. DISTINÇÃO ENTRE LITIGÂNCIA DE MÁ-FÉ E ATO ATENTATÓRIO À DIGNIDADE DA JUSTIÇA. A improbidade processual é o substrato comum, aos atos que dão causa à penalização da parte por sua conduta no processo.

Contudo, a litigância de má-fé viola, preponderantemente, os interesses da parte que, no processo de conhecimento, encontram-se em igualdade funcional perante o juízo. No processo de execução, em que o devedor já se encontra em posição de sujeição perante o credor, a improbidade do primeiro ofende diretamente o órgão jurisdicional e constitui, por isso, ato atentatório à dignidade da Justiça. Além disso, a configuração de cada espécie dá-se por padrões distintos de conduta processual." (...)

"É imprópria, portanto, a aplicação da litigância de má-fé à conduta ímproba no processo de execução. Tal impropriedade, contudo, não basta para arredar a cominação, a despeito do princípio da subsidiariedade (CPC, art. 598) da aplicação das disposições do processo de conhecimento ao processo de execução, dado que esta corte pode invocar um outro princípio — o da utilidade do processo — para, admitindo a fungibilidade dos dois institutos, convolar o primeiro — litigância de má-fé — no segundo — ato atentatório à dignidade da Justiça. É atentatória à dignidade da Justiça a conduta procrastinatória da devedora se opondo maliciosamente à execução, através de agravo de petição contra o deferimento do pedido de expedição de certidão de crédito, garantido, inclusive, pela (CF, art. 5º, XXXIV, alínea *b*) Constituição.

Portanto, a conduta da devedora, como ficou dito, é atentatória à dignidade da Justiça, razão pela qual aplico-lhe a multa de 10% (dez por cento) sobre o valor capitalizado da condenação (CPC, art. 601) em proveito do credor."(10)

Há de se ter bem presente, também, que o simples fato de a parte se contrapor e resistir à pretensão do autor, não pode ser confundido com conduta de má-fé.

---

(9) TJ PR — 7ª CAM — AP 149.606-2 — 16.3.2003 — *RT* 825/353.

(10) TRT 1ª REGIÃO — AP 00035-1999-018-01-01-8 — 18.10.2005 — ED Decisório Trabalhista — *Revista DT On line* — 21.4.2006.

Reformando decisão de primeiro grau, que reconhecera a existência de litigância de má-fé, assim decidiu o Tribunal de Justiça do Maranhão:

> "LITIGÂNCIA DE MÁ-FÉ — Inocorrência — Parte acionada que simplesmente resiste a pretensão deduzida pelo autor."
>
> (...)
>
> O segundo reparo a ser feito na decisão atacada é com relação à imposição de multa por litigância de má-fé às apelantes "C" e "GM".
>
> Foram as recorrentes penalizadas, tão-somente, por terem se contraposto à pretensão da autora/apelada e, também, por terem oferecido, como forma de composição da lide, indenização à autora em valor considerado ínfimo pela eminente juíza.
>
> Ora, a razão de ser do Judiciário é, justamente, resolver os litígios.
>
> Se estes não existissem, aquele também, não existiria. Valho-me do clássico conceito de *Carnelutti* para afastar a pena imposta: 'Lide é um conflito de interesses qualificados por uma pretensão resistida'.
>
> Duas alternativas tinham as apelantes, reconhecer a procedência do pedido ou contestá-lo. Optaram por esta última."(11)

Este acórdão alerta-nos, por outro lado, ao risco que as partes correm, perante alguns juízes que formaram uma visão completamente distorcida do que seja uma conduta eivada de má-fé, ou com suscetibilidade por demais aflorada, pelo fato de a parte não realizar um acordo, nos termos que o magistrado entenda justo. No caso, a aplicação da litigância de má-fé decorreu do fato de as demandadas terem contestado a ação e concretizado uma oferta de acordo considerada ínfima pela juíza.

Alerta-nos, também, para os riscos decorrentes da aprovação do Projeto de lei do Senado — PLS 00132/2004, pretendendo impor a pena de prisão, pelo prazo de até 60 (sessenta) dias, para as pessoas enumeradas no inciso V, do art. 14, do CPC sobre o qual nos ocuparemos adiante.

Os elementos subjetivo e objetivo na caracterização da litigância de má-fé.

Para se caracterizar a figura do *improbus litigator* faz-se necessário a conjugação de um elemento subjetivo, ou seja, a intenção de causar prejuízo e um elemento objetivo, o dano causado à parte contrária.

> "À caracterização do *improbus litigator* exige-se prova irrefragável do dolo e demonstração de dano processual à parte contrária, não visualizadas na hipótese *sub examine*. Aliás, já decidiu o STJ, que a conduta temerária, a par do elemento subjetivo, verificado no dolo e na culpa grave, pressupõe elemento objetivo, consubstanciado no prejuízo causado à parte adversa."(12)

É importante frisar que para a caracterização do *improbus litigator* exige-se prova inequívoca de dolo e demonstração de dano processual à parte contrária.

---

(11) TJ MA — 3ª CAM — AP 08658/99 — 25.5.200 — *RT* 786/378.
(12) 2º TACiv SP — 11ª CAM — AI 736.392-00/2 — 13.5.2002 — *RT* 803/291.

"Litigância de má-fé — Dano processual — Não caracterização — Necessidade de se demonstrar, irrefutavelmente, a existência de dolo a fim de se configurar o improbus *litigator*."[13]

Neste sentido, também,

"Na interposição de recurso previsto em lei não se presume a má-fé, para cujo reconhecimento seria necessária a comprovação da intenção do recorrente em obstar o trâmite do processo, bem como de prejuízo da parte contrária, em decorrência do ato doloso."[14]

Deve-se ter presente também que não se aplica a pena por litigância de má-fé por conduta extraprocessual.

O *improbus litigator* poderá ser assim caracterizado tanto por sua conduta na fase postulatória como na instrução, como na fase recursal e executória, mas sempre dentro do processo.

Um aspecto que deve ficar bem claro, *ab initio*, é que a litigância de má-fé não pode ser relacionada com o número de processos que eventualmente assoberbem os órgãos judiciários.

Muito seguidamente defrontamo-nos com declarações, via de regra procedentes de membros da magistratura, de que se tornaria imperioso aos juízes uma aplicação mais freqüente e severa nas condenações por litigância de má-fé, em decorrência do "acúmulo de trabalho" que estariam enfrentando juízes e tribunais.

Com a máxima vênia, trata-se de um enfoque destorcido do problema. A litigância de má-fé diz respeito a uma infração ética da parte, do advogado ou de qualquer outro interveniente no processo. O que se há de considerar é a conduta de quem pratica o ato e não as condições do julgador. Se o Juiz ou o Tribunal tem 5.000 ou 50 processos para apreciação, isso não poderá fazer nenhuma diferença na consideração sobre o ato *sub judice*. Se há excesso de processos pendentes de julgamento em muitas Varas e Tribunais, e isto é uma realidade, não será garimpando possíveis infrações para afastar as partes do Judiciário ou impedir recursos que será resolvido o problema diante dos direitos da cidadania, assegurados na Constituição Federal. O problema deverá ser resolvido junto ao Poder Executivo, no sentido de dotar o Judiciário de condições mínimas de funcionamento, para uma conveniente prestação jurisdicional, o que presentemente não ocorre. O Magistrado que se valer da condenação por litigância de má-fé, para pretender com isso diminuir o número de feitos e recursos, estará apenas demonstrando sua inabilidade para reivindicar condições melhores ao Judiciário, perante os demais Poderes da República, procurando transferir a solução para uma espécie de operação "limpa-trilhos", evitando o acesso de processos, pela intimidação dos advogados e das partes.

---

(13) TA SP — 11ª CAM — AP 642.165-0/2 — 21.10.2002 — *RT* 813/314.
(14) STJ — RESP 334.259 RJ — DJ 10.3.2003, — Citado no RESP 357.157 — *Rev. Lex* 184/84.

A litigância de má-fé há de ser penalizada e combatida, por se constituir em afronta, em si, ao respeito que merece a parte contrária, a Justiça e a sociedade, não como panacéia milagrosa para evitar acúmulo de processos no Judiciário.

A boa-fé, enfim, se tornou a pedra de toque de todo o ordenamento jurídico contemporâneo.

O novo Código Civil, vigente em nosso país, consagrou disposição expressa em matéria obrigacional, quando estabeleceu no art. 422:

> "Os contratantes são obrigados a guardar, assim, na conclusão do contrato como em sua execução, os princípios de probidade e boa-fé."

Da mesma forma em matéria processual. A conduta das partes e seus advogados há de ser orientada, antes e acima de tudo, pelo princípio da boa-fé. Já bem foi lembrado por *Pereira Sá* que:

> "Um Código é um conjunto de regras que a moral sanciona; eliminai-lhe dos textos a boa-fé, e será um molho de gazuas."[15]

Se a parte e o advogado devem proceder de forma correta, com lhaneza de trato e cortesia no correr do processo, o mesmo dever se impõe ao juiz.

As disposições processuais da nossa legislação ocupam-se muito pouco com os deslizes de procedimento dos juízes no processo. A rigor, poderíamos dizer que a tônica tem sido a irresponsabilidade dos magistrados na condução da atividade judiciária e seu comportamento diante do advogado, ao agente do Ministério Público ou da parte. A ausência de conseqüência processual em face do mau procedimento do juiz, no processo, além da eventual reforma da sentença, por instância superior, não o isenta da responsabilidade civil, por dano moral a que pode estar sujeito. Também se observe que a eventual correção da sentença, sob o aspecto da plena aplicabilidade do Direito, no caso concreto *sub judice*, não o isenta do respeito que deve às partes.

O juiz ou tribunal não podem extravasar os limites da apreciação técnica para manifestar-se sobre o advogado e sua atuação profissional, em termos que lhe agridam a dignidade pessoal e a respeitabilidade profissional.

---

(15) PEREIRA, Virgílio de Sá. *Direito de Família*. ED Lio-Tipographia Fluminense, 1923, p. 223/224.

III — HISTÓRICO

ROMA — Trataram os Romanos de enfrentar o problema de lides temerárias, eivadas de má-fé, quer em decorrência da conduta abusiva do autor, quer do réu. *Gaio*, em suas "Institutas", dispôs:

"Reprime-se a temeridade, não só dos autores como também dos réus, ora mediante penas pecuniárias, ora pelo juramento religioso, ora pela ameaça de infâmia."(1)

E, adiante,

"Também a má-fé por parte do autor é reprimida, ora pela ação de malícia, ora pela contrária, ora pelo juramento, ora pela reestipulação."(2)

Seguia-se uma série de disposições estabelecendo a penalidade, caso a caso.

Voltando-nos para nossa pré-história jurídica, encontramos já nas Ordenações de D. Duarte, no medievo português, disposições destinadas à conduta dos advogados. Duas vertentes são destacáveis na preocupação dos monarcas da época: a protelação indevida dos feitos e a litigância contrária à lei estabelecida. Nestas ordenações, citando-se disposição de *D. Diniz* encontramos:

"Se apelar ou suplicar contra as posturas da minha Corte pague as custas..." (Lei XXI)

"Dos advogados mando que usem e que guardem os advogados as suas posturas. E que hajam todos e usem bem de advogar. E não façam prolongar os pleitos nem nos tragam maliciosamente... " (Lei XXIII)

Adiante, de *Afonso IV*,

"Isso mesmo devem fazer os advogados. E os Procuradores devem agir nos pleitos sem malícia e sem delonga. E não levarem das partes mais que o seu direito..." (Linguagem adaptada para o português moderno)

Nas Ordenações Manuelinas,(3) encontramos interessantes disposições sobre a penalização da Parte.

---

(1) G. 4, 171.
(2) G. 4,174.
(3) Livro III, — Título LI, 2 e seg.

"2 — E porque acontece algumas vezes, que o autor no começo do processo, parece que tem justa razão para demandar, e depois pelo curso do processo, abertas as inquirições, ou por alguma outra maneira se mostra não ter direito na demanda, porque cessa o fundamento que houve, em que se fundou para litigar, em tal caso será condenado nas custas somente feitas, desde aquele tempo, que ele assim pode conhecer, como não tinha razão para seguir na demanda, e será relevado das que foram feitas antes que ele fosse, ou devesse ser em conhecimento da verdade substancial do feito, como é dito."

"3 — E isso mesmo se o réu condenado tiver justa razão de se defender, poderá (posto que seja condenado no principal) ser relevado das custas pessoais; não será porém em nenhum caso (como for condenado no principal) relevado das custas do processo, posto que justa razão houvesse de litigar."

"4 — E onde o vencido foi em culpa somente de fazer demanda, que não devera, sem outra malícia, em tal caso será condenado nas causas singelas; e quando for achado em malícia, então será condenado nas custas em dobro, ou tresdobro, segundo a malícia, em que for achado; e porque acerca disso se não pode dar certa doutrina, ficará ao alvidro do Julgador. E em todo caso onde o vencido é condenado nas custas em dobro, ou em tresdobro, e não lhe foram achados bens, que se faça execução, será preso até que as pague da cadeia, por que a dita condenação procedeu de malícia que é havida por malefício."

Acrescenta, ainda,

"E além disto, se o Julgador achar que o querelоso querelou maliciosamente, ou é revoltoso, e viseiro de dar tais querelas, e fazer semelhantes acusações, dar-lhe-á mais aquela pena crime arbitrária, que lhe bem e direito parecer, segundo a qualidade da malícia, e a prova que dela houver."(4)

O sistema do antigo Direito português de penalizar "as querelas maliciosas", através do pagamento de custas singelas, em dobro ou tresdobro veio para as Ordenações Filipinas, que tiveram vigência no Brasil, até o nascimento do Direito pátrio, após a Independência. Cuidavam as Ordenações, também, da manutenção de um bom nível dos debates judiciais e de se evitar a protelação indesejada dos feitos.

34 — "E as partes não porão nos artigos palavras desonestas, nem difamatórias, que não façam a bem de sua justiça; e fazendo o contrário mandará o Juiz que por elas se não perguntem testemunhas e além disso dará ao Procurador, ou à parte, que os tais artigos fez, ou os ofereceu em Juízo, a pena que merecer, segundo a qualidade das pessoas e da infâmia das palavras."

35 — "E quando o Juiz achar, que cada uma das partes fez alguns artigos impertinentes ... o Juiz imporá a condenação ... da qual condenação não haverá apelação, nem agravo, ... !

Quando o feito retardar por culpa de cada uma das partes, ou de seus Procuradores, por oferecerem artigos de excomunhão, incompetência, ou por alegarem qualquer outra declinatória, ou outros artigos semelhantes,

(4) Livro V, Título XLIII, 2.

cujo fim não é para absolver, nem condenar na causa principal os quais lhe não são recebidos ou sendo recebidos, não são provados, a parte, por cuja culpa tal retardamento se fizer, seja logo por esse mesmo feito havido por condenada em todas as custas de tal retardamento e logo sejam contadas e executadas..."

Por onde vemos que o problema da má-fé processual é muito antigo em nosso direito e vem merecendo penalizações que iam do pagamento das custas simples, até o degredo para Angola.

IV — A LITIGÂNCIA DE MÁ-FÉ E A INDEVIDA CONDUTA PROCESSUAL NA LEGISLAÇÃO BRASILEIRA E COMPARADA

1. NA FASE 1891 A 1934

Pela *Constituição Federal de 1891* a competência para legislar sobre o processo civil cabia aos Estados. A competência privativa da União para legislar sobre matéria processual foi inserida na Constituição Federal de 1934 (art. 5º, XIX, "a").

Exemplificativamente vamos tomar por referência o *Código de Processo Civil e Comercial do Estado do Rio Grande do Sul*, instituído pela Lei n. 65, de 16 de janeiro de 1908.

O Código externava a preocupação para ser mantida uma conduta ética nos processos.

O art. 48 dispunha:

"É vedado ao autor:

a — pedir mais do que se lhe deve, sob pena de ser condenado no tresdobro das custas correspondente à parte de que o réu foi absolvido.[1]

b — demandar antes do vencimento do prazo, ou do cumprimento da condição, sob pena de ser condenado nas custas em dobro;

c — exigir dívida já paga, ou sem desconto do que recebeu, sob pena de ser condenado nas custas em dobro."

E o art. 68:

"Proíbe-se aos procuradores judiciais escrever calúnias ou injúrias em alegações ou cotas, e lançar anotações à margem das folhas dos autos.

O juiz a quem couber o julgamento da causa, mandará riscar essas calúnias ou injúrias, a requerimento da parte ofendida, e *ex officio*, as anotações, impondo em ambos os casos ao autor uma multa de $ 20 a $ 50.

Se as calúnias ou injúrias forem irrogadas à autoridade judiciária ou funcionário público em razão de seu ofício, procederá o juiz nos termos do art. 111 do Código de Processo Penal."

---

(1) Acórdão do Tribunal local, de 5.12.1913, decidiu que tal regra pressupunha a má-fé, que seria da livre apreciação do Juiz. VERGARA, Oswaldo. *Código do Processo Civil e Comercial do Estado do Rio Grande do Sul*, 3ª ed. ED Livraria do Globo, 1936.

2. NO ÂMBITO DA ORDEM DOS ADVOGADOS DO BRASIL

2.1. Em 20 de fevereiro de 1933 — *Decreto n. 22.478* — era promulgada a "*Consolidação das Disposições Legais que dispunham sobre o exercício da advocacia e a estrutura da Ordem dos Advogados do Brasil*", texto que viria a sofrer algumas alterações em 1934. O art. 27 do referido diploma, assim dispunha:

"Constituem falta no exercício da profissão, pelos advogados, provisionados ou solicitadores:

....

XVI — advogar dolosamente contra literal disposição da lei."

Já o *Código de Ética*, que se seguiu, de 25 de julho de 1934, vigente a partir de 15 de novembro do mesmo ano, estabeleceu de forma mais ampla:

"Seção 3ª

III — É defeso ao advogado:

a) — advogar, procurar ou aconselhar contra disposição literal de lei;

b) — (...)

c) — fazer requerimentos, promover diligências e, em geral, praticar atos desnecessários ao andamento da causa, com o intuito exclusivo de perceber ou avolumar custas ou maliciosamente protelatórios;

d) — (...)

e) — alterar maliciosamente, ou deturpar, o teor de depoimentos, documentos, alegações de advogado contrário, citação de obra doutrinária, de lei ou de sentença. Redigir infielmente depoimento ou declaração; em suma, por qualquer modo, iludir ou tentar iludir o adversário ou o juiz da causa."

2.2. No *Estatuto da OAB, Lei n. 4.215*, de 27.4.1963, a primitiva disposição do art. 27, XVI, da Consolidação, vinha agora assim redigida:

"Art. 103

Constitui infração disciplinar:

VII — advogar contra literal disposição de lei, presumida a boa-fé e o direito de fazê-lo, com fundamento na inconstitucionalidade, na injustiça da lei ou em pronunciamento judicial anterior."

O Código de Ética permanecia o mesmo de 1934.

2.3. No Estatuto atual, *Lei n. 8.906*, de 4 de julho de 1994, a mesma disposição antes referida vinha agora no item VI, do art. 34.

O novo Código de Ética, de 13 de fevereiro de 1995, assim dispôs sobre a matéria:

"Art. 3º

O advogado deve ter consciência de que o Direito é um meio de mitigar as desigualdades para o encontro de soluções justas e que a lei é um instrumento para garantir a igualdade de todos.

Art. 6º

É defeso ao advogado expor os fatos em Juízo falseando deliberadamente a verdade ou estribando-se na má-fé.

Art. 20

O advogado deve abster-se de patrocinar causa contrária à ética, à moral ou à validade de ato jurídico em que tenha colaborado, orientado ou conhecido em consulta: ..."

Estabeleceu ainda que dentre os deveres de urbanidade impõe-se ao advogado:

"Art. 44

Deve o advogado tratar o público, os colegas, as autoridades e os funcionários do Juízo com respeito, discrição e independência, exigindo igual tratamento e zelando pelas prerrogativas a que tem direito.

Art. 46

Impõe-se ao advogado lhaneza, emprego de linguagem escorreita e polida, esmero e disciplina na execução dos serviços."

3. NO CÓDIGO PENAL

"Art. 142

Não constituem injúria ou difamação punível:

I — a ofensa irrogada em juízo, na discussão da causa, pela parte ou por seu procurador;

II — ....

III — o conceito desfavorável emitido por funcionário público, em apreciação ou informação que preste no cumprimento de dever de ofício."

4. NO CÓDIGO DE PROCESSO CIVIL DE 1939 (Decreto-Lei n. 1.608, de 18 de setembro de 1939, vigente a partir de 1º de março de 1940)

Em 1939 era instituído um Código de Processo Civil que se propunha, como expresso ficou na sua Exposição de Motivos, substituir um processo até então vigente,

"Incapaz de colimar seu objetivo técnico, que é o de tornar precisa em cada caso a vontade da lei, e de assim tutelar os direitos que os particulares deduzem em juízo, o processo decaíra da sua dignidade de meio revelador do direito e tornara-se uma ama do litigante, um meio de protelação das situações ilegítimas, e os seus benefícios eram maiores para quem lesa o direito alheio do que para quem acorre em defesa do próprio."

Procurando enfrentar problemas decorrentes da má-fé dos litigantes e condutas inconvenientes no processo, dispôs:

"Art. 3º

Responderá por perdas e danos a parte que intentar demanda por espírito de emulação, mero capricho, ou erro grosseiro.

Parágrafo único — O abuso de direito verificar-se-á, por igual, no exercício dos meios de defesa, quando o réu opuser, maliciosamente, resistência injustificada ao andamento do processo.

Art. 63

Sem prejuízo do disposto no art. 3º, a parte vencida, que tiver alterado intencionalmente, a verdade, ou se houver conduzido de modo temerário no curso da lide, provocando incidentes manifestamente infundados, será condenada a reembolsar à vencedora as custas do processo e os honorários do advogado.

§ 1º — Quando não obstante vencedora, a parte se tiver conduzido de modo temerário em qualquer incidente ou ato do processo, o juiz deverá condená-la a pagar à parte contrária as despesas a que houver dado causa.

§ 2º — Quando a parte, vencedora ou vencida, tiver procedido com dolo fraude, violência ou simulação, será condenada a pagar o décuplo das custas.

§ 3º — Se a temeridade ou malícia for imputável ao procurador, o juiz levará o caso ao conhecimento do Conselho local da Ordem dos Advogados do Brasil, sem prejuízo do disposto no parágrafo anterior."

Ainda,

"Art. 115

Quando as circunstâncias da causa o convencerem de que o autor e réu se serviram do processo para realizar ato simulado ou conseguir fim proibido por lei, o juiz proferirá decisão que obste a esse objetivo.

Art. 252

O dolo, a fraude, a simulação e, em geral, os atos de má-fé poderão ser provados por indícios e circunstâncias.

Art. 688 — (...)

Parágrafo único — A parte que maliciosamente ou por erro grosseiro promover medida preventiva, responderá também, pelos prejuízos que causar.

Art. 810

Salvo a hipótese de má-fé ou erro grosseiro, a parte não será prejudicada pela interposição de um recurso por outro, devendo os autos ser enviados à Câmara ou turma, a que competir o julgamento."

5. NO CÓDIGO DE PROCESSO CIVIL DE 1973 (Lei n. 5.869,de 11de janeiro de 1973, vigente a partir de 1º de janeiro de 1974)

Já na Exposição de Motivos foi registrado,

"Posto que o processo civil seja, de sua índole, eminentemente dialético, é reprovável que as partes se sirvam dele, faltando ao dever, da verdade, agindo com deslealdade e empregando artifícios fraudulentos, porque tal conduta não se compadece com a dignidade de um instrumento que o Estado põe à disposição dos contendores para atuação do direito e realização da justiça."[(2)]

---

(2) Exposição de Motivos, CPC/1973, Alfredo Buzaid, item 17.

O novo Código de Processo Civil, de 1973 (hoje transformado numa colcha de retalhos, quanto muito numa Consolidação das Leis Processuais), promoveu uma especificação mais detalhada sobre a litigância de má-fé, sua abrangência e conseqüências, além de enfrentar diversas situações em que ocorra um comportamento processual inadequado.

Vejamos,

REDAÇÃO ORIGINAL	ALTERAÇÕES
Art. 14 " Compete às partes e aos seus Procuradores:	" São deveres das partes e de todos aqueles que de qualquer forma participem do processo.(3)
I — expor os fatos em juízo conforme a verdade;	
II — proceder com lealdade e boa-fé;	
III — não formular pretensões, nem alegar defesa, cientes de que são destituídas de fundamento;	
IV— não produzir provas, nem praticar atos inúteis ou desnecessários à declaração ou defesa do direito."	
	V — cumprir com exatidão os provimentos mandamentais e não criar embaraços à efetivação de provimentos judiciais, de natureza antecipatória ou final.(4)
	Parágrafo único — Ressalvados os advogados que se sujeitam exclusivamente aos estatutos da OAB, a violação no inciso V deste artigo constitui ato atentatório ao exercício da jurisdição, podendo o juiz, sem prejuízo da sanções criminais, civis e processuais cabíveis, aplicar ao responsável multa em montante a ser fixado de acordo com a gravidade da conduta e não superior a 20% do valor da causa; não sendo paga no prazo estabelecido, contado do trânsito em julgado da decisão final da causa, a será inscrita sempre como dívida ativa da União ou do Estado."(5)

(3) Lei n. 10.358/2001.
(4) Lei n. 10.358, de 27 de dezembro de 2001.
(5) Lei supra.

Art. 15

"É defeso às partes e seus advogados empregar expressões injuriosas nos escritos apresentados no processo, cabendo ao juiz, de ofício ou a requerimento do ofendido, mandar riscá-las.

Parágrafo único — Quando as expressões injuriosas forem proferidas em defesa oral, o juiz advertirá o advogado que não as use, sob pena de lhe ser cassada a palavra."

Art. 16

"Responde por perdas e danos aquele que pleitear de má-fé, como autor, réu ou interveniente."

Art. 17

"Reputa-se litigante de má-fé aquele que:

I — deduzir pretensão ou defesa, cuja falta de fundamento não possa razoavelmente desconhecer;	I — deduzir pretensão ou defesa contra texto expresso de lei ou fato incontroverso;[6]
II — alterar intencionalmente a dos fatos;	II — alterar a verdade dos verdade dos fatos;[7]
III — omitir intencionalmente fatos essenciais ao julgamento da causa;	III — usar do processo para conseguir objetivo ilegal;
IV — usar do processo com o Intuito de conseguir objetivo ilegal;	IV — *idem* ao V;
V — opuser resistência injustificada ao andamento do processo;	V — *idem* ao VI;
VI — proceder de modo temerário em qualquer incidente ou ato do processo;	VI — *idem* ao VII;
VII — provocar incidentes manifestamente infundados."	VII — interpor recurso com intuito manifestamente protelatório."[8]
Art. 18 "O litigante de má-fé indenizará à parte contrária os prejuízos que esta sofreu os prejuízos que esta sofreu, mais os honorários advocatícios e todas as despesas que efetuou.	"O juiz ou tribunal, de ofício ou requerimento, condenará o litigante de má-fé a pagar multa não excedente a 1% (um por cento) sobre o valor da causa e a indenizar a parte contrária dos prejuízos que esta sofreu, mais os honorários advocatícios e todas as despesas que efetuou."[9]
§ 1º — Quando forem dois ou mais litigantes de má-fé, o juiz condenará cada um na proporção do seu respectivo interesse na causa, ou solidariamente aqueles que se coligarem para lesar a parte contrária.	§ 1º — *idem* § 1º;

(6) Lei n. 6.771/1980.
(7) Lei n. 6.771, de 27 de março de 1980.
(8) Lei n. 9.668/1998.
(9) Lei supra.

§ 2º — Não tendo elementos para declarar, desde logo, o valor da indenização, o juiz mandará liquidá-la por arbitramento na execução."	§ 2º — O valor da indenização será desde logo fixado pelo juiz, em quantia não superior a 20% (vinte por cento) sobre o valor da causa, ou liquidado por arbitramento." (10)

Art. 20

"A sentença condenará o vencido a pagar ao vencedor as despesas que antecipou e os honorários advocatícios. Essa verba honorária será devida, também, nos casos em que o advogado funciona em causa própria."

Art. 31

"As despesas dos atos manifestamente protelatórios, impertinentes ou supérfluos serão pagos pela parte que os tiver promovido ou praticado, quando impugnados pela outra."

Art. 35

"As sanções impostas às partes em conseqüência da má-fé serão contados como custas e reverterão em benefício da parte contrária; as impostas aos serventuários pertencerão ao Estado."

Art. 161

"É defeso lançar nos autos, cotas marginais ou interlineares; o juiz mandará riscá-las, impondo a quem as escrever multa correspondente à metade do salário mínimo vigente na sede do juízo."

Art. 233

"A parte que requerer a citação por edital, alegando dolosamente os requisitos do art. 231, I e II, incorrerá em multa de 5 (cinco) vezes o salário mínimo vigente na sede do juízo.

Parágrafo único — A multa reverterá em benefício do citando."

Art. 446

"Compete ao juiz em especial:

III — exortar os advogados e o órgão do Ministério Público a que discutam a causa com elevação e urbanidade."

Art. 475-J

A Lei n. 11.232, de 22 dezembro de 2005, introduziu este artigo à fase de cumprimento da sentença, no processo de conhecimento, dispondo:

"Caso o devedor, condenado ao pagamento de quantia certa ou já fixada em liquidação, não o efetue no prazo de quinze dias, o montante da condenação será acrescido de multa no percentual de dez por cento e, a requerimento do credor e observando o disposto no art. 614, inciso II, desta lei, expedir-se-á mandado de penhora e avaliação."

(10) Lei n. 8.952/1994.

Art. 488

"A petição inicial será elaborada com observância dos requisitos essenciais do art. 282, devendo o autor:

II — depositar a importância de 5% (cinco por cento) sobre o valor da causa, a título de multa, caso a ação seja, por unanimidade de votos, declarada inadmissível ou improcedente."

(Hipótese de ação rescisória)

Art. 538

" ....

Parágrafo único — Quando manifestamente protelatórios os embargos, o juiz ou o tribunal, declarando que o são, condenará o embargante a pagar ao embargado multa não excedente a 1% (um por cento) sobre o valor da causa. Na reiteração de embargos protelatórios, a multa é elevada a até 10% (dez por cento), ficando condicionada a interposição de qualquer outro recurso ao depósito do valor respectivo."(11)

Art. 557

" ....

§ 2º — Quando manifestamente inadmissível ou infundado o agravo, o tribunal condenará o agravante a pagar ao agravado multa entre 1% (um por cento) e 10% (dez por cento) do valor corrigido da causa, ficando a interposição de qualquer outro recurso condicionada ao depósito do respectivo valor."

Art. 574

"O credor ressarcirá ao devedor os danos que este sofreu, quando a sentença, passada em julgado, declarar inexistente, no todo ou em parte, a obrigação, que deu lugar à execução."

(Disposição aplicável somente ao processo de execução)

Art. 599

"O juiz pode, a qualquer momento do processo:

II — advertir ao devedor que o seu procedimento constitui ato atentatório à dignidade da justiça."

(Processo de execução)

Art. 600

"Considera-se atentatório à dignidade da justiça o ato do devedor que:

I — ....

II — se opõe maliciosamente à execução, empregando ardis e meios artificiosos;

III —resiste injustificadamente, às ordens judiciais."

---

(11) Com a redação dada pela Lei n. 8.950, de 1994.

Art. 601

"Nos casos previstos no artigo anterior, o devedor incidirá em multa fixada pelo juiz, em montante não superior a 20% (vinte por centro) do valor atualizado do débito em execução, sem prejuízo de outras sanções de natureza processual ou material, multa essa que reverterá em proveito do credor, exigível na própria execução."

Art. 811

"Sem prejuízo do disposto no art. 16, o requerente do procedimento cautelar responde ao requerido pelo prejuízo que lhe causar a execução da medida:

I — se a sentença no processo principal lhe for desfavorável;

II — se, obtida liminarmente a medida no caso do art. 804 deste Código, não promover a citação do requerido dentro em 5 (cinco) dias;

III — se ocorrer a cessação da eficácia da medida, em qualquer dos casos previstos no art. 808, deste Código;

IV — se o juiz acolher, no procedimento cautelar, a alegação de decadência ou prescrição do direito do autor."

(Disposição aplicável somente no processo cautelar).

Art. 881

Parágrafo único — "A sentença poderá condenar o réu a ressarcir à parte lesada as perdas e danos que sofreu em conseqüência do atentado."

(Disposição aplicável somente no processo de atentado)

As três últimas hipóteses, capituladas nos arts. 574, 811 e 881, parágrafo único, dizem respeito às infrações tipificadas, específicas, que não se confundem com as regras generalizadas dos arts. 17 e 18, do CPC.

5.1. Art. 14 — As modificações introduzidas pela Lei n.10.358, de 27 de dezembro de 2001

Como vimos, no art. 14 do CPC foi alterada a redação do *caput* e acrescentado um inciso V, acompanhado de parágrafo, através da Lei n. 10.358.

Pelo Projeto de lei oriundo do Poder Executivo, decorrente do trabalho da Comissão Especial, constituída pelos Drs. *Sálvio de Figueiredo Teixeira*, Ministro do STJ, e *Athos Gusmão Carneiro*, Ministro Aposentado do STJ e representante do Instituto Brasileiro de Direito Processual, presidido pela Profª *Ada Pellegrini Grinover*, foi solicitada a aprovação de texto legislativo, que, segundo a Exposição de Motivos que acompanhou o Projeto, buscava "reforçar a ética no processo, os deveres de lealdade e de probidade que devem presidir ao desenvolvimento do contraditório, e isso não apenas em relação as partes e seus procuradores, mas também a quaisquer outros participantes do processo, tais, como a autoridade apontada coatora, nos mandados se segurança, ou as pessoas em geral que devam cumprir ou fazer cumprir os mandamentos judiciais e abster-se de colocar empecilhos à sua efetivação".

Em decorrência, a redação primitiva do art. 14, *caput*, que previa a responsabilidade das partes e seus procuradores, passou a fixar a responsabilidade de todos quantos participassem do processo.

O inciso V, acrescentado, passou a tratar do cumprimento, com exatidão, dos provimentos mandamentais e não criar embaraços à efetivação de provimentos judiciais, de natureza antecipatória ou final.

Tratava-se, agora, do descumprimento de deliberações do juiz, como ordens de autoridade, no comando impositivo de determinadas condutas.

Neste rol podemos indicar, entre outras, a ordem de exibição, a ordem liminar emergencial ou a abstenção de determinado ato ou conduta.

Quanto ao parágrafo único, a expressão inicial "Ressalvados os advogados que se sujeitam exclusivamente aos estatutos da OAB ..." deveu-se à oportuna Emenda do Deputado *José Roberto Batochio*, acolhida pelo Relator e finalmente incorporada ao texto definitivo da lei.

Os comentadores do texto advertiram, desde logo, para a ausência de vírgula, após a palavra "advogado", que deveria ali constar, pois a leitura apressada do texto poderia sugerir que há advogados que exerçam a profissão não sujeitos aos Estatutos da OAB.

O STF sobre a matéria decidiu:

> "... sem redução do texto, emprestar à expressão 'ressalvados os advogados que se sujeitam exclusivamente aos estatutos da OAB' contida no parágrafo único do art. 14 do CPC, com a redação imprimida pela Lei n. 10.358/2001, interpretação conforme a Carta, a abranger advogados do setor privado e do setor público" (12).

No mesmo caso dos advogados, deverão ser incluídos os Agentes do Ministério Público, sujeitos ainda a regime disciplinar em legislação específica.

Note-se que a penalidade estabelecida neste parágrafo trata de "multa", num teto de 20% do valor da causa, aplicada pelo Juiz, de ofício, de acordo com a gravidade da infração, que reverterá ao erário Federal ou Estadual.

No caso trata-se realmente de "multa", aplicável de ofício, pelo juiz, como penalidade por infração contra dever da Parte perante a seriedade da Justiça. Esta condenação independe de provocação da parte contrária e o valor apurado reverterá à Fazenda Pública.

A aplicação desta multa independe, como reza o texto, da sanção criminal, que poderá ser configurada num delito de resistência ou desobediência; da sanção civil, através de uma indenização por perdas e danos promovida pela parte prejudicada; ou sanção processual, que poderá decorrer da aplicação de uma multa decorrente da infringência de algum, ou diversos, dos incisos do art. 17 do CPC. Nesta última hipótese, já que é uma decorrência do próprio texto da lei, não poderia ser invocado *o bis in idem*.

---

(12) STF — ADIN 2.652-6 — DJU 3.12.2003.

A penalização por desobediência a uma ordem judicial visa ao aprimoramento do processo como instrumento de distribuição da justiça.

Se impossibilidade material ou jurídica para o cumprimento, total ou parcial, da determinação ocorrer, caberá à parte justificar devidamente ao Juízo que determinou a ordem, o qual examinará da procedência, ou não, das razões do descumprimento. Se a justificativa for considerada apenas como mais um expediente protelatório, tentando induzir o juiz em erro, isso será fundamento para a exasperação da penalidade, ou mesmo caracterização de outra pena, por exemplo, por incurso em hipótese de um ou mais dos incisos do art. 17, anteriormente não considerado pelo Julgador.

O que é importante assinalar é que a decretação da prisão da parte interveniente no processo — ressalvados os advogados — decorrerá após o devido processo legal, com direito ao contraditório e à ampla defesa do acusado, em obediência aos princípios constitucionais que regem todo o processo judicial ou administrativo.

6. NO CÓDIGO DE DEFESA E PROTEÇÃO DO CONSUMIDOR

A oposição à conduta maliciosa e o inadequado comportamento processual das partes manifestou-se também no texto da Lei que instituiu o Código de Defesa e Proteção do Consumidor[(13)].

Assim dispôs o art. 87:

> "Nas ações coletivas de que trata este Código não haverá adiantamento de custas, emolumentos, honorários periciais e quaisquer outras despesas, nem condenação da associação autora, salvo comprovada má-fé, em honorários de advogados, custas e despesas processuais.
>
> Parágrafo único — Em caso de litigância de má-fé, a associação autora e os diretores responsáveis pela propositura da ação são solidariamente condenados em honorários advocatícios e ao décuplo das custas, sem prejuízo da responsabilidade por perdas e danos."

7. PROJETOS DE LEI

Diversos projetos de lei vêm sendo apresentados ao Congresso Nacional, envolvendo matéria alusiva à litigância de má-fé e conduta processual inconveniente.

Lamentavelmente alguns desses projetos se revestem de verdadeiros atentados ao bom senso e devido processo legal, ao contraditório e amplo direito de defesa, pretendendo, antes de tudo, diminuir o acesso de processos aos Tribunais, intimidar Partes e advogados e criar obstáculos ao livre acesso do cidadão ao Judiciário, nada tendo a ver com boa ou má-fé processual.

---

(13) Lei n. 8.078, de 11 de setembro de 1990.

O primeiro desses projetos a considerar é de autoria do Senador *Pedro Simon*, de 2004, inspirado segundo consta da justificativa, pela Associação dos Magistrados Brasileiros.

Pretende alterar a redação do art. 14, do CPC, com os seguintes dispositivos:

> "Art. 14 — São deveres das partes e de todos aqueles que de qualquer forma participam do processo. (conserva a redação original)
>
> § 1º — (parágrafo único, da redação anterior).
>
> Ressalvados os advogados que se sujeitam exclusivamente aos estatutos da OAB, a violação do disposto no incido V deste artigo (V — 'cumprir com exatidão os provimentos mandamentais e não criar embaraços à efetivação de provimentos judiciais, de natureza antecipatória ou final') constitui ato atentatório ao exercício da jurisdição, podendo o juiz, sem prejuízo das sanções criminais, civis e processuais cabíveis, aplicar ao responsável multa em montante a ser fixado de acordo com a gravidade da conduta e não superior a vinte por cento do valor da causa. Não sendo paga no prazo estabelecido, contado do trânsito em julgado da decisão final da causa, a multa será inscrita sempre como dívida ativa da União ou do Estado.
>
> § 2º — (texto projetado) — Se as circunstâncias do caso evidenciarem que a multa prevista no parágrafo anterior será ineficaz ou, ainda, em caso de renitência e sem prejuízo da cobrança daquela, poderá o juiz decretar a prisão das pessoas enumeradas no *caput* pelo prazo de até 60 (sessenta) dias."

Em mais quatro parágrafos trata o projeto dos procedimentos para a efetivação da medida, procedimentos que não vêm a pêlo considerar, em face da aberração do cerne da medida proposta. Ou seja, o juiz, em apreciação subjetiva, pode considerar que a multa e a indenização previstas na lei não sejam suficiente para "enquadrar" a parte dentro dos parâmetros que ele, julgador, considere como sendo de boa ou de má-fé, temerário ou não, protelatório ou não, por critérios exclusivamente subjetivos. Além de poder aplicar-lhe, como vimos, sanções outras, de natureza criminal, civil e processual.

O número de sentenças condenatórias por litigância de má-fé reformadas em instâncias superiores estão a nos indicar que, seguidamente, os critérios para a caracterização de *improbus litigator* foi incorreta.

O Juiz é irresponsável pelas suas decisões.

Uma decisão equivocada do juiz, todavia, acarretará prejuízos irreparáveis às partes e mesmo ao advogado que litiga em causa própria, que tiverem a prisão decretada, mesmo com posterior reforma da decisão recorrida em Instância Superior, pelos reflexos sociais e profissionais que decorrerem da prisão. Por mais absurda que for a decisão do juiz, a reforma de sua decisão não lhe acarretará nenhuma conseqüência outra, a não ser ver reformada essa sua decisão. Para a parte que sofrer os efeitos da decisão equivocada, poderá significar uma indelével mancha na sua vida profissional e social.

Outro Projeto, não menos infeliz que o anterior, é de autoria do Senador *Ney Suassuna*, que, atendendo a pretensões da magistratura paranaense, pretende estabelecer uma multa de 50% sobre o valor da ação, para a parte que juntar documento já inserto nos autos. É o Projeto de lei n. 387/2003, que acrescenta ao art. 17, um inciso VIII, e altera o teor do art. 18, com a seguinte redação:

"Art. 17 — Reputa-se litigante de má-fé aquele que:

....

VIII — Juntar ou fazer juntar documento já inserto nos autos.

Art. 18 — O juiz ou tribunal, de ofício ou a requerimento, condenará o litigante de má-fé a pagar multa não excedente a cinqüenta por cento sobre o valor da causa e a indenizar a parte contrária dos prejuízos que este sofreu, mais os honorários advocatícios e todas as despesas que efetuou.

....

§ 2º — O valor da indenização será desde logo fixado pelo juiz, em quantia não superior a cinqüenta por cento sobre o valor da causa, ou liquidado por arbitramento."

Sabem os advogados, que realmente têm atuação forense, que em inúmeras ocasiões os advogados são procurados pela parte e constituídos para contestar uma ação na véspera do prazo fatal, quando não no último dia, podendo ocorrer que a ação foi proposta em outra comarca, que não na cidade-sede do agora constituído.

O cliente traz a contra-fé, com cópia da inicial, pela qual foi citado e os seus documentos, pelos quais pretende ilidir os termos da ação. O advogado que vai contestar pode não ter possibilidade de deslocar-se até o foro no qual a ação foi distribuída, para buscar os autos e verificar quais documentos foram juntados pelo autor, com a inicial.

Pela proposta do Ilustre Senador, se o advogado contestar o feito juntando algum documento para alicerçar sua tese de defesa (o contrato, por exemplo) que eventualmente já tenha sido juntado pelo autor, ficará sujeito à litigância de má-fé, com a penalização de uma multa de 50% sobre o valor da ação. Se à ação foi dado o valor de R$ 100.000,00 e juntar, com a defesa, o contrato que havia sido juntado pelo Autor, pagará R$ 50.000,00 de multa.

Surrealismo? Não! Apenas mais uma tentativa para dificultar o trabalho do advogado, mantê-lo sob a ameaça de penalidades e, diretamente, tolher o cidadão do livre acesso ao Judiciário.

8. DISPOSIÇÕES NO DIREITO COMPARADO

Segundo informa *Arruda Alvim*(14), o texto legal pioneiro, nas legislações modernas, a tratar da conduta ética dos litigantes, terá sido o Código

---

(14) ALVIM, Arruda. *Estudos e Pareceres — Direito Processual Civil-3*. ED RT, 1995, p. 273.

Processual Civil da Áustria, considerando os deveres de veracidade e lealdade das partes no processo.

Posteriormente, a maioria das legislações passou a considerar o problema da boa-fé no âmbito processual e estabelecer penalizações à conduta maliciosa na condução da lide.

Assim, temos, por exemplo:

8.1. No Direito italiano, a aplicação da litigância de má-fé, violando os princípios de lealdade e probidade, dependerá de requerimento da parte, para o ressarcimento de danos causados por dolo ou culpa grave.

8.2. Na Alemanha, a condenação por desonestidade processual dependerá de ação própria a ser promovida pelo prejudicado.

8.3. A legislação portuguesa, em casos de dolo ou negligência grave, prevê a multa e a indenização à parte contrária prejudicada, devendo esta ser requerida expressamente. O advogado poderá ser responsabilizado solidariamente.

8.4. Na França, é prevista penalidade para o caso de apelação abusiva.

8.5. A Lei Processual Trabalhista da Bolívia traz diversas regras dispondo sobre os princípios que devem reger a conduta das partes no processo[15]. Assim:

"Art. 3º — Todos os procedimentos e trâmites se basearão nos seguintes princípios:

....

f) — a lealdade processual, pela qual as partes exercitem no processo sua atividade isenta de dolo ou má-fé."

E entre as prerrogativas do juiz:

"Art. 60 — As partes deverão comportar-se com lealdade e probidade durante o processo, e o juiz fará uso de seus poderes para rechaçar qualquer solicitação ou ato que implique uma dilação manifesta ou ineficaz do litígio, ou quando se convença de que qualquer das partes, ou ambas, se servem do processo para realizar um ato simulado ou para perseguir um fim proibido pela lei.

Art. 88 — Nos escritos e memoriais que se apresentem perante o Tribunal, não se poderão usar expressões indecorosas ou ofensivas.

O juiz, em qualquer etapa do processo, pode determinar que se risquem as expressões ostensivamente indecorosas ou ofensiva, sem prejuízo das sanções disciplinares que mereça.

Art. 153 — (...)

O juiz pode rechaçar de plano os meios de prova proibidos por lei, notoriamente dilatórios ou propostas com o objetivo de entorpecer a marcha do processo. Também poderá rechaçar a prática de provas obviamente inconducentes."

---

(15) "Codigo Procesal del Trabajo — Decreto-Ley 16.896, de 25 de julio de 1979". *In Legislacion del Trabajo.* RODRIGUEZ, Isaac Sandoval. La Paz: ED Los Amigos del Libro, 1995, t.a.

8.6. O Peru dedicou, na sua lei processual, diversas disposições, procurando coibir a ação maliciosa na lide, nos seus diversos aspectos.[16]

Expressamente cataloga como deveres das partes e advogados:[17]

1. Proceder com veracidade, probidade, lealdade e boa-fé em todos seus atos e intervenções no processo;

2. Não atuar temerariamente no exercício de seus direitos processuais;

3. Abster-se de usar expressões descomedidas ou ofensivas em suas intervenções;

4. Guardar o devido respeito ao juiz, às partes e aos auxiliares da justiça;

5. Colaborar com o juiz quando este os cite e acatar suas ordens nas atuações judiciais; e

6. Prestar ao juiz sua diligente colaboração para as atuações processuais, sob pena de serem sancionados por má conduta com uma multa não menor de três nem maior de cinco Unidades de Referência Processual.

Acrescenta, ainda, a lei que no processo as partes estão obrigadas a observar uma conduta lícita, não dilatória, nem temerária, nem de má-fé. A infração a essas regras expõe o infrator à indenização por perdas e danos, custas judiciais e multa não menor de cinco, nem maior de vinte Unidades de Referência Processual.

A lei dispõe, expressamente, sobre as hipóteses em que se configura a temeridade ou má-fé:

1. Quando seja manifesta a ausência de fundamento jurídico da demanda, contestação ou meio impugnatório;

2. Quando cientemente se aleguem fatos contrários à realidade;

3. Quando se subtrai, mutile ou inutilize alguma parte dos autos;

4. Quando se utilize o processo ou ato processual para fins claramente ilegais e com propósitos dolosos ou fraudulentos;

5. Quando se obstrua a atuação de meios probatórios;

6. Quando por qualquer meio se entorpeça reiteradamente o desenvolvimento normal do processo;

7. Quando por razões injustificadas as partes não comparecem à audiência, gerando dilação.

Complementando as normas sobre a má-fé processual, a lei estabelece que, considerando o Juiz que o advogado atua ou atuou com temeri-

---

(16) Código Procesal Civil — Decreto Legislativo 768, de 29.2.1992.

(17) "CPC Peru — Artigos 109, 110 e 111". VASQUEZ, Jorge Rendón. *Guía Procesal Civil.* Lima: ED Edial, 2001, t.a.

dade ou má-fé, remeterá cópia das atuações respectivas à Presidência da Corte Superior, ao Ministério Público e ao Colégio de Advogados correspondente, para as sanções a que possa haver lugar.

8.7. A legislação argentina prevê a multa à parte ou ao advogado, ou a ambos, em caso de litigância de má-fé.

Ao lado das disposições regradas pela legislação processual civil, a Lei do Contrato de Trabalho[18] prevê uma situação interessante, específica para caracterizar a má-fé do empregador no processo laboral. Dispõe:

> "Quando se declarar maliciosa ou temerária a conduta assumida pelo empregador que perdeu total ou parcialmente o processo, será condenado a pagar juros de até duas vezes e meia o que cobram os bancos oficiais para operações correntes de desconto de títulos comerciais, e que será graduado pelos juízes, atendendo à conduta processual assumida. Se considerarão especialmente compreendidos nessa disposição os casos em que se evidenciem propósitos obstrucionais ou dilatórios em ações por acidente de trabalho, atendendo às exigências mais ou menos peremptórias provenientes do estado da vítima, a omissão de auxílios indispensáveis a tais casos, ou quando sem fundamento, e tendo consciência da própria sem-razão, se questionasse a existência da relação laboral, se fizessem valer atos cometidos em fraude ao trabalhador, abusando de sua necessidade ou inexperiência, ou opusera defesas manifestamente incompatíveis ou contraditórias de fato ou de direito."

A medida funciona como punição à má-fé na condução da lide e, ao mesmo tempo, um desestímulo à protelação da fase de liquidação.

Ainda no processo trabalhista, a Lei de Procedimento Laboral assim dispõe, em se tratando a má-fé decorrente de falsidade documental:

> "Em caso de não resultar autêntico documento apresentado para provar o pagamento, o juiz imporá ao excepcionante uma multa em favor da parte contrária, que não poderá exceder a 30% do montante da liquidação." [19]

Observa-se que há uma posição generalizada, nas legislações diversas, procurando prevenir e punir a litigância de má-fé, manifestada por inúmeras formas de astúcia, protelação, induzimento em erro, visando causar prejuízo à parte contrária. Procura-se, em todos os quadrantes, preservar o princípio da boa-fé processual e estabelecer normas de combate à astúcia, à procrastinação indevida, à chicana em todas as suas faces, enfim ... à má-fé na condução da lide.

8.8. No Uruguai, O Código General del Proceso, regulando os processos civis e trabalhistas, também ocupou-se da litigância de má-fé.

Dentre as disposições mais importantes destacam-se:

— A responsabilidade do procurador, solidariamente, por litigância de má-fé, quando de sua atividade processual ficar manifestada sua conduta neste sentido; (art. 60)

---

(18) Ley de Contrato de Trabajo — Decreto 390/76 — Artigo 275 — t.a.

(19) Ley de Organizacion y Procedimiento de la Justicia Nacional del Trabajo n. 18.345 12.9.1969 — Art. 134 — t.a.

— Quando a má-fé ou temeridade resultarem comprovadas, a parte prejudicada poderá obter perdas e danos, em processo à parte, ou no mesmo, se houver expresso pedido nesse sentido; (art. 61)

— A litigância de má-fé sujeita o infrator, autor ou réu, à condenação em "costas e costos".

Esta expressão "costas y costos", utilizada em textos legislativos processuais de língua espanhola significam:

"costos" — abrangem as taxas judiciais, os honorários dos órgãos de auxílio judicial e demais gastos judiciais realizados no processo;

"costas" — abrangem os honorários advocatícios da parte vencedora e, onde é previsto, um percentual para o Colégio de Advogados, para aporte ao Fundo Mutual dos Advogados[20].

(20) Para os itens 8.6, 8.7 e 8.8 agradecemos a colaboração de Jorge Randón Vasquez, Rodolfo Capón Filas e Hugo Barreto, respectivamente.

V — DAS CONSEQÜÊNCIAS DA LITIGÂNCIA DE MÁ-FÉ E DA CONDUTA PROCESSUAL INCONVENIENTE

Inúmeros problemas afloram de uma indevida conduta processual e dado margem a diversas controvérsias na interpretação das disposições legais, especialmente as que emanam do art. 18 do CPC.

1. QUANTO À NATUREZA DA CONDENAÇÃO

Já vimos que a conduta inconveniente da Parte ou do Advogado pode ensejar uma série de penalizações, previstas no Código Processual. Assim, temos: a advertência, a cassação da palavra, a proibição de retirada de autos do cartório ou secretaria, a determinação de serem riscadas expressões contidas em peças processuais trazidas aos autos, condenação aos honorários advocatícios e despesas processuais, aplicação de uma multa que reverterá ao Erário Público, aplicação de uma multa que reverterá à parte contrária e uma indenização pelos prejuízos causados à parte contrária.

Quando se fala em "Parte", estará incluído o Agente do Ministério Público?

Ocorre que o Ministério Público pode ter dupla função no processo, pode agir como parte, como no processo penal, e pode agir como fiscal da lei. Eventualmente pode agir como advogado da parte. No Rio Grande do Sul, há algum tempo, havia casos, como nas reclamatórias trabalhistas, em municípios não integrantes da jurisdição de uma Vara do Trabalho, (então JCJ) onde a Justiça do Trabalho estava sob a jurisdição do Juiz de Direito cabia-lhe o ingresso de reclamatórias representando os Reclamantes, a mesma situação quando ingressava com executivos fiscais, em nome do Estado. Neste último caso, indiscutível sua equiparação aos deveres éticos ditados pela lei processual, equiparando-se, em toda linha, ao advogado comum. Quando age como parte, sob o manto da competência institucional, como é o caso da ação penal e da ação civil pública, afigura-se-nos que igualmente está jungido aos princípios da boa-fé e probidade processual, podendo — e devendo — ser penalizado por litigância de má-fé, cabendo a utilização do preceito do art. 37, § 6º, da Constituição Federal, para o Erário Público ressarcir-se do prejuízo, em caso de dolo ou culpa do agente.

A controvérsia mais se acentua no caso em que o agente do Ministério Público age, no processo, como fiscal da lei.

A jurisprudência e a doutrina não são pacíficas quando se trata de ofensas irrogadas no processo pelo agente do MP, contra qualquer dos outros intervenientes na lide. Tratando-se, porém, de conduta eivada de má-fé, destinada a causar prejuízo a uma das partes intervenientes no processo, e considerando que a Lei n. 10.358/2001 estabeleceu, na redação do art. 14 do CPC, como dever de TODOS AQUELES QUE DE QUALQUER FORMA PARTICIPAM DO PROCESSO proceder com lealdade e boa-fé, não se compreende que haja imunidade ao Ministério Público para atentar contra esses princípios básicos da probidade processual. Como qualquer outro, que de qualquer forma participe do processo, estará sujeito à penalização processual, sem prejuízo das sanções administrativas, penais e civis que couberem.

Da mesma forma os advogados da Defensoria Pública estão sujeitos a todas as regras, da condução de seu trabalho, pelos princípios da lisura processual e boa-fé, sob pena de penalização, nos termos dos arts. 14 a 18, do CPC, independente das sanções administrativas, civis e criminais, além do ressarcimento ao Erário Público por multas ou indenizações decorrentes de sua atuação dolosa ou culposa no processo.

A controvérsia se afigura mais acentuada, quer na doutrina como na jurisprudência, é exatamente na conceituação e abrangência das figuras da multa e da indenização.

1.1. A multa

O parágrafo único do art. 14 do CPC estabelece uma multa de até 20% (vinte por cento) sobre o valor da causa, a ser fixada pelo juiz, de acordo com a gravidade da falta, em caso de descumprimento ao inciso V, do mesmo artigo, ou seja, não cumprir com exatidão os provimentos mandamentais e criar embaraços à efetivação de provimentos judiciais de natureza antecipatória ou final. Esta multa pode ser aplicada às partes e todos aqueles que de qualquer forma participem do processo (*caput* do art. 14). O valor fixado, ao final, será inscrito em dívida ativa da União ou do Estado e reverterá ao respectivo Erário Público.

1.1.1. A multa de 1% (um por cento) sobre o valor da causa e, em caso de reiteração, poderá ser elevada até 10% (dez por cento) em caso de proposição de embargos declaratórios manifestamente protelatórios. Esta multa reverte em benefício do embargado. Tudo nos termos do parágrafo único do art. 538 do CPC.

1.1.2. A multa de 1% (um por cento) a 10% (dez por cento) sobre o valor da causa em caso de agravo manifestamente inadmissível. A multa reverterá ao agravado. Art. 557, § 2º.

1.1.3. A multa de 1% (um por cento) sobre o valor da causa aplicável de ofício ou a requerimento da parte. Reverterá esta à parte contrária. Decorre de conduta maliciosa, temerária ou protelatória (fora dos casos de embargos declaratórios e agravos que possuem disposição especial, *supra* referidas) da parte e considerada como ofensa à administração da justiça.

Lamentavelmente juízes de 1º grau e de Tribunais têm exorbitado de seu direito punitivo, aplicando multas de 10% ou 20% sobre o valor da causa, em expressa desobediência ao que dispõe o art. 18, *caput*, do CPC.

Entendimento há, inclusive, de que a punição, através de aplicação da multa, deve ser precedida, necessariamente, de advertência por parte do juiz e somente na reincidência deverá ser aplicada a pena. Em fase de execução há precedente jurisprudencial expresso:

"Litigância de má-fé — Execução — Constatação de que o comportamento dos executados implica em ato atentatório à dignidade da justiça — Juiz que deve primeiro advertir, como requisito para a punição, pois a multa só será aplicada se o devedor persistir na infração — Inteligência do art. 599 II do CPC." (1)

"LITIGÂNCIA DE MÁ FÉ. O apelante alterou a verdade dos fatos, devendo, portanto, ser mantida a condenação por litigância de má-fé, contudo, a multa imposta no montante de 10% sobre o valor dado à causa contraria a determinação do art. 18 do CPC, devendo esta ser reduzida para 1% sobre o valor da causa." (2)

No mesmo sentido:

"(...) APLICAÇÃO DA MULTA CORRESPONDENTE A 1% SOBRE O VALOR DA CAUSA.

(...) — Havendo sido aplicada apenas a multa cominada no art. 18 *caput* do CPC, independentemente da consideração dos prejuízos suportados pela parte adversa, não pode ela exceder a um por cento sobre o valor da causa." (3)

A multa do art. 18, referentemente às hipóteses do art. 17, não deve ser confundida com a multa estabelecida no art. 601, todos do CPC.

Neste sentido, no Estado do Pará, uma autarquia estadual ingressou com ação possessória contra a empresa "X", visando à reintegração na posse sobre uma embarcação locada, solicitando concessão liminar.

O juiz concedeu a reintegração liminar, fixando, forte no art. 601 do CPC, uma multa de R$ 2.000,00, por dia de retardamento no cumprimento da determinação judicial. A R descumpriu a determinação judicial, concedida a título liminar.

Ao final da ação, julgada procedente, a multa atingiu a quantia de R$ 406.000,00. À ação fora dado o valor de R$ 10.000,00.

O juiz, ao prolatar a sentença, considerou a r. como litigante de má-fé, transformando a multa diária, anteriormente fixada, em multa por litigância de má-fé, no valor de 1% sobre o valor da causa, mais uma indenização pelos prejuízos causados ao autor, a ser arbitrada em liquidação. Tudo com fundamento no art. 18 do CPC.

Recorreu o Autor, procurando a confirmação da multa de R$ 406.000,00, decorrente da desobediência no cumprimento da decisão liminarmente obtida.

---

(1) 1º TACiv SP — 3ª CAM — AI 819.051-2 — 24.11.1998 — *RT* 769/250.

(2) TJ RS — 16ª CAM — AP 70010045896 — 24.11.2004 — ARQJURISPR TJ RS e igualmente, TJ RS — 16ª CAM — AP 70010838944 — 13.4.2005 — ARQJURISPR TJ RS.

(3) STJ — 4ª T — RESP 323.266-SP — 25.9.2001 — DJ 4.3.2002 — *Rev. Lex* 158/208.

A decisão do juízo de 1º grau foi mantida pelo Tribunal, sob quatro fundamentos distintos:

1º — o pedido da inicial se restringira apenas à reintegração na posse da embarcação, silenciando sobre a aplicação de multa por descumprimento de eventual concessão liminar;

2º — aqui o argumento mais importante que nos interessa, no caso, a multa do art. 601 é aplicável especificamente no processo de execução, inaplicável em ação possessória;

3º — a má-fé das partes está capitulada, especificamente, nos arts. 17 e 18 do CPC, os quais devem reger a conduta infratora e não se há de cogitar de cumulação de multas; os prejuízos, quando ultrapassarem quantia superior a 20% do valor dado à ação, devem ser remetidos à liquidação, por arbitramento, como foram;

4º — a exorbitante quantia atingida pela multa diária, resultaria num enriquecimento sem causa por parte do autor.[4]

Já se tem afirmado que a indenização por perdas e danos, no caso da litigância de má-fé, seria equivalente à multa e que a redação do art. 18 e seu § 2º decorreria de uma "impropriedade" do legislador.

Ora, se há impropriedade no texto da lei, essa disposição há de ser cumprida até sua alteração, também, por via legislativa. O que não é possível é que se interprete uma disposição legal, para dessa interpretação tentar se extrair conclusões que afrontem o ordenamento jurídico vigente.

Devemos ter cuidado no exame e citação de jurisprudência sobre a matéria, considerando que a multa somente foi inserida no art. 18 do CPC, após a nova redação que lhe deu a Lei n. 9.668, de 1998.

Daí, o acórdão do STJ, de 1994, anterior à lei:

"A litigância de má-fé pode acarretar a obrigação da parte infratora de ressarcir os prejuízos, pagar o honorários advocatícios e todas despesas suportadas pela vítima. Não prevê a lei processual multa."[5]

Uma vez aplicada a multa, pelo juiz, na sentença, não poderá dispensá-la, posteriormente, pois passará à condição de coisa julgada.

"Litigância de má-fé — Multa — Processo do Trabalho — Recurso — Agravo de Petição — Execução de reclamante litigante de má-fé. Transitada em julgado ar. Sentença que considerou o reclamante *improbus litigator*, é vedado ao juízo alterá-la, para dispensar o autor do pagamento da multa que lhe fora imposta, com fulcro no art. 18 do CPC, c/c 769 da CLT. Iniciada a execução, o juiz não pode dispensar o autor da multa e das custas sem que se caracterize ofensa à coisa julgada, cuja eficácia está garantida no art. 5º, inciso XXVI, da Constituição Federal."[6]

---

(4) TJ AP — CAM ÚNICA — APL 814/00 — 21.11.2000 — *RT* 788/328.

(5) STJ — 3ª T — RESP 36.984-3 SP — 24.5.1994 — DJU 27.6.1999.

(6) TRT 1ª REGIÃO — 2ª T — AGP — 00014-2002-016-01-00-3 — DORJ 11.6.2003 — *in* CD-2006 — *Justiça do Trabalho* — HS Editora — Notadez.

O Código Processual prevê, ainda, as multas correspondentes a meio salário mínimo no caso de serem lançadas cotas interlineares ou marginais nos autos (art. 161), e de cinco salários mínimos por alegação dolosa sobre os requisitos para a citação por edital (art. 233).

1.2. A indenização por perdas e danos

Diferente da multa é o que vem disposto no § 2º do mesmo art. 18, que trata da indenização por perdas e danos, decorrentes da conduta tipificada como de má-fé.

As dúvidas surgem a partir da expressão contida no *caput* do artigo: "... e a indenizar a parte contrária dos prejuízos que esta sofreu...", complementado pela disposição do § 2º, "O valor da indenização será desde logo fixado pelo juiz, em quantia não superior a 20% (vinte por cento) sobre o valor da causa, ou liquidado por arbitramento".

O que se deduz, inequivocamente, é que a lei considerou a malícia, a temeridade, o intuito recursal protelatório, enfim qualquer conduta processual eivada de má-fé, como uma das espécies do *abuso de direito*. Como tal, ato ilícito que, se causar prejuízo à parte contrária, deve ter o prejuízo (dano emergente e lucro cessante) devidamente indenizado.

Ocorre que as normas processuais não se constituem em compartimentos estanques dentro do ordenamento jurídico. Como tantas vezes já tem sido destacado pela doutrina, o Ordenamento Jurídico é constituído por um sistema de vasos comunicantes, no qual se interseccionam conceitos e princípios.

Tratando, então, o art. 18 do CPC de indenização por ato ilícito, decorrente do abuso de direito, necessariamente deveremos estabelecer a norma processual diante dos princípios que regem a indenização por ato ilícito.

O conceito de abuso de direito nos é fornecido, hoje, pela expressa disposição do art. 187 do Código Civil:

> "Também comete ao ilícito o titular de um direito que, ao exercê-lo, excede manifestamente os limites impostos pelo seu fim econômico ou social, pela boa-fé ou pelos bons costumes."

Tratando-se, sem dúvida, de responsabilidade civil subjetiva, todos os elementos desta devem se fazer presentes na conduta danosa do litigante de má-fé:

1. o ato ilícito, abusivo,
2. a culpa do agente, por dolo ou culpa,
3. o nexo causal e
4. o dano.

Simples infração de conduta processual, sem dano, poderá ensejar a aplicação da multa, de ofício, pelo Juiz, mas nunca indenização. Assemelha-se a hipótese com o exemplo trazido por *Orlando Gomes*[7] e no mesmo sentido *Antunes Varela*[8]: quem viola uma regra de trânsito, sem causar dano aos transeuntes, estará sujeito à multa, mas não se cogitará de indenização.

Por algum tempo, quando a correção monetária dependia de lei especial para cada hipótese de débito, era freqüente a tentativa do devedor de protelar ao máximo a solução final, no cumprimento da obrigação, pois os haveres do credor restavam corroídos pela desvalorização da moeda, atingindo, não raro, valores irrisórios à data do efetivo pagamento.

A título de indenização por perdas e danos os Tribunais usavam estabelecer como penalidade a correção monetária do débito, ainda que não houvesse lei específica na espécie.

Tal situação foi corrigida com o advento da Lei n. 6.899, de 8 de abril de 1981, que estendeu a correção monetária a todos os débitos ajuizados.

Da corrente jurisprudencial, amparada inclusive por vozes doutrinárias, entendendo que a indenização do art. 18 do CPC deva ser tratada como multa, podemos trazer a seguinte decisão:

> "Litigância de má-fé — Dano processual — Indenização prevista no art. 18 do CPC — Verba de natureza compensatória penal que não se confunde com a ação cível de perdas e danos prevista no art. 16, também do CPC. Condenação que tem por finalidade punir materialmente o infrator por dano moral infligido ao inocente e ao Estado."

E no corpo do acórdão,

> "O art. 18 do CPC diz que, ao ser constatada a má-fé, o Juiz condenará o litigante 'de ofício ou a requerimento'. É óbvio que, podendo agir de ofício, não precisa o Juiz apurar os prejuízos que foram causados, porque é evidente que prejuízo houve, sobretudo de natureza moral, cabendo ao Juiz, que age de ofício, simplesmente arbitrá-los."[9]

Este acórdão merece algumas reflexões.

Se o art. 18 do CPC trata de INDENIZAÇÃO, esta não pode ser confundida com punição. Se cabe ao juiz, pela conduta de má-fé, punir com multa e, sobre e além desta, ainda punir, pelo mesmo fato, com "indenização", estará caracterizada *um bis in idem*.

Em segundo lugar, parece de duvidosa consistência científica alegar que haja uma indenização por dano proposta por ação cível, e uma indenização por dano fora do ordenamento jurídico, como sugere a Ementa, ao exclusive arbítrio e iniciativa do Julgador.

Em terceiro lugar, a alegada "obviedade" que o juiz possa condenar uma reparação sem qualquer fundamento válido, concreto, pode funcionar como argumento de autoridade, mas estará ao arrepio da melhor Justiça.

---

(7) GOMES, Orlando. *Obrigações*. ED Forense, 1972, p. 299 e 326/327.
(8) VARELA, J. M. Antunes. *Direito das Obrigações*. ED Forense, 1977, p. 214.
(9) TRF 5ª REGIÃO — 1ª T — AP 97.05.08653-2-SE — 2.9.1999 — *RT* 774/431.

Por último, não é certo que a condenação de litigância de má-fé, aplicada correta ou incorretamente pelo Juiz ou pelo Tribunal, ensejará prejuízo à parte contrária. Poderá, inclusive, trazer vantagem à parte contrária.

Exemplo concreto:

Um servidor do Estado "X" ingressou com uma Reclamatória contra o Estado. A ação foi julgada procedente em parte. Na fase de execução estabeleceu-se uma divergência sobre um critério do cálculo para apurar o valor de algumas parcelas da condenação. A sentença de liquidação favoreceu à tese do Estado. Ingressou então o Reclamante com Agravo de Petição, sustentando a tese que lhe parecia correta. A Turma do Tribunal Regional, por maioria, em indisfarçável propósito punitivo, mais ao advogado do que à parte, aplicou-lhe uma litigância de má-fé, por ter usado de expediente protelatório, assim considerando o seu Agravo de Petição, condenando-o à multa de 20% sobre o valor da ação. Em momento algum o Estado alegara má-fé ou qualquer prejuízo com o recurso.

Além do recurso estar sob abrigo do mais lídimo direito assegurado pela Constituição, o recurso somente poderia, se não obtivesse êxito, trazer vantagem ao Estado, pois isso protelaria a obrigação final de pagamento. Além do que seria de se considerar que a cada mês que durou o processamento do recurso e, por conseguinte, a cada mês que se protelasse a expedição do precatório, sobre os valores incontroversos, terá que esperar o Reclamante mais cinco anos, pelo menos, para cumprimento do precatório, considerando a cultura do calote e impunidade que se estabeleceu no Brasil, por parte da Administração Pública, e, porque não dizer, com a conivência do Judiciário.

Pois nesse caso, a parte Reclamada somente obteve vantagem com o recurso do Reclamante, considerado protelatório pela Douta maioria do Tribunal.(10)

Há quem sustente que ainda que não haja nenhum indício ou presunção de dano material a ser indenizado, já que o § 2º do art. 18 fala em indenização, ainda assim, o juiz deveria condenar a parte faltosa por dano moral, e se dano moral contra a parte não seria verificável, então condenaria por dano moral à Justiça. A motivação exposta lembra a história do lobo e do cordeiro...

A indenização, quer por dano material, quer por dano moral, advém de prejuízo causado à parte e somente por ela (ou seu representante ou sucessor) poderá ser reivindicado. O alegado dano moral à Justiça é punido pela multa. Se a multa é ínfima, apenas 1% sobre o valor da causa, o problema é de *lege ferenda* e não de se estuprar basilares princípios de direito, que servem de alicerce a todo ordenamento jurídico vigente.

---

(10) TRT 4ª REGIÃO — 3ª T — AGP 92787.018/91-2 — ARQJURISPR TRT4.

1.3. Os honorários advocatícios

Uma das conseqüências pela litigação de má-fé poderá ser a condenação em honorários advocatícios, a má-fé, porém, não deverá influir no *quantum* sentenciado. Esse deverá obedecer aos critérios estabelecidos no art. 20 do CPC.

"VERBA HONORÁRIA E LITIGÂNCIA DE MÁ-FÉ

Alteração da verdade dos fatos — Caracterização — Parte que, deliberadamente, nega a existência de documento que ela mesma tenha produzido. Conduta que, mesmo reprovável, não deve ser considerada para majorar os honorários da sucumbência que deverão ser fixados conforme o disposto no art. 20, § 3º, *a, b* e *c* do CPC.

(...)

Saliento, finalmente, que, embora tenha sido reconhecida a litigância de má-fé do autor, não deve esta circunstância ser considerada para fixar os honorários advocatícios e, sim, aquelas previstas no art. 20, § 3º, *a, b* e *c* do CPC. Veja Jurisprudência:

'A má-fé do litigante não justifica a diminuição ou o aumento dos honorários, por não prevista como critério de fixação destes (TJ 88/364).'[11]

Obs.: Na Câmara houve voto vencido, afastando a litigância de má-fé, com o seguinte fundamento:

"No entanto não reputo tenha incidido em litigância de má-fé. Deu a sua versão, falsa, é verdade, mas fê-lo com o propósito de obter um pronunciamento judicial a respeito do tema, tendo direito a tal resposta consoante expresso no art. 5º, XXXV do Estatuto Fundamental."

Neste sentido, de que não cabe exasperação no percentual da verba honorária para punição de litigância de má-fé, houve, inclusive, decisão do STF a respeito, nos seguintes termos:

"HONORÁRIOS DE ADVOGADO. Entre o mínimo e o máximo previsto em lei, sua fixação deve atender os critérios enumerados nas letras A, B e C do § 3º, do art. 20, do Código de Processo Civil, não sendo admissível exasperá-los para punir eventual má-fé de litigante, que dá causa a outro tipo de sanção."[12]

1.4. As custas e despesas processuais

A litigância de má-fé pode (e deve) importar na responsabilização, pelo infrator, ao pagamento das custas, honorários periciais e demais despesas processuais, a disposição vem expressa no *caput* do art. 18 do CPC.

Se ambas as partes, vencedor e vencido, incorrerem em litigância de má-fé, valerá o preceito do art. 21 do CPC, devendo as despesas processuais ser reciprocamente distribuídas.

---

(11) TJ DF — 2ª CAM — EI 47.621/98 — 2.6.1999 — *RT* 772/317.
(12) STF — 1ª T — RE 90089 RS — 10.10.1978 — DJU 7.11.1978 — www.stf.gov.br.

Se diversos réus, ou diversos autores, no mesmo processo, forem condenado por litigância de má-fé, responderão pelas despesas proporcionalmente (art. 23 do CPC).

Registre-se, ainda que as sanções impostas às partes em conseqüência da má-fé, serão contadas como custas, a reverter em benefício da parte contrária (art. 35 do CPC), salvo quando expressamente a lei dispuser em contrario, como, por exemplo, a hipótese do parágrafo único do art. 14 do CPC.

1.5. Outras penalizações de ordem administrativa, civil e penal

Além das cominações processuais, relativas à má-fé e condutas inconvenientes na condução da lide, estas poderão estar sujeitas à penalização na ordem administrativa, civil e criminal.

A — Na ordem administrativa — A conduta antiética do advogado, na atividade profissional poderá e deverá ensejar um processo disciplinar perante o Tribunal de Ética da sua Entidade Corporativa, ou seja, a Ordem dos Advogados do Brasil. Pelas infrações éticas cometidas ficará o advogado (ou estagiário) sujeito às penas de censura, conversível, ou não, em advertência, suspensão, exclusão e multa, sendo esta aplicável, cumulativa, nos casos de censura ou suspensão, em valor variável entre uma e dez anuidades, considerando circunstâncias agravantes existentes. Arts. 35 a 40 do Estatuto da Advocacia e da OAB.

B — Na ordem civil — Todo ato praticado por advogado, parte ou interveniente no processo, que causar dano a outrem, responderá pelos prejuízos decorrentes, seguindo-se as mesmas regras da responsabilidade civil contidas no ordenamento jurídico comum. Estes prejuízos poderão ser de ordem moral, ensejando uma indenização por dano moral ou prejuízos materiais, por dano emergente ou lucro cessante, ensejando uma indenização por dano material.

C — Na ordem penal — Além da penalização por exercício ilegal da profissão, que atinge genericamente toda a atividade do falso advogado, do advogado excluído da corporação, ou do bacharel ainda não inscrito regularmente, como tal, o Código Penal capitula e define uma série de atos considerados delituosos, na atividade ligada, necessária ou eventualmente, ao processamento de qualquer feito.

Dentre estes podemos arrolar, no Código Penal: os crimes contra a honra, calúnia, difamação e injúria (arts. 138, 139 e 140, com a ressalva do art. 142, I); a falsificação de papéis públicos (art. 293); a alteração de documento público (art. 297); falsificação de documento particular (art. 298); a falsidade ideológica (art. 299); a supressão de documento (art. 332); a corrupção ativa (art. 333); a coação no curso do processo (art. 344); a fraude processual (art. 347); o patrocínio infiel ou sumultâneo (arts. 355 e 356); a exploração de prestígio (art. 357); a desobediência à decisão judicial sobre suspensão ou perda da atividade profissional (art. 359); disposições todas de condutas que decorrem, ou podem decorrer, no processamento da ação.

2. DA REITERAÇÃO DE PEDIDOS E LITIGAR CONTRA COISA JULGADA

Verifica-se, também, com certa freqüência, as tentativas da Parte em pretender rediscutir matéria que já foi objeto de julgamento, nos autos, ou até se constitui em coisa julgada, em processo que o antecedeu.

A tentativa de rediscutir, em fase de execução de sentença, matéria já definida na fase de conhecimento, via de regra, estará a indicar inafastável propósito protelatório tão-somente, sujeitando a parte à litigância de má-fé.

"Constitui abuso do direito de litigar, pretenderem, os embargantes, de modo flagrantemente contraditório e inconsistente, rediscutir questões definitivamente apreciadas na fase de conhecimento e na de liquidação com descabida afronta à coisa julgada. Inclusive com inaceitável inovação processual, por ocasião do recurso. Tudo a caracterizar escancarada litigância de má-fé." (13)

Ainda,

"O ato da jurisdição que resolve os embargos oferecidos pelo devedor é a sentença resolutiva e tem eficácia para pôr termo ao processo de embargos (CPC, art 162, § 1º). Proferida a sentença, dela as partes são intimadas (CLT, art. 86, § 1º). Portanto, é de se considerar que a sentença é um ato processual dirigido, evidentemente às partes litigantes. Quando a parte faz tábula rasa da decisão dos embargos e reprisa a sua impugnação com os mesmos argumentos infundados, seu proceder se constitui em ato negatório à dignidade da justiça, o que enseja multa, nos termos do art. 601, c/c art. 35 primeira parte e art. 17, VII, todos do CPC." (14)

No mesmo sentido,

"EMBARGOS DECLARATÓRIOS EM AGRAVO INTERNO. A rediscussão da matéria denota a natureza meramente protelatória dos autores. Inexistência de omissão, obscuridade ou contradição. Multa por litigância de má-fé elevada a 10% sobre o valor da causa, por impor pela quarta vez o exame da mesma questão. Art. 538, parágrafo único, *in fine*, do CPC." (15)

A simples modificação da denominação da ação, quando o objeto do pedido é o mesmo de ação anteriormente ajuizada e julgada, caracteriza a litigância de má-fé.

"PRESTAÇÃO DE CONTAS E ANULAÇÃO DE DUPLICATAS, CUMULADA COM PEDIDO DE COMPENSAÇÃO E SUSPENSÃO DOS EFEITOS DOS PROTESTOS. QUESTÕES JÁ TRANSITADAS EM JULGADO. Embora a empresa autora refira tratar-se de demanda diversa, prestação de contas, os fatos, a causa de pedir e os pedidos são os mesmos da demanda anulatória precedente, cuja decisão transitou em julgado, descabendo a rediscussão (arts. 473 e 474 do CPC). Aresto precedente que decidira acerca da impossibilidade de compensação de créditos, higidez das notas fiscais que originaram as duplicatas protestadas, e devolução de mercadorias. Sentença mantida, inclusive no tópico atinente à litigância de má-fé." (16)

---

(13) TA RS 3ª CAM — AP 195035365 — 19.4.1995 — R JULG 95/370.
(14) TRT 9ª REGIÃO — 2ª T — RO 846/2000 — DJPR 13.10.2000 — *Just Trab* HS 205/98.
(15) TJ RS — 12ª CAM — EMBDECL 70010448272 — 23.12.2004 — ARQJURISPR TJ RS.
(16) TJ RS — 12ª CAM — AP 70012310504 — 20.10.2005 — ARQJURISPR TJ RS.

Também,

"Embargos de terceiros ajuizados pelos filhos do executado e nu-proprietários do imóvel. Alegação de impenhorabilidade do usufruto. Matéria que já foi repelida em agravo de instrumento e posterior agravo interno em face de a decisão ter sido monocrática, baseada na jurisprudência sobre o tema. Além disso, parte que impetrou mandado de segurança visando sustar venda judicial do bem com base na mesma alegação. Caracterização da litigância de má-fé pela reiteração de incidentes e recursos manifestamente protelatórios. Art. 17, VII, do CPC. Arbitramento da multa e indenização à parte contrária que se mostraram adequadas."[17]

Caracteriza conduta processual maliciosa a reiteração, em agravo interno, da mesma matéria já julgada em embargos declaratórios.

"Apreciadas as mesmas questões em sede de apelo, de embargos declaratórios e agora de agravo interno, manifesta a litigância de má- fé, autorizando a imposição de multa de 1% sobre o valor atualizado da causa, com base no art. 17, inc. IV, e por analogia no art. 538, parágrafo único, ambos do CPC."[18]

Igualmente,

"O direito de ação, como qualquer outro direito, não é absoluto. O exercício anormal de um direito importa em ofensa ao ordenamento jurídico. No caso de lide temerária, assim qualificando-se a incidental de embargos deduzindo pretensão contra a eficácia da coisa julgada, deve o embargante responder pela indenização decorrente da litigação de má-fé."[19]

3. SUSTENTAR A PARTE TESES ANTAGÔNICAS NO MESMO PROCESSO

Espera-se do advogado coerência na defesa dos direitos e interesses do seu cliente. Não será admitido que no mesmo processo, ou em processos diferentes, sustente, em benefício do mesmo cliente, teses antagônicas.

"Litigância de má-fé — Caracterização — Parte que sustenta pontos de vista antagônicos relativos ao mesmo negócio jurídico em processos diferentes. Penalidade aplicável de ofício. Matéria de ordem pública que implica em ato atentatório à dignidade da Justiça."[20]

Este acórdão merece duas considerações:

1º — Efetivamente se a Parte sustenta teses diferentes, em sua defesa, sobre determinado negócio jurídico, como no caso, em que na Execução e na Ação de Depósito, o réu apresentou versões conflitantes, a conduta denota a litigância de má-fé, reconhecida, e bem andou a Egrégia Câmara.

2º — Em longa fundamentação, o acórdão enfrenta o problema da possibilidade, ou não, de o Tribunal reconhecer a litigância da má-fé, de ofício e promover a penalização do *improbus litigator* traz à colação extensos aportes doutrinários e jurisprudenciais, concluindo pela possibilidade

---

(17) TJ RS — 20ª CAM — AP 70010369361 — 13.4.2005 — ARQJURISPR TJ RS.
(18) TJ RS — 12ª CAM — AGRINT 70009512328 — 18.11.2004 — ARQJURISPR TJ RS.
(19) TRT 3ª REGIÃO — 3ª T — AGRP 85/99 — DJMG 24.8.1999 — *Sint Trab* 124/85.
(20) TA PR — 4ª CAM — AP 55.835-8 — 10.3.1993 — *RT* 703/149.

de reconhecimento da litigância de má- fé, *ex officio*. Aplica-lhe, então, a penalidade fixada em 5% (cinco por cento) sobre o valor da ação. Ora, a pena, reconhecida, há de ser a multa estabelecida na lei, limitada a 1% (um por cento) sobre o valor da ação. Os cinco por cento aplicados deverão referir-se, necessariamente, à indenização pelo abuso de direito, ao ressarcimento por perdas e danos, do ofendido que, salvo melhor juízo, não era o objeto da discussão trazida na fundamentação do acórdão.

4. OFERECIMENTO DE BENS IMPENHORÁVEIS À PENHORA

Se a Parte oferece à penhora bem determinado, verificando-se, depois, que se tratava de bem que não poderia ser objeto de garantia, ficará caracterizada a litigância de má-fé.

> "Litigância de má-fé — Caracterização — Oferta em garantia de imóvel declarado desapropriado.
>
> (...) No tocante à condenação por ligância de má-fé, verifico que, ao ofertar em garantia imóvel declarado desapropriado, a parte recorrente agiu ilicitamente, sendo sua conduta, assim, passível de reprovação por parte do Juízo *a quo* e devida a condenação mencionada, em conformidade com o disposto nos arts. 17 e 18 do CPC..." (21)

Em alguns casos a Parte oferece um bem à penhora e, depois, ela mesma argúi a tese da impenhorabilidade desse bem. Esta conduta caracteriza a litigância de má-fé.

JCP, demandado em ação executiva opôs embargos à execução, indicando um imóvel à penhora. Posteriormente sustentou a impenhorabilidade do bem oferecido, porquanto se trataria de bem de família, protegido pela Lei 8.009/90. Foi condenado por litigância de má-fé, à indenização em montante a ser apurado em liquidação de sentença. Em grau recursal assim se manifestou a Câmara:

> "Tendo sido o bem constrito indicado à penhora pelo devedor, descabe-lhe invocar impenhorabilidade, porque não se cuidando de norma de caráter público, senão que tuteladora dos interesses do devedor, ao indicar os bens manifestou sua concordância, abrindo mão do privilégio legal. Aplica-se o art. 17, I e IV, do CPC, quando o embargante/apelante possui conduta processual incorreta, deduzindo pretensão contra fato incontroverso, com finalidade procrastinatória." (22)
>
> "Penhora — Bens impenhoráveis — Indicação pelo próprio devedor — Nulidade inexistente — Litigância de má-fé caracterizada. (...)" (23)

Os repertórios de jurisprudência registram diversos casos similares. O devedor fornece bem à penhora, que sabe ser impenhorável e, depois, tenta

---

(21) TRT 5ª REGIÃO — 4ª T — AI 2003-05-00-026417-1/PE — 11.11.2003 — *RT* 826/406.
(22) TA RS — 7ª CAM — AP 195158746 — 13.12.1995 — *R Julg* 97/357.
(23) TA PR — 4ª CAM — AP 58.020-9 — 14.4.1993 — *RT* 702/169.

embargar a execução alegando a nulidade da mesma penhora. Tem-se decidido que a penhora é válida, entendendo-se o oferecimento do bem como renúncia à impenhorabilidade, acrescentando-se a caracterização de litigância de má-fé, que se afigura inarredável.

5. USO DO PROCESSO PARA CONSEGUIR OBJETIVO ILEGAL: CONLUIO E SIMULAÇÃO

Não têm sido raros os casos de conluio entre as partes, para causar prejuízo a terceiros.

Para evitar a perda de uma parte ou totalidade de seu patrimônio, comprometido com execução judicial, alguns devedores têm lançado mão de uma conduta deveras maliciosa. Em conluio com outrem, simulam ou estradulam o valor de um débito, para que este promova uma ação, na qual por não apresentar defesa, ou apresentar uma defesa inconsistente, gerará a procedência do pedido do autor, com isto salvando parte do patrimônio comprometido, quando não a totalidade, se este simulado crédito for preferencial, como no caso de ser a primeira obrigação decorrente do não pagamento de um cheque ou outra obrigação sem nenhuma preferência creditória e a segunda de uma reclamatória trabalhista, com preferência.

> "COLUSÃO — ATUAÇÃO DO JULGADOR, AINDA QUE NA FASE DA EXECUÇÃO, QUE OBSTE CONLUIO DAS PARTES PARA ESVAZIAR O PATRIMÔNIO DA EMPRESA EXECUTADA, EM DETRIMENTO DOS SEUS VERDADEIROS CREDORES TRABALHISTAS — VALIDADE — MULTA POR LITIGÂNCIA DE MÁ- FÉ.
>
> 1. Pode e deve o Juiz da execução, se somente nesta fase do processo chegaram ao seu conhecimento elementos suficientes para concluir ter havido, entre as partes, a colusão prevista no art. 129, do CPC, proferir sentença que proclame extinta a execução, nos termos e para os efeitos do art. 795 do mesmo diploma processual. Decisão de primeiro grau que se confirma, por seus próprios e brilhantes fundamentos. 2. Estando também evidenciado que ambos os litigantes, seja em primeiro grau, seja nesta fase recursal, tentam usar o processo para conseguir objetivo ilegal e nele procedem de modo temerário (CPC, art. 17, III e V, c/c art. 769 da CLT), devem ser condenados ao pagamento da correspondente multa prevista em lei. Como neste caso a parte lesada foi o Estado-Juiz deve o seu valor reverter em favor da União Federal." (24)

Em outro feito,

> "A atitude negligente e desinteressada da empresa, devedora do banco autor, deixando correr à revelia ações trabalhistas contra ela ajuizadas por filha e genro de seu proprietário, caracteriza fraude processual, principalmente quando o bem imóvel penhorado naquelas reclamatórias é o mesmo oferecido como garantia de dívida comercial assumida pela reclamada perante o banco, em hipoteca cedular de primeiro grau. A fraude aperfeiçoa-se quando se consta-

(24) TRT 3ª REGIÃO — 3ª T — AGP 4.415/97 — DJMG 2.2.1999 — *Sint Trab* 118/93.

tam semelhanças entre as peças processuais produzidas pelos reclamantes e a reclamada, no tocante à formação, tipologia e até mesmo quanto aos erros de digitação. Evidenciada, portanto, a colusão entre os réus, que se utilizaram do processo para impedir que o autor satisfizesse o seu crédito comercial, fica autorizada a desconstituição das sentenças proferidas nas relações trabalhistas com fundamento no art. 485, III, do CPC." [(25)]

O Tribunal desconstituiu as sentenças nas duas reclamatórias que haviam sido propostas e condenou os réus por litigância de má-fé.

Esta prática não tem sido rara, o Juiz deve estar alerta para coibir tal procedimento.

Outra hipótese,

"Litigante de má-fé — Simulação anulatória de cessão de direitos de uso de telefones — Ação promovida pelo cedente companheiro da primeira ré cessionária — Existência de outros processos envolvendo o mesmo expediente com as mesmas partes em prejuízo de terceiros — Decretação de improcedência e determinação de remessa de peças ao Ministério Público."

"(...) Ora 'G' litiga contra a sua concubina 'E', ora ao lado dela. Sempre a mesma alegação: não foi ele o autor da assinatura. Essa aliança de 'G' e 'E' no mesmo pólo processual em algumas ações e em pólos diferentes em outros feitos aliada ao fato de que eles são companheiros há cinco anos, possuem filho, dão clara amostra de que 'G' aprendeu ou descobriu uma fórmula mágica para fugir de suas obrigações." [(26)]

Ainda podem ser apontadas como hipóteses de simulação, caracterizadoras de litigância de má-fé, a propositura de uma simulada ação de despejo para desalojar o sublocatário, ou, no âmbito da Justiça do Trabalho, as Reclamatórias simuladas, para obtenção da outorga judicial, visando sacramentar prévios acordos efetuados entre as partes.

Vejamos um exemplo,

A empresa "E.I. Ltda." encontrava-se em considerável dificuldades econômicas, com diversas ações contra si ajuizadas, inclusive executivos fiscais.

M.N.E., companheira do diretor-gerente da empresa, com quem tinha um filho, inclusive, e o ajudava na direção do estabelecimento, ingressou com uma reclamatória na Justiça do Trabalho. Dizendo-se despedida e reivindicando exorbitantes verbas trabalhistas. No dia da audiência, as partes comparecem com um instrumento de acordo já redigido por escrito, pedindo a homologação do juiz, pelo qual a Empresa reconhecia todos os direitos pleiteados e entregava em pagamento o único patrimônio da empresa, constituído por um imóvel de considerável valor. O juiz, inadvertidamente, homologou o estranho acordo. A Reclamante, todavia, não conseguiu registrar o imóvel em seu nome no Registro de Imóveis, em função de impugnações do oficial do Registro, entre outros fundamentos verificava-se que o valor da reclamatória, homologada, não atingira o valor do imóvel.

---

(25) TRT 3ª REGIÃO — AR 272/98 — DJMG 3.6.1999 — *Sint Trab* 124/57.

(26) 1º TA SP — 2ª CAM — AP 362.314 — 1.10.19865 — *RT* 613/121.

O que foi feito então? As partes abandonaram esse feito e a reclamante ingressou com nova ação, em outra Vara, desta vez estradulando os valores pedidos, inclusive acrescentando aos pedidos da ação primitiva mais uma comissão de 5% sobre o faturamento bruto da empresa, desde o termo inicial do alegado pacto laboral. Desta forma o pedido superaria o valor do imóvel. Na audiência não compareceu a reclamada, tornando-se revel e confessa ficta, tendo o juiz julgado procedentes todos os pedidos. Tratava-se, então, na execução, de conseguirem a adjudicação do imóvel à Reclamante.

Dois outros ex-empregados que haviam ajuizado reclamatórias contra a mesma empresa ingressaram não com uma ação rescisória, pois o prazo decadencial para esta já havia se esgotado, mas uma ação anulatória. Não se tratava de rescindir o acordo homologado na primeira ação proposta, nem a sentença da segundo ação. Mas anular todos os atos e fatos desenvolvidos pela conduta da empresa e a reclamante, inequivocamente fraudulentos.

Em primeira instância a ação anulatória foi julgada improcedente. Em grau de recurso, o Tribunal Regional reformou a sentença, anulando todos os atos das duas reclamatórias propostas.

O acórdão apanha muito bem o conjunto das circunstâncias fático-jurídicas do feito.

"LIDE SIMULADA COM INTUITO DE ENGANAR E PREJUDICAR TERCEIROS — AÇÃO ANULATÓRIA — CABIMENTO. É a partir da atualíssima teoria da relativização da autoridade da coisa julgada, criada também, em face do contemporâneo surgimento de novas práticas de ilícitos processuais, revestidas de sofisticação e ousadia jamais pensadas pela doutrina tradicional, que se deve compreender o alcance do preceito constante no art. 129 do CPC, como norma de sobredireito, não sujeito à preclusão. Tal dispositivo, sendo comando emanado do Estado para que o Juiz obste conduta processual manifestamente ilícita das partes, alcança todas as fases do procedimento judicial e sua saneadora eficácia que permanece em estado de latência no curso de todo o procedimento, há de operar de imediato, tão logo reconhecido pelo Juízo que as partes se serviram do processo para praticar ato simulado, ainda que o processo, no qual foi perpetrada a simulação, encontre-se em fase de execução do título judicial resultante dessa simulação, somente depois evidenciada. Inteligência do alcance do preceito saneador constante do art. 129 do CPC, aplicável também à fase de execução do processo por força da expressa previsão do art. 598 do mesmo diploma legal, no sentido de que 'aplicam-se subsidiariamente à execução as disposições que regem o processo de conhecimento'."

E, finalizando o *decisum*:

"... dar provimento aos recursos interpostos para anular o acordo realizado no processo n. ... e os atos processuais fraudulentamente constituídos em ambos os processos." [27]

---

(27) TRT 4ª REGIÃO — 8ª T — RO 00736-1999-601-04-00-5 — 9.6.2005 — www.trt4.gov.br.

6. CONDUTA MALICIOSA

Inúmeras outras situações têm ensejado a condenação por litigância de má-fé, decorrente de expedientes maliciosos, temerários ou protelatórios das partes.

Vejamos alguns:

6.1. Mudança de denominação

"... comprovado que a empresa contratante efetivou apenas alteração no contrato social, alterando sua denominação, o que não afasta a legitimidade da empresa demandante. Questionamento que poderia ter sido formulado desde o início da demanda. Reconhecimento da litigância de má-fé (art. 538). Embargos desacolhidos, com aplicação de multa." (28)

6.2. Negativa de alimentos

Não raro confunde-se a má-fé, no que tange às regras procedimentais, com a própria má-fé na sustentação de determinado e alegado direito material.

"LITIGÂNCIA DE MÁ-FÉ — Caracterização — Alimentos — Ação de exoneração. Demanda proposta por genitor em face de filho portador de deficiência mental, em razão de o alimentado ter atingido a maioridade civil. Hipótese em que a presunção da necessidade alimentícia é absoluta. Inteligência do art. 17 do CPC.

No caso em comento, o ato surgiu camuflado sob as vestes do pleito posto em juízo, vindo agredir o próprio ordenamento jurídico ao corromper a integridade do processo como instrumento de justa composição do litígio. Assim, agiu com má-fé a parte ora apelante que mesmo sabendo ser seu dependente portador de deficiência mental, veio a juízo pleitear exoneração de pensão alimentícia, não merecendo reforma, portanto o *decisum* no tocante à condenação, por litigância de má-fé." (29)

6.3. Negativa de submeter-se a exame de DNA

"INVESTIGAÇÃO DE PATERNIDADE — Perícia — Recusa do Demandado de proceder ao exame pericial genético — Fato que, aliado à sua admissão de que manteve relações sexuais com a genitora do autor, dá ensejo ao julgamento de procedência da demanda.

LITIGÂNCIA DE MÁ-FÉ — Deslealdade processual — Caracterização — Investigação de paternidade — Investigado que se nega a realizar exame pericial e invoca em seu favor deficiência probatória." (30)

---

(28) TJ RS — 12ª CAM — EMB DECL — 70011101789 — 23.6.2005 — ARQJURISPR TJ RS.
(29) TJ MSUL — 1ª T — AP 2001 — 0011386-2/0000-00 — 2.3.2004 — *RT* 830/321.
(30) TJ RS — 7ª CAM — AP 700073355300 — 3.3.2004 — *RT* 830/357.

Afigura-se bastante discutível que a conduta da parte que se recusa a se submeter ao exame de DNA, em ação investigatória de paternidade, possa caracterizar litigância de má-fé, porquanto a recusa presumirá a procedência da afirmação do autor.

A Súmula 301 do STJ (22.11.2004) veio consagrar essa presunção, estabelecendo:

"Em ação investigatória a recusa do suposto pai ao submeter-se a exame de DNA induz presunção *juris tantum* de paternidade."

À parte deve assistir o direito de não comparecer ao exame, sujeito, naturalmente, à presunção de veracidade da afirmação de paternidade, que por si já é uma penalização.

6.4. Não comparecimento da parte a ato judicial

O art. 340 do CPC impõe à parte o dever de comparecer em juízo, respondendo ao que lhe for interrogado. Daí a possibilidade de ser enquadrado como *improbus litigator* no caso de recusa injustificada.

"Litigância de má-fé. Aplica-se nos casos em que a parte não comparece, injustificadamente, aos atos processuais, deixando de auxiliar no esclarecimento da verdade."(31)

Mas não caracterizará a litigância de má-fé o descumprimento de ordem judicial para exibição de documento, pois o art. 359 do CPC prevê, expressamente, a penalização de natureza processual para a recusa.

Por isso,

"Litigância de má-fé — Inocorrência — Descumprimento de ordem judicial de exibição de documento. Circunstância que torna a matéria não controvertida em desfavor da parte desobediente, consolidando a prova contra si. Inteligência dos arts. 17 e 359 do CPC."(32)

A desobediência pela parte, portanto, à determinação judicial, não constitui, necessariamente, litigância de má-fé, pois o próprio Código Processual pode estabelecer penalidade, também, de ordem processual, como ocorre com o art. 359 do CPC. No caso, a não exibição do documento por uma das partes determinará que o juiz tome como verdadeira a alegação da parte contrária, o que com o documento pretendia provar, mas não se configura a litigância de má-fé, pois é um direito da parte a não exibição, se pretende arcar com a conseqüência processual que a lei estabelece.

6.5. Sonegar informações

"Litigância de má-fé. Injusta resistência ao andamento do processo. Recusa do réu em fornecer informações que permitam efetivar o cumprimento de

---

(31) TJ RS — 18ª CAM — AP 70011823952 — 18.8.2005 — ARQJURISPR TJ RS.
(32) TA SP — 8ª CAM — AI 957.11-8 — 13.9.2000 — *RT* 788/290.

medida liminar. Pretendida incidência de multa diária destinada à efetivação de obrigação de fazer ou não fazer. Inadmissibilidade. Aplicação das medidas previstas no art. 18 do CPC." [33]

O acórdão supra traz à discussão a possibilidade de substituição da aplicação das penas por litigância de má-fé, previstas nos arts. 14 a 18 do CPC, por aplicação de multa diária, estabelecida no art. 461 do CPC.

A recusa da parte em atender à determinação judicial, como por exemplo fornecer informação que possibilite a realização de medida executiva, poderá configurar conduta de má-fé, sujeita à imposição de multa e indenização pelos prejuízos causados à parte contrária, mas não a substituição pela medida estabelecida no § 4º, do art. 461, do CPC, prevendo a imposição de multa diária, até o cumprimento da determinação judicial.

6.6. Falta de fundamento legal

A parte ao propor uma ação, ou ao contestá-la, deverá embasar seus pedidos e suas alegações em um mínimo de idoneidade, com fundamentos lógicos razoáveis.

"Autor que demanda com visível intenção de sustar os efeitos da inadimplência confessada. Teses desarrazoadas. Ausência de lógica mínima a respaldar o pedido. Improcedência e litigância de má-fé confirmadas." [34]

Em ação de usucapião, o advogado da parte demandada argüiu a nulidade do feito, pela mera cogitação de que pudesse haver herdeiros menores com interesse no pleito a exigir intervenção de curador especial, nos termos do art. 9º do CPC. Esta "nulidade" somente foi argüida em razões de apelação. O Tribunal considerou a parte como litigante de má-fé, pela falta de fundamento idôneo, pois estaria contradizendo a prova documental existente nos autos. Do acórdão lê-se:

"Regem o comportamento das partes em juízo os deveres de lealdade e veracidade. Os magistrados, pelo princípio da confiança e credibilidade que merecem os patronos da partes, em razão do seu grau de bacharel, costumam ter como verdadeiras as referências, indicações e citações feitas pelas partes durante a discussão da causa em juízo, por isso é lícito pensar que a inobservância de tais regras de conduta tem por fim induzir em erro, o que basta para caracterizar o apelante como litigante de má-fé." [35]

Da mesma forma,

"Litigância de má-fé — Temeridade. Litiga de má-fé aquele que lança uma sorte de alegações sem atenção para o que de fato ocorreu, reclamando, assim, reparações que bem sabia não ter direito e que acabaram se revelando

---

(33) 2º TA SP — 7ª CAM — AI 678.544-00/1 — 13.2.2001 — *RT* 789/303.
(34) TJ RS — 20ª CAM — AP 70011565470 — 18.5.2005 — ARQJURISPR TJ RS.
(35) TA RS — 3ª CAM — AP 21.371 — 27.2.1980 — R *Julg* 34/232.

temerárias. Falta de seriedade e descaso para com as coisas da Justiça. Condenação mantida." (36)

Deve-se considerar, porém, que a litigância de má-fé, para ser como tal caracterizada, deverá conter elementos de convicção que concluam que a ausência de fundamentos legal e lógico decorre de conduta consciente da não razão e da utilização da ação, defesa ou recurso, tão-somente para causar prejuízo à parte contrária, o que não ocorre com o erro grosseiro, destituído de dolo, partido do despreparo do profissional.

6.7. Utilização de formulário, por computador, sem atender às particularidades da ação proposta ou da defesa oferecida

"Litigância de má-fé — Alegação de erro fundado na montagem da inicial. A alegação de equívocos gerados pela adoção de arquivos de computador, não adaptados corretamente à realidade vivida pelos litigantes, não constitui causa excludente dos tipos previstos no art. 17, I e II, do CPC. Os avanços tecnológicos concebidos para o aprimoramento das atividades humanas, não podem ser usadas como justificativas para deslizes técnicos. As facilidades geradas pela informática, ao contrário de justificar equívocos, devem ser consideradas como agravantes de tais condutas." (37)

O computador ao mesmo tempo que trouxe uma série de inegáveis facilidades ao trabalho forense, por outro lado está gerando uma péssima conduta nos operadores do Direito. Cada vez se pensa menos e se "cola" mais.

Iniciais são coladas do computador, sem se atender a particularidades e aspectos individualizados e pontuais de cada ação. Defesas são opostas nos autos, em contestações coladas, quando, não raro, não guardam nenhuma relação com os pedidos formulados na peça vestibular. E o que é pior, sentenças são prolatadas por colagem de processos similares, mas que têm particularidades que passam totalmente despercebidas, ou são omitidas. Já recebemos, inclusive, uma sentença na qual o juiz fundamentava sua decisão "na prova testemunhal produzida", quando nenhuma testemunha havia sido inquirida na instrução. Simplesmente o magistrado colara a sentença de um processo análogo em que, nesse sim, testemunhas haviam sido ouvidas.

Está realmente introduzida a prática forense do "cola-copia".

E aí a grande indagação persiste: o advogado que propõe inicial ou contesta o feito em peça colada, sem relação direta com fatos e atos da questão posta *sub judice*, é condenado por litigância de má-fé, mas o que ocorre com o juiz ou tribunal que incide no mesmo deslize?

Com as manifestações que esperamos receber dos prezados Colegas, a resposta ficará para a próxima edição !!!

---

(36) TRT 2ª REGIÃO — 3ª T — RO 20030129804 — DOESP 8.4.2004 — *In* CD 2006 — *Justiça do Trabalho* — HS Editora-Notadez.

(37) TRT 10ª REGIÃO — 3ª T — RO 2.768/99 — DJU 22.10.1999 — *Sint Trab* 127/87.

6.8. Conduta indevida na distribuição dos feitos

Alguns advogados, agindo com censurável má-fé, passaram a utilizar-se de expediente abusivo de ajuizarem simultaneamente várias ações idênticas, procurando dirigir a distribuição segundo seu interesse.

Esta conduta configura não só a litigância de má-fé, sujeita sempre à multa como, também, à indenização, se prejuízo decorrer à parte contrária.

O Tribunal de Ética da Seccional da OAB de São Paulo, em 23 de março de 2003 (Proc. E-2.081/000), assim se manifestou, apreciando um caso concreto:

"Patrocínio — Ajuizamento simultâneo de várias demandas de igual conteúdo visando dirigir a distribuição — Existência de infração ética e disciplinar. — Advogados que fazem distribuir simultaneamente a mesma demanda a mais de um juiz, objetivando dirigir a distribuição, a fim de obter posição judicial mais favorável, denigre sua reputação pessoal e profissional quanto à defesa da moralidade pública e da administração da Justiça. Constitui prática desleal e de má-fé (art. 14, II, CPC), abusando do direito de ação (art. 5º, XXXV, da CF), raiando pela emulação injusta e, em face da nulidade da segunda ação, que deve ser anulada em razão do próprio ato praticado (art. 34, X, do EAOAB). Incidência do art. 36, I e II, do EAOAB, com a remessa dos autos às turmas disciplinares."

Observação:

Estatuto da Advocacia e da Ordem dos Advogados do Brasil — EAOAB, Lei n. 8.906, de 4 de julho de 1994.

"Art. 34 — Constitui infração disciplinar:

X — acarretar, conscientemente, por ato próprio, a anulação ou nulidade do processo em que funcione."

Em outro processo ético, na OAB, foi assim classificada a conduta do advogado que lançou mão de tal expediente:

"A distribuição simultânea de várias demandas de igual conteúdo, entre as mesmas partes, visando dirigir a distribuição, deslustra a reputação pessoal de profissional. Atitude sorrateira, ardilosa, condenável e incompatível com a indispensabilidade do advogado na administração da justiça. Macula, ainda, a obrigação de atuar com destemor, veracidade, lealdade, dignidade, moralidade pública e boa-fé." (Processo E-1.932.99)

George Marmelstein Lima, em artigo publicado sobre a matéria, refere, também, ao caso de advogado que, procurando violar a distribuição, ingressou com dez ações idênticas, grafando o nome da autora de forma diferente (por exemplo: Olga Alday, Olga Auday, etc.), pretendendo a direção de uma das ações para a Vara pretendida e posterior desistência das demais, ainda com ulterior retificação do nome da autora, na ação remanescente.[38]

---

(38) LIMA, George Marmelstein. "Desrespeitos à Regra Processual da Livre Distribuição", *RT* 797/161 a 175.

7. PENALIZAÇÃO *EX OFFICIO*

Não há dúvida de que a multa pode e deve ser aplicada de ofício, pelo Juiz, diante de conduta caracterizada como má-fé, pois multa se estabelece ante o desrespeito da Parte, atingindo a administração da Justiça.

Diferentemente da indenização. Diante do que permanece no Ordenamento Jurídico vigente, não cabe ao juiz, de ofício, promover a condenação por perdas e danos.

E quem tem legitimidade para pedir e haver o ressarcimento do dano?

Sem dúvida, a vítima ou o ofendido.

Pretender, como querem alguns intérpretes do art. 18, que possa o juiz de ofício atribuir indenização por ato ilícito, sem provocação e sem sequer alegação de dano atribuível à vítima, afigura-se uma heresia jurídica, impossível de razoável sustentação.

Não nos parece factível a aplicação de uma condenação de ofício, pelo juiz, de uma indenização não provocada, nem identificada pelo possível ofendido. Ao juiz falece legitimidade para impor essa condenação.

Ainda do magistério de *Orlando Gomes*(39), colhemos a afirmação:

"Tem legitimação para exigir a indenização do dano a pessoa prejudicada. (...)

"Por outro lado a pretensão cabe estritamente à vítima..."

E não é diferente a lição de *Maria Helena Diniz*(40) quando afirma:

"É evidente que a exigibilidade do ressarcimento do dano pertence a todos os que efetivamente experimentaram o prejuízo..."

Consagrando esta tese decidiu-se,

> "LITIGÂNCIA DE MÁ-FÉ — CONDENAÇÃO — CARÁTER INDENIZATÓRIO. Impossibilidade de sua imposição se a parte a ser contemplada com a sanção não efetuou pedido nesse sentido." (41)

No corpo do acórdão, reproduzindo as colocações do aresto hostilizado, de 2ª Instância, lemos:

> "À vista do inegável caráter indenizatório, impende registrar a tendência predominante na doutrina e jurisprudência no sentido de condicionar o exame da admissibilidade da sanção questionada (CPC art. 16) a pedido explícito da parte interessada no ressarcimento de danos eventualmente sofridos. Vale dizer, apenas a parte titular do direito disponível se qualifica para pleitear ou não o favor preceituado. Sem mais digressões, merece citação o voto do Min. Eduardo Ribeiro, proferido no E. Superior Tribunal de Justiça:
>
> <Questiona-se a respeito da possibilidade de condenação ao pagamento de indenização, em virtude de litigância de má-fé independente de pedido.
>
> No julgamento de dois recursos, ambos relatados pelo E. Min. Cláudio Santos, esta Turma inclinou-se pela negativa. (RESP 3.098 e 4.091).

---

(39) GOMES, Orlando. Ob. cit.
(40) DINIZ, Maria Helena. *Curso de Direito Civil Brasileiro*, 7º Volume, ED Saraiva, 1984, p. 122.
(41) STJ — 1ª T — RESP 48.988-1SP — 8.6.1994 — *RT* 709/208.

Lembrou S. Exa. que esta a opinião desde Arruda Alvim, Marcos Afonso Borges e Barbosa Moreira. Salientou que o art. 96 do CPC italiano, apontado como fonte do nosso, exige pedido da parte prejudicada e concluiu com a observação de que não se trata de multa, em benefício do Estado, mas de indenização por perdas e danos, em favor da parte. A esses pronunciamentos acrescente-se, ainda, a opinião de Buzaid, citada pelo reclamante, colhida de trabalho no REPRO 47/97. Não vejo razão para afastar-me dos precedentes citados. Trata-se, no caso, de indenizar prejuízos sofridos pela parte contrária. O direito é disponível (RE 11.530-SP, j. 20.8.91).>"

O acórdão fez referência expressa ao art. 16, afigura-se que o princípio norteador será o mesmo, considerando o art. 18 do CPC.

Também,

"Litigância de má-fé — Dano processual — Condenação da parte *ex officio*. Inadmissibilidade. Aplicação dos arts. 16, 17 e 18 do CPC." [42]

Neste acórdão, encontramos, na sua fundamentação, da lavra do então componente da Câmara Cezar Peluso, hoje compondo a Corte Suprema da Nação, uma das mais lúcidas e seguras lições sobre a matéria:

"O apelante tem razão, porém, quanto à inoficiosidade da condenação por responsabilidade processual. Posto inconcussa a temeridade de seu procedimento, típico de resistência injustificada ao curso do processo executório (art. 17, IV, do CPC), a qual determinou ao credor o dano intuitivo, figurado na depreciação do poder aquisitivo da moeda, durante a conseqüente suspensão da execução, ao Juiz não era dado condená-lo, *ex officio*, ao ressarcimento. Em nenhum instante, nem mesmo nas contra-razões, o pleiteou o credor embargado. (...)

Ora, enquanto as medidas sancionatórias da responsabilidade processual de ordem, impregnado-se de alcance estritamente disciplinar, preordenado ao decurso regular do processo, são imponíveis de ofício, por explícitas disposições legais dirigidas ao juiz — o que induz alguns a tomá-las como expressões de função administrativa — a responsabilidade, assinalada nos arts. 16 e 18, que se pode denominar 'responsabilidade especial' ou 'qualificada', por processo inútil, pressupõe direito subjetivo à indenizabilidade e, dado o caráter nitidamente jurisdicional do provimento, não pode ser reconhecida sem provocação do interessado. Nela, 'il giudizio sull'opportunità del procedimento è rimesso, quindi all' interessato, il quale potrebbe avere un interesse maggiore alla celerità del giudizio principale che allá rifusione delle spese o al risarcimento del dano subito. Tale sistema rende evidente che il legislatore considera l'interesse protetto di natura exclusivamente individuale." (Manlio La Rocca, ob. cit., p. 173 e 174, n. 1).

"Daí por que, entre nós, onde está por construir análise sistemática do instituto, se admite que a menos que se queira dar à palavra acepção atécnica, não parece próprio qualificar de 'verdadeira pena' a sanção imponível ao litigante de má-fé: trata-se de ressarcimento de dano, isto é, satisfação de um crédito que o titular (a parte lesada) pode não querer exercer, ou reservar-se para exercer noutra oportunidade." (Barbosa Moreira, *Responsabilidade das*

---

(42) 2º TA SP — 5ª CAM — AP 155.150 — 9.3.1993 — *RT* 580/164.

partes por dano processual, in Processo 10/27). "A lei não pré-exclui seja exercida em ação autônoma, salvo quando tenha sido objeto do *judicium* no mesmo processo". (Pontes de Miranda, *Comentários ao Código de Processo Civil*, Forense, 1974, t. I/398 e 399, n. 7 e 406 e 407, n. 2, a despeito da clareza do § 2º, do art.18, insiste, aliás, na exigibilidade por ação autônoma ou reconvenção).

"A responsabilidade processual qualificada por processo inútil (arts. 16 e 18) escraviza-se ao princípio da inércia da jurisdição (arts. 2º e 128). Esta é a orientação constante dos principais sistemas legislativos, em que há expressa exigência de pedido do interessado (§ 408, n. 1, da ZPO austríaca, arts. 96 do CPC italiano e 456, n. 1, do CPC português).

"Indenização não é pena e, na espécie, configura aplicação particularizada da regra geral da responsabilidade civil, que não transubstancia nem desfigura a dimensão publicística da estrutura da responsabilidade processual *in genere*: 'Si tratta, quindi, di attività giurisdizionale che tutela um duplice interesse: quello indiviudale di parte e quello colletivo alla funzione di giustizia'". (Manlio la Rocca, ob. cit., p.185, n. 5). "O conteúdo repressivo ao abuso do exercício do direito não vai ao ponto de sacrificar princípios superiores, para constranger o responsável a restituir dano individual, a quem o não pretenda. Condenação ao pagamento de dano processual, na forma dos arts. 16 e 18 do CPC, (responsabilidade processual qualificada), subordina-se a pedido da parte lesada, deduzido no mesmo ou em outro processo. Esta a intelecção mais consentânea com os princípios segundo experiência pretoriana, que, embora elaborada à luz do art. 3º do CPC de 1939, merece aproveitada". (Arruda Alvim, *Código de Processo Civil Comentado*, São Paulo: Ed. Revista dos Tribunais, 1975, vol II, 162, 164 e 165. Cf. ainda *RT* 563/174).

No mesmo sentido,

"LITIGÂNCIA DE MÁ-FÉ. Condenação decretada de ofício pelo Juiz. Inadmissibilidade. Dependência do pedido do titular do direito a perdas e danos." (43)

Considerável corrente jurisprudencial entende, todavia, que o juiz pode decretar o pagamento de indenização, de ofício, independente de pedido da parte prejudicada e, mesmo, sem qualquer demonstração de prejuízo sofrido.

"(...) cujo destinatário é o juiz ao qual é permitido condenar sem necessidade de ação própria ou de pedido da parte prejudicada." (44)

Igualmente,

"LITIGÂNCIA DE MÁ-FÉ — Indenização decretada pelo Tribunal — Ausência de provocação direta da parte prejudicada — Admissibilidade — Repressão aos atos atentatórios à dignidade da Justiça — Recurso não conhecido — Inteligência e aplicação dos arts. 16, 17 e 18 do CPC." (45)

Respaldado no magistério de Ernane Fidélis dos Santos:

"Também não há mister que a parte requeira a declaração do direito de indenizar. O juiz pode fazê-lo de ofício." (46)

---

(43) STJ — 3ª T — RESP 42.403-8-PR — 9.5.1994 — *RT* 713/221.
(44) TJMT — 2ª CAM — AP 9.247 — 2.8.1977, citando magistério de Hélio Tornaghi — *RT* 507/201.
(45) STJ — 4ª T — RESP 17.608-0-SP 23.6.1992 — *RT* 690.
(46) SANTOS, Ernane Fidélis dos. *Manual de Direito Processual Civil*, ED Saraiva, V 1, 1985, n. 228.

Uma consulta aos repertórios de decisões, a respeito, demonstra-nos que se tornou fato corriqueiro os juízes e/ou Tribunais, reconhecendo ter ocorrido litigância de má-fé, aplicarem a condenação de uma indenização, geralmente, pelo máximo de 20% sobre o valor da causa, previsto na lei, sem provocação do possível ofendido e sem qualquer demonstração sobre o valor do prejuízo que poderia ter sofrido. Isso, data máxima vênia, se constitui em verdadeira anomalia jurídica, talvez decorrente do valor muitas vezes inexpressivo da multa — esta sim aplicável de ofício —, estabelecida como sendo de até 1% sobre o valor da causa. A solução, então, seria de *lege ferenda*, uma alteração legislativa no valor da multa e não o subterfúgio de aplicação de uma indenização por dano, sem pedido da parte e sem demonstração de dano.

A referência contida no § 2º do art. 18 de que o juiz pode aplicar, desde logo, a condenação à indenização deverá ser tomada como a faculdade de o juiz, diante da alegação de prejuízo pela parte prejudicada, com razoáveis elementos de prova por esses prejuízos, possa, baseado nessa razoabilidade, condenar o *improbus litigator*, de imediato, nos próprios autos, às perdas e danos, até um valor expresso no próprio artigo, ou seja, até 20% do valor da causa. Se os alegados prejuízos excederem a esse valor deverá a matéria ser remetida ao arbitramento em liquidação de sentença.

O art. 18, *caput*, do CPC, encerra, na realidade, DUAS ASSERTIVAS DISTINTAS: a primeira assertiva dispõe: o Juiz ou Tribunal, de ofício ou a requerimento, condenará o litigante de má-fé a pagar multa não excedente a 1% (um por cento) sobre o valor da causa; e a segunda assertiva: e a indenizar a parte contrária dos prejuízos que esta sofreu. Nada nos autoriza a concluir que a primeira parte da primeira assertiva: "de ofício ou a requerimento" seja aplicável à segunda assertiva, considerando-se, inclusive, que esta conclusão de aplicabilidade extensiva afrontaria todos os princípios que regem a indenização pelo abuso de direito.

Outro aspecto que deve ser, necessariamente, enfrentado diz respeito à condenação por litigância de má-fé, independente do asseguramento de contraditório à parte acusada. O devido processo legal, o contraditório e a ampla defesa constituem garantias constitucionais, inafastáveis.

Se a condenação à litigância de má-fé é requerida pela parte prejudicada no curso do processo, terá o ofensor o direito de manifestar-se sobre a acusação e contraditá-la e, inclusive, produzir prova em contrário. O problema surge quando o juiz, em sentença, sem que a matéria tivesse sido objeto de discussão anterior decide aplicar a penalização e, situação ainda mais grave se afigura, quando em segunda ou terceira instância é aplicada a pena, suprimindo-se instância(s) e sem o asseguramento do direito de defesa à parte penalizada. Então se indaga: afinal o devido processo legal, o contraditório e a ampla defesa existem, ou não existem, integralmente em defesa do cidadão? Ou são direitos que ficam ao critério do julgador?

Em matéria de "direito" a critério do julgador, vem-nos à memória uma experiência vivida por este autor em 1964. Expurgado foi do Ministério Público (não por corrupção, esclareça-se). Procurando inteirar-se do processo, foi recebido por um ilustre representante da Nova Ordem, a quem indagamos da possibilidade de apresentar defesa, o qual nos disse: — "Você pode apresentar sua defesa. O amplo direito de defesa está plenamente assegurado pela Revolução Democrática". — "Muito bem, e quais são as acusações?" — "Bem, estas são sigilosas, estas não podem ser divulgadas, você use o seu direito de defesa ampla". Pelo critério do julgador, então, o direito de defesa consistia em dizer o acusado que não havia fundamento para a penalização.

Agora, aqui, sequer o direito de o acusado dizer que não é culpado lhe é assegurado. O Tribunal, sem nunca ter sido cogitado no processo de conhecimento qualquer conduta maliciosa ou protelatória e nem a sentença se manifestou sobre o assunto, penaliza uma das partes por litigância de má-fé e esta sequer tem direito a dizer que a decisão é equivocada, arbitrária e injusta.

E onde ficaram as belas disposições constitucionais? Tragadas pelo critério do julgador.

8. CONDENAÇÃO INDENIZATÓRIA NOS PRÓPRIOS AUTOS

Ocorrendo prejuízos à Parte contrária, pela litigância de má-fé, pode esta pedir a indenização nos próprios autos e, se por princípios de razoabilidade, entender o juiz que o valor não ultrapasse a quantia de até 20% sobre o valor da ação, poderá sentenciar desde logo. Ultrapassando esse valor deverá enviar a fixação do valor ao arbitramento, em liquidação, nos mesmos autos. Nada obsta que a parte prejudicada possa obter a indenização pelas perdas e danos através de ação própria, daí com fundamento no art. 16 do CPC.

Também, se pedida a indenização, mas a sentença for silente quanto à mesma, e não houver pedido de esclarecimento sobre a omissão, por meio de embargos declaratórios ou recurso específico, nada obsta à parte prejudicada promover o pedido da indenização por ação própria.

Sobre a matéria veja-se como têm decidido os Tribunais:

> "A condenação do litigante de má-fé ao pagamento de perdas e danos depende de ação própria."(47)

Também,

> "Não tendo havido condenação por dano processual, só em ação própria poderá a parte pleiteá-la."(48)

---

(47) TA SP — 3ª CAM — AP 19.824 — 19.11.74. *In* ALVIM NETO, José Manoel de Arruda. *CPC e Legislação Extravagante — Anotações de Jurisprudência e Doutrina*, ED RT, 1985.

(48) STF — Pleno — ARESC 249-1-SP — 17.4.80. Citado por NEGRÃO, Theotonio. *Código de Processo Civil e Legislação Processual em Vigor*, 16ª ed. ED RT, p. 60.

"A condenação por dano processual se dá no mesmo processo em que ocorreu, nada impedindo, contudo, que o reclamo se faça em ação autônoma."(49)

9. MOTIVAÇÃO

A condenação por litigância de má-fé não está isenta da obediência ao preceituado no art. 93, inciso IX, da Constituição Federal de 1988, no sentido de que todas as decisões do Poder Judiciário devem ser fundamentadas.

Não basta dizer na sentença ou no acórdão que o agente conduziu-se com má-fé, é preciso fundamentar a conclusão, inclusive capitulando o preciso inciso do art. 17 do CPC, no qual esteja abrangida a conduta que se pretende condenar. Também não será lícito que a sentença ou acórdão tão-somente disponha que a conduta do autor, ou do réu, ofendeu o preceituado no art. 17, em seus incisos I, II, III, IV e VI, sem especificar a que atos(s) se pretende capitular cada um desses incisos, pois os mesmos referem-se a situações fáticas diferenciadas.

"Multa — Imposição prevista no art. 538, parágrafo único do CPC. Necessidade de motivação pelo Tribunal para declará-los procrastinatórios."(50)

Em outro feito,

"LITIGÂNCIA DE MÁ-FÉ — Aplicação da pena de ofício. Admissibilidade somente quando calcada em uma das situações previstas em lei. Inteligência dos arts. 17 e 18 do CPC.

(...)

Pondero, quanto à pena de litigância de má-fé imposta ao apelante, que não obstante possa (deva, na verdade) a autoridade judiciária aplicá-la até mesmo de ofício, é indispensável venha ela devidamente calcada, explicitamente, em pelo menos uma das hipóteses casuisticamente prevista por lei. Vale dizer, a conduta maliciosa da parte deverá estar plenamente caracterizada e a pena devidamente motivada, pois caso contrário será maculada pela ilegalidade (CF, art. 93, IX)."

O acórdão afastou a litigância de má-fé por falta de fundamentação e capitulação precisa em um dos incisos do art. 17, situação que se verifica muito freqüentemente, considerando muitos magistrados que basta a referência de que ocorreu uma conduta eivada de má-fé, para aplicar a penalização, sem precisar qual o fundamento e qual a capitulação legal da conduta como tal considerada.

O interessante é conhecer as considerações que o acórdão traça sobre a sentença de 1º grau:

"(...) Realmente — e com a devida vênia, nesse particular, ao posicionamento do ilustre sentenciante — as questões agitadas pelas partes (mormente aquelas

---

(49) TJ SP — 2ª CAM — AP 3.319-1 — 27.6.80 — *RT* 544/76.
(50) STJ — 4ª T — RESP 28.622-4-SP — 24.6.1996 — *RT* 735/214.

envolvendo os fatos documentados fotograficamente, que tanto impressionaram S. Exa.) não têm qualquer relevância ou pertinência com a demanda, posta em juízo, pois tudo se resume em última análise, em se saber se a alienação dos veículos configurou, ou não, fraude à execução." (51)

Então, temos o seguinte quadro: o juiz de 1º grau sentenciou sobre provas que nada tinham a ver com o feito, sem qualquer relevância ou pertinência com a demanda, como foi reconhecido pelo Tribunal, e esse juiz não estará sujeito a nenhuma conseqüência, mas o advogado foi penalizado por litigância de má-fé, sem nenhum fundamento. Essa situação ressalta o cuidado e a prudência que os Tribunais devem ter, ao reexaminar as condenações por litigância de má-fé atribuída à parte ou ao advogado.

(51) 2º TA SP — 7ª CAM — AP 502.883-3 — 17.2.1998 — *RT* 756/261.

VI — LITIGÂNCIA DE MÁ-FÉ POR ADVOGAR CONTRA DISPOSIÇÃO DA LEI OU DA JURISPRUDÊNCIA

"As leis e os códigos foram feitos para manter o *status quo*, cada um no seu lugar."

Evaristo de Moraes Filho

"A dócil submissão à jurisprudência estiola o espírito criador do advogado e do juiz. São os descontentes e os inconformados os propulsores do progresso, raciocínio válido também no campo da ciência do Direito."

B. Calheiros Bomfim

É a primeira das hipóteses com que a lei capitula a litigância de má-fé, no inciso I, do art. 17, do CPC.

Diga-se, *en passant*, que é uma capitulação muito do agrado dos regimes totalitários e ditatoriais. Nos porões das ditaduras, de farda ou de fraque, os juristas de plantão concebem os mais sibilinos, ardilosos e arbitrários textos de lei, impostos por meio de decretos-leis, medidas provisórias (definitivas) ou de Congressos submissos e daí ai do advogado que investir contra o texto parido para justificar a existência de um "Estado de Direito". Estará sob a espada de Dámocles de qualquer juiz, sujeito à condenação por litigância de má-fé.

A inclusão do texto inserto no inciso I do art. 17 do CPC, na redação original de 1973, considerando litigância de má-fé o fato de deduzir pretensão ou defesa, cuja falta de fundamento não pudesse razoavelmente desconhecer, já marcara evidente retrocesso em relação ao Código anterior, de 1939.

Em 1980, pela Lei n. 6.771, o inciso I teve alterada sua redação, passando-se a penalizar quem deduzisse pretensão ou defesa contra texto expresso da lei ou fato incontroverso.

Proibindo ao advogado de peticionar contra a lei, sem as ressalvas de ser considerada a lei injusta ou contrária à Constituição, estava se voltando às práticas processuais das Ordenações do Reino, tendo faltado apenas acrescentar-se à nova redação a pena de degredo para o advogado que afrontasse o dogma da lei disposta, ainda que resultante esta da diarréia legislativa, oriunda dos porões da ditadura.

É pena que o legislador de 1980 não tenha lido os "Mandamentos do Advogado, de *Couture*, entre os quais se destaca:

"LUTA — Teu dever é lutar pelo direito, porém, quando encontrares o direito em conflito com a justiça, luta pela justiça." (1)

A Lei da Boa Razão, de 18 de agosto de 1769, no reinado de D. José I, em Portugal, dá-nos um exemplo da preocupação dos governantes no sentido de evitarem que os advogados afrontassem as disposições legais.

Assim rezava o § 7º da referida lei:

"Porquanto a experiência tem mostrado que as sobreditas interpretações dos advogados consistem, ordinariamente, em raciocínios frívolos e ordenados mais a implicar com sofismas as verdadeiras disposições das leis do que a demonstrar por elas a justiça das partes. Mando que todos os advogados que cometerem os referidos atentados e forem neles convencidos de dolo, sejam no autos, a que se juntarem o Assentos, julgados, pela primeira vez, em 50$000 réis para as despesas da Relação e em seis meses de suspensão; pela segunda vez, em privação dos graus que tiverem da Universidade; e, pela terceira vez, em cinco anos de degredo a Angola, se fizerem assinar clandestinamente as suas alegações por diferentes pessoas. Incorrendo na mesma pena os assinantes, que seus nomes empregarem para a violação de minhas leis e perturbações do sossego público dos meus vassalos." (2)

Comentando este dispositivo *Correa Telles* observa:

"Não basta que o advogado peque fazendo um raciocínio frívolo, ou sofisma, sobre interpretação da lei, para poder ser condenado nas penas deste parágrafo. Em descuidos tais cairão os mais abalizados jurisconsultos: e nenhum do que agora vivem devem confiar tanto do seu saber que se repute infalível ...

É preciso também, que o advogado seja convencido de dolo. Chama-se *dolo* todo o artifício revestido o intento de enganar. E é bem difícil de conhecer esse intento quando não é acompanhado de atos conhecidamente maus. ...

Para o advogado desempenhar bem o seu dever, deve considerar-se no lugar do cliente e possuir-se da mesma aflição que o atribula, em modo que pareça advogar a sua própria causa e não a causa alheia.

... Portanto o juiz prudente deve levar isso em desconto ao advogado, antes que lhe impute dolo; ..."

Sob o rótulo da "frivolidade e do sofisma", na realidade o que o texto régio procurava prevenir era a atuação crítica do advogado, perante a lei imposta, com a busca de uma solução mais justa, ao lado da lei, ou até em

---

(1) COUTURE, Eduardo. *Os Mandamentos do Advogado*. ED Sergio Antônio Fabris, 1979.

(2) TELLES, José Homem Corrêa. "Comentário Crítico à Lei da Boa Razão", *Ajuris* 8/6, novembro de 1976.

afronta à mesma, o que era considerado como conduta extremamente perigosa sob o ponto de vista político, pois a lei régia deveria sempre ser considerada como o supra-sumo da Justiça. Não deveria ser permitido ao advogado colocar em dúvida a justeza da lei e argumentar contra o seu texto.

João Batista Lopes, em judicioso estudo sobre a matéria, analisando a pretensão ou defesa contra expresso texto de lei observa:

"A interpretação literal do dispositivo do art. 17, I, implicaria sério entrave ao exercício da advocacia por arredar pretensões fundadas na eqüidade ou nos princípios gerais de direito." [3]

Passando a enumerar diversos exemplos da experiência cotidiana, em que se pleiteia contra expressas disposições da lei.

Conclui,

"Essa não é, porém, à evidência, a melhor orientação sobre a matéria, devendo o dispositivo ser interpretado *cum grano salis*, sob pena de cercear a própria atividade profissional do advogado."

Justas e sábias palavras.

O problema é que juízes existem, nas diversas instâncias, felizmente em menor número, que por problemas de saúde cerebral e emocional, sofrem de incurável pressão alta intelectual, em função da qual não toleram sequer um grão de sal, que poderia decretar a morte de suas convicções e preconceitos.

Muitas vezes o advogado pleiteia em juízo contra a lei não por desconhecê-la, mas exatamente por bem conhecê-la e considerá-la injusta.

Incontáveis conquistas absorvidas pela lei vigente advieram de reiteradas postulações de advogados, contra a então legislação vigente.

Veja-se, por exemplo, no direito da mulher casada, hoje, conservar o nome de família de solteira, é norma legal, mas constituía postulação contrária à lei, nos precisos termos do art. 240 do Código Civil, na sua redação original, e a modificação foi fruto de sucessivos pedidos, formulados em ações diversas, então, contra a lei. Da mesma forma o uso, pela mulher, do apelido do companheiro, fruto exclusivo da criação pretoriana, a qual, naturalmente não decidiu de ofício, mas atendendo à postulação de advogados.

A OAB, num primeiro momento em que ainda externava sua vinculação ao "legalismo", ao estabelecer no art. 27 da Consolidação das Disposições Legais sobre o exercício da Advocacia, de 1934, que constituiria falta do advogado, assim dispôs, entre as faltas puníveis, no exercício da advocacia, "advogar dolosamente contra literal disposição da lei".

A expressão "dolosamente" procurava atenuar a atuação do advogado que requeria contra o expresso texto da lei, faltando, todavia, escla-

---

(3) LOPES, João Batista. "O Juiz e a Litigância de Má-Fé", *RT* 740/128 e seg., junho de 1997.

recer se o dolo seria em função do texto da lei, ou em função da Justiça que se pretendia obter.

O Código de Ética, de 1934, sem considerar o fator "dolo", capitulou como falta ética do advogado o fato de "advogar, procurar ou aconselhar contra disposição literal da lei".

Avanço ocorreu com a vigência do Estatuto da OAB, por meio da Lei n. 4.215/63, que em seu art. 103, inciso VII, dispôs, entre as condutas vedadas ao advogado,

> "advogar contra literal disposição de lei, presumida a boa-fé e o direito de fazê-lo, com fundamento na inconstitucionalidade, na injustiça da lei ou em pronunciamento judicial anterior".

O novo Estatuto da OAB, Lei n. 8.906/94, reproduziu esse texto.

Não seria demais aguardarmos esperançosos, que as Doutas Comissões que têm redigido os anteprojetos de lei, com freqüentes mudanças do Código de Processo Civil, normalmente, com medidas que visam dificultar a atividade do advogado, quando não suprimi-la, no processo judicial, lembrem-se de inserir no Código o disposto no Estatuto da OAB sobre litigância de má-fé, por postulação contra texto da lei, em resguardo da atividade profissional de quem busca a JUSTIÇA, antes de escravizar-se à LEI.

Nem se argumente que o Julgadores não se têm valido desse dispositivo, via de regra, pois ainda encontramos, não raro, condenações por litigância de má-fé, fundadas em inarredável oposição do pedido perante a lei vigente. Além de permanecer essa disposição como espada de Dámocles sobre cabeça do advogado.

Há de ser entendido que a Constituição Federal, quando no art. 5º, inciso XXXV, determinou que a lei não excluiria da apreciação do Poder Judiciário lesão ou ameaça a direito, não restringiu o "direito" do cidadão às disposições de lei expressa, pois o Direito possui outras vertentes, subordinado à idéia e ao fim da JUSTIÇA.

É deveras constrangedor quando se ouve, no Tribunal, muitas vezes, o Julgador manifestar que a solução que adota está baseado na lei, mesmo sabendo que a solução é injusta. Certamente esse Julgador, que confessa estar cometendo uma injustiça, genuflexo perante o texto da lei infraconstitucional, não terá buscado na Constituição Federal o instrumental para fazer Justiça, que certamente estaria a seu alcance nos arts. 1º, incisos III e IV, 3º, 5º e 193, entre outros.

Ao advogado há de restar, sobre a matéria, a postura recomendada por *Angel Ossorio*, ao ouvir a Parte que o consulta. Ao final deve interrogar-se:

> "Donde está lo justo? Resuelto esto, el apoyo legal es cosa secundaria." (4)

Não poderá caracterizar, outrossim, litigância de má-fé, pleitear ou defender-se com tese contrária à jurisprudência dominante.

---

(4) OSSORIO, Angel. *El Alma de la Toga*. ED Edial, Lima — Peru, 2001, p. 24.

Um sem-número de conquistas de nosso direito contemporâneo resultaram de lutas incessantes de advogados, pleiteando contra a jurisprudência dominante, até conseguirem sensibilizar Juízes e Tribunais. Melhor exemplo será a conquista da condenação por dano moral, por tantas décadas execrada pelos Tribunais, que a taxava de pretensão imoral, até irem se moldando às novas exigências de uma sociedade voltada para o império dos Direitos Humanos.

Não podemos esquecer de que uma das vertentes da evolução do Direito, e certamente a mais importante, é exatamente a jurisprudência, que retrata um determinado *standard* social da época, e somente num segundo momento virá a lei, que deverá funcionar como vestimenta do costume judiciário.

Mas a jurisprudência não se forma por meio de decisões *ex officio* dos juízes. Forma-se por decisões que atendem a um pedido da parte, formulado por um advogado. Por isso já se disse que no início do fio da meada que conduz a um brilhante acórdão há, via de regra, uma modesta petição de advogado. Tolher-se a livre atuação do advogado, em busca da melhor justiça, para se adaptar às novas aspirações e condicionantes sociais, políticas, e econômicas de um determinado momento histórico, é engessar a evolução do Direito.

Também pretender punir o advogado por litigância de má-fé, porque advoga contra a jurisprudência dominante, mesmo uníssona constituirá crime de lesa-ciência, devendo os juízes agir com muita prudência e bom senso ao defrontar-se com casos concretos a esse respeito.

Em que pese estas considerações, ainda se decide:

"Litigância de má-fé — Configuração — Interposição de recurso — Matéria sumulada

(...) Reputa-se litigante de má-fé a parte que, não obstante o trancamento de recurso de revista pelo TRT de origem, ante a conformidade do acórdão regional impugnado com Súmula do TST, ainda assim, interpõe agravo de instrumento, sustentando tese em sentido diametralmente oposta ao entendimento jurisprudencial consolidado no âmbito do TST. Em circunstâncias tais o expediente afigura-se procrastinatório, porque o desfecho da demanda é sabidamente conhecido." [5]

Este acórdão nos traz algumas dúvidas. Primeira, a Súmula, em que pese sua autoridade decorrente da origem, não é lei. Segunda, a súmula pode ser modificada, a qualquer tempo, pelo próprio órgão que a emitiu. E uma das formas de alteração da Súmula poderá decorrer, exatamente, da pressão advinda de sucessivos pedidos e ações propostas, inconformados com seu teor, porque novas circunstâncias, econômicas ou sociais, impõem uma modificação. Punindo-se com litigância de má-fé a ação que contraria a Súmula estar-se-á fechando um canal de evolução do Direito, enges-

(5) TST — SBDI-I — E-AIRR — 2004/2001-003-16-40-8 — DJU 24.6.2005 — *in* CD 2006 — Justiça do Trabalho — HS Editora — Nota Dez.

sando-o. Veja-se, por exemplo, a antiga Súmula 152 do STF, dispondo que a ação para anular venda de ascendente a descendente, sem consentimento dos demais, prescreveria em quatro anos, a contar da abertura da sucessão, foi revogada, passando a vigorar a Súmula 494 que, por sua vez, dispôs que o prazo prescricional seria de vinte anos, contados da data do ato. A modificação decorreu exatamente das inúmeras ações reivindicando o novo critério, sancionadas por decisões de instâncias inferiores.

O advogado não pode estar jungido a Jurisprudência e Súmulas na sua busca da Justiça.

Acrescente-se: nem a Súmulas consideradas vinculantes ou impeditivas.

Se o juiz se sentir vinculado à jurisprudência dominante e súmulas impeditivas e vinculantes é outro problema. É problema dele, julgador, a quem não podemos tirar o direito de subjugar sua consciência a normas outras que não seja a busca da solução justa, segundo os ditames e princípios constitucionais. Não se pode impedir que vista farda e se submeta a um exercício de ordem unida, como ressaltou *Aguiar Dias*, em antológica página, que vai transcrita mais adiante.

Mas ao advogado não se pode tolher o direito de peticionar segundo a sua consciência, em defesa dos direitos que julgar assegurados pela Constituição Federal e pelos Tratados e Convenções sobre Direitos Humanos.

VII — LITIGÂNCIA DE MÁ-FÉ POR ATENTAR CONTRA A VERDADE

"Cumpre esclarecer que o advogado não está obrigado a dizer, em juízo, toda a verdade, de sorte a prejudicar o cliente. O dever a que está adstrito é o de não mentir."

Ruy de Azevedo Sodré

A indagação preliminar que o tema sugere é a seguinte: — Verdade sobre o quê?

Quem tiver alguma experiência em lides forenses há de se ter deparado com situações, em que a relatividade da Verdade aflora de forma inequívoca.

Valeria trazermos à colação a velha historieta do gato chinês.

"Conta-se que no antigo e longínquo Império da China quatro chineses eram co-proprietários de um bazar e mantinham um gato, em perfeito condomínio felino. Cada chinês era dono de uma quarta parte do gato e cuidava zelosamente pela sua parte. Um era dono da pata dianteira direita, outros da esquerda, os outros dois partilhavam a metade de trás do animalzinho. Diariamente cada um dos condôminos penteava, alisava e cuidava de sua parte no animal. Certo dia, o gato teve um pequeno acidente, produzindo um corte em uma das patas; o dono respectivo apressou-se a fazer um curativo, enfaixando a pata com uma compressa de álcool. O contacto com o álcool produziu dor no felino que, aos pulos, saiu correndo bazar afora. Na sua disparada derrubou um lampião que ardia sobre uma mesa. A chama do lampião produziu, de imediato, inevitável incêndio, resultando em chamas o bazar, todo consumido pelo fogo em poucos minutos.

Refeitos do choque e avaliados os prejuízos os três chineses, donos das patas sadias, ingressaram em Juízo, procurando obter uma indenização do sócio, dono da pata machucada, que produzira o estrago. No mesmo dia, o chinês dono da pata avariada entrou em Juízo, pretendendo cobrar uma indenização dos três sócios, donos das patas sadias, pois haviam sido estas que conduziram o gato até o lampião, ocasionando o incêndio."

Cada parte com a sua Verdade... !

Já *Inocêncio Borges da Rosa*(1), comentando o então recém-lançado Código de Processo Civil de 1939, observava:

---

(1) ROSA, Inocêncio Borges da. Ob. cit., p. 226.

"A alteração *intencional da verdade* deve ser interpretada de maneira muito restritiva; dá-se no caso só de *verdade de fato*, isso é, de emprego de manobras, meios, métodos ou expedientes para mostrar que é: aquilo que não é; ou mostrar que não é: aquilo que é; para mostrar que sucedeu: aquilo que não aconteceu; ou mostrar que não sucedeu: aquilo que aconteceu."

Quando se decide,

"LITIGÂNCIA DE MÁ-FÉ — LIMITE DA MULTA. A parte que falta com a verdade em juízo viola a lealdade processual, o que caracteriza a litigância de má-fé prescrita pelo inciso II, do art. 17, do CPC, a ensejar aplicação da multa prevista no *caput* do art. 18 do mesmo diploma legal, a qual, no entanto, está limitada a 1% do valor da causa, consoante o mesmo preceito de lei." (2)

Estará se compreendendo o texto legal, a ser considerado restritivamente, como alteração da verdade sobre fato incontroverso, conscientemente, destinada a causar prejuízo à parte contrária.

Não raro a interpretação da Verdade constitui-se numa operação de subjetividade do juiz. O julgador deverá agir com a máxima prudência em distinguir os atentados à verdade consubstanciados por atentados à realidade incontroversa, demonstrável por provas materiais indiscutíveis, com as verdades interpretadas pelas Partes, em resguardo de seus pretendidos direitos e interesses.

João Batista Lopes, no artigo antes citado, observa:

"Cabe registrar, porém, que, às vezes, as divergências entre os fatos e as alegações decorem de erro da parte, ou, mesmo, de falta de cuidado (negligência), situações que não caracterizam litigância de má-fé."

A alegação de aquisição de um bem que a parte sabia não estar compreendido no negócio, configura litigância de má-fé.

"Multa aplicada em decorrência de litigância de má-fé reconhecida. Demonstram, os apelantes, profundo desrespeito à jurisdição e à parte adversa, ao distorcerem a verdade dos fatos, alegando terem adquirido bem que sabem não ter feito parte do negócio, conturbando a relação processual. Dessa forma evidenciada verdadeira litigância de má-fé, impõe-se a multa prevista." (3)

Outra hipótese,

"A alegação de falsidade de assinatura, quando ficar comprovado, posteriormente, a sua não ocorrência, configura má-fé processual." (4)

Também,

"DANOS MORAIS E MATERIAIS — LAUDO PERICIAL — AUSÊNCIA DE NEXO CAUSAL. Conjunção fática e probatória que não corrobora a versão do autor. Não configurado o nexo causal entre o acidente alegado e os problemas que

---

(2) TRT 24ª REGIÃO — AP 0602/2001 — DJMS 19.12.2001 — *Just Trab* HS 218/137.

(3) TJ RS — 18ª CAM — APEL CIV 70010780286, 3/3/2005 — ARQJURIS PR TJ RS.

(4) TACiv SP — 2ª CAM — AP 19.10 — 28.7.74. *In* ALVIM NETO, José Manoel de Arruda. *CPC e Legislação Extravagante — Anotações de Jurisprudência e Doutrina*. ED RT, 1985.

apresenta no tornozelo. Indemonstrado, ainda, que a ré tivesse violado, por ação ou omissão, as normas de higiene e segurança previstas para o caso. Litigância de má-fé configurada." (5)

Já foi feito referência sobre a relatividade da Verdade.

A Lei n. 6.771, de 1980, suprimiu a expressão "intencionalmente" do inciso II, do art. 17, do CPC.

Há quem veja grande diferença entre o texto modificado e o vigente. A nosso juízo permanece implícito que a alteração da verdade a respeito de fato inequívoco, incontroverso, sobre o qual essa alteração da verdade possa incidir, pressupõe a intenção de tirar proveito da inverdade e causar prejuízo à parte contrária. A simples interpretação errônea sobre fato ou ato, em si, não ensejará violação à conduta de boa-fé, com que a parte terá se conduzido.

Normalmente cada uma das partes tem a sua Verdade. E não raro com razoáveis argumentos lógicos.

A conduta infratora ao princípio da verdade, como mandamento processual, decorre da boa-fé que deve nortear o procedimento das partes, há de se referir à alteração ou tentativa de alteração da verdade no que tange a fatos incontroversos como, por exemplo, a autenticidade ou falsidade de uma assinatura ou de um documento, a presença da pessoa em determinado lugar, a ocorrência de um fato de comprovação inarredável. Sempre subordinado à intenção de causar prejuízo à parte contrária.

O dispositivo do inciso II, do art. 17, do CPC, exige uma reflexão mais detalhada sobre sua abrangência.

1ª) Condutas atentatórias à Verdade podem surgir nos autos, que não deixam dúvidas quanto à sua ocorrência e à necessidade de ser repelida a conduta do falseador. Isso ocorre, nos exemplos supra, quando a parte nega sua assinatura num documento e a prova pericial vem a atestar, inquestionavelmente, sua autenticidade; o condutor de veículo que nega a participação de seu carro num acidente, e a prova testemunhal e fotográfica, posteriormente, comprova sua participação no evento.

2ª) Mas há, sempre, Verdade absoluta? À qual Verdade deverá necessariamente se jungir o Advogado na sua atuação profissional?

Em matéria penal, o Código de Ética da OAB, em seu art. 21, dispôs que

"É direito e dever do advogado assumir a defesa criminal, sem considerar sua própria opinião sobre a culpa do acusado."

Significa que o advogado levará ao tribunal a Verdade do Réu. Não só como direitos, mas como dever. E aqui, no caso, por mais absurda e inverossímil que seja essa "verdade".

3ª) Partindo-se da assertiva que todo cidadão ou pessoa jurídica tem direito de submeter seu pleito ao Judiciário, levando a este a SUA Verdade,

---

(5) TJ RS — 10ª CAM — AP 70011207370 — 28.4.2005 — ARQJURISPR TJ RS.

não se poderá atribuir falta ética ao advogado que levar a tese de seu constituinte, da mesma forma independente de sua posição pessoal sobre a matéria. E, não raro, a percepção que o leigo tem do que entende ser o JUSTO, termina sendo aceito pelo Judiciário, ainda que, à primeira vista, tal concepção seja repelida pelo raciocínio técnico-profissional do jurista.

O notável jurista português *Correa Telles*, ainda comentando a Lei da Boa Razão, nos traz a seguinte judiciosa reflexão sobre a Verdade e correta interpretação dos fatos e da lei:

> "O espírito nem sempre tem as luzes suficientes para discernir a verdade e essas que tem só servem algumas vezes de o desviar dela. A viveza da percepção pode arrebatar-nos para a sutileza e a falta de percepção cegar-nos com os primeiros raios da luz.
>
> Aqueles mesmos que têm igual talento, não vêem muitas vezes os objetos pelo mesmo lado, de forma que a conformidade da pareceres resulta às vezes de motivos opostos: um move-se com aquilo, que outro vê com indiferença. Aquele ocupa-se com o todo, este outro limita-se aos detalhes, aquele outro cuida ver relações novas, *et unusquisque in suo sensu abundat.*
>
> A não haver, pois graves indícios do dolo melhor será desatender do que condenar o advogado. As delongas com que muitos retardam a marcha da justiça são incomparavelmente mais prejudiciais e a meu ver mais digna de castigo. Finalmente exige a nossa lei, que antes de ser condenado o advogado, se ajunte aos autos o Assento tomado sobre a interpretação da lei acerca da qual ele forjou com dolo os raciocínios frívolos ou sofismas.
>
> É bem acertada essa providência, porque, antes de se tomar o Assento, sempre se ficaria na incerteza se a interpretação do advogado teria ou não sido a melhor."

Também, outro caso,

> "A alegação de ocorrência de pagamento com a juntada de recibos referentes a pagamentos que não se efetivaram corresponde à alteração da verdade dos fatos, e enseja a aplicação de multa processual por litigância de má-fé." (6)

Igualmente,

> "LITIGÂNCIA DE MÁ-FÉ — Caracterização — Parte que alega não ser devedora de financiamento rural, apresentando documentos que comprovam pagamento referente a outra cédula de crédito rural pignoratício." (7)

Indubitável o procedimento malicioso da parte, tentando induzir o Julgador em erro, apresentando prova de quitação de uma dívida que não era aquela objeto da ação.

Os exemplos se multiplicam na configuração de litigância de má-fé, decorrente de ofensas à verdade sobre fatos incontroversos.

---

(6) TJ RS — 13ª CAM — APL 70003142718, — 28.6.2005 — ARQJURISPR TJ RS.
(7) TACiv SP — 4ª CAM — AP 827.824-0 — 5.12.2001 — *RT* 802/228.

"A alegação de ocorrência de pagamento com a juntada de recibos referentes a pagamentos que não se efetivaram corresponde à alteração da verdade dos fatos, e enseja a aplicação de multa processual por litigância de má-fé." [8]

Também,

"LOCAÇÃO — Revisional de aluguel — Omissão do locador da recente elevação do locativo. Valor elevado maior do que aquele aditado provisoriamente — Litigância de má-fé caracterizada."

"Por uma lado, por sua litigância de má-fé, pois falseou a verdade dos fatos ao alegar na inicial que o locativo era de R$ 50,00 (fl.), tendo o réu provado ser R$ 350,00, o autor há de arcar com a respectiva e pedida indenização, que foi até modicamente fixada em R$ 60,00, atualizado desde o ajuizamento da ação."[9]

Outra hipótese,

"LITIGÂNCIA DE MÁ-FÉ — CARACTERIZAÇÃO — ALTERAÇÃO DA VERDADE DOS FATOS — A parte que altera a verdade dos fatos deve ser condenada por litigância de má-fé (art. 17, II, c/c art. 18, ambos do CPC).[10]

A condenação decorreu do fato de a parte ter alegado que " viu-se surpreendida com a publicação de sentença de despejo do referido imóvel", quando na realidade "foi citada, porém não contestou". A pena imposta foi a condenação ao pagamento de honorários advocatícios na base de 10% sobre o valor da causa e multa por litigância de má-fé, que foi fixada em 5% sobre o valor da causa. É interessante notar que a condenação em 5% sobre o valor da causa, contraria, expressamente, o art. 18, *caput*, que limita a pena em 1% sobre o valor da causa.

Em outro caso concreto, o Banco B. de D. S/A, acionou um titular de cartão de crédito, omitindo que fora comunicado, por escrito, sobre o furto do cartão. Do Acórdão:

"No afã de reembolsar-se quanto antes o numerário que despendera, o embargante sonegou a informação e a verdade ao Juiz, induzindo-o em erro, pois desde que se tivesse ciência da comunicação e dos seus termos ficavam completamente alterados os fatos da causa e as suas conseqüências jurídicas.

Nessas condições , entendo que a alteração da verdade foi intencional, tenho como caracterizada a má-fé pelo que rejeito os embargos." [11]

Tenha-se presente, também, que não se permite ao advogado trazer afirmações graciosas, contrariando prova inequívoca contida nos autos, esperando que o juiz ou o tribunal acolha sua assertiva sem conferi-la com a prova existente.

A afirmação, em grau recursal, da falta de intimação de procurador, quando esta está comprovada nos autos, caracterizará a litigância de má-fé.

Assim,

"Ao alegar não ter havido a intimação de seus procuradores, como a intimação efetivamente ocorreu, o que é confirmado pela certidão de fls. 141, o

---

(8) TJ RS — 13ª CAM — APL 70003142718, — 28.6.2005 — ARQJURISPR TJ RS.
(9) 2º TA SP — 7ª CAM — AP 443.550-00/1 — 28.11.1995 — *RT* 727/242.
(10) STJ — 6ª T — MEDCAUT 236-0-BA — 28.8.1995 — *RT* 732/124.
(11) TJ RS — 1º GR CAM CIV — EMB INFR 25.596 — 2.5.1980 — *RJTJ* RS 82/109.

embargante alterou a verdade dos fatos. E não o socorre a circunstância de estar advogando em causa própria, pois firmou, juntamente com os ilustres causídicos que constituiu, como seus procuradores, a petição onde é feita a afirmação falsa. E não o socorre essa circunstância, porque é justamente quando atua em causa própria que o advogado deve vigiar com mais cuidado o seu comportamento no processo, atento aos princípios que levam à lealdade processual, e porque nesse caso nem existe a desculpa de que não foi a parte que se excedeu." (12)

No exame do problema do dever de dizer a verdade no processo, pode ser equacionado, ainda a teor do art. 339 do CPC, que dispõe que ninguém se exime do dever de colaborar com o Poder Judiciário para o descobrimento da verdade.

A assertiva merece algumas observações.

1ª) A recusa da Parte em prestar declarações, negando-se ao depoimento pessoal, implica em penalização processual que consiste na confissão ficta, mas não caracteriza litigância de má-fé. No processo penal, o direito de ficar calado é assegurado constitucionalmente ao réu, no art. 5º, LXIII, da Carta Magna vigente; no processo civil e trabalhista a Parte poderá negar-se a prestar declarações ou informações, desde que se sujeite à conseqüência processual decorrente, que será a confissão ficta, mas não caracterizará conduta maliciosa, capaz de enquadrá-la em qualquer das hipóteses do art. 17 do CPC.

2ª) A própria lei excepciona determinadas situações, quando a parte pode recusar-se a prestar informações ou declarações no processo, que são os casos de sigilo profissional ou sobre fatos criminosos ou torpes que lhe forem imputados, ou a familiares próximos, quando deve ser respeitada a primazia das boas relações e da harmonia familiar. Nesses casos, a Parte ou a testemunha tem o direito de silenciar, mas não o direito de alterar a verdade sobre fato incontroverso para beneficiar-se ou beneficiar uma das Partes que litigam no processo.

O Código de Processo Civil estabelece, entre os fundamentos para a propositura da ação rescisória, entre outras hipóteses, catalogadas no art. 485, a do inciso III, que assim dispôs:

> "resultar de dolo da parte vencedora em detrimento da parte vencida, ou de colusão entre as partes, a fim de fraudar a lei."

Sobre esta disposição o Tribunal Superior do Trabalho aprovou a Súmula 403, (agosto de 2005), que diz respeito ao problema do compromisso da parte com a verdade.

> "1. — Não caracteriza dolo processual previsto no art. 485, III, do CPC o simples fato de a parte vencedora haver silenciado a respeito de fatos contrários a ela, porque o procedimento, por si só, não constitui ardil do qual resulte cerceamento de defesa e, em conseqüência, desvie o juiz de uma sentença não-condizente com a verdade." (...)

---

(12) TA RS — C CIV REUN — EI 16.665 — 13.6.1980 — *Julg* 36/263.

VIII — LITIGÂNCIA DE MÁ-FÉ POR PROTELAÇÃO INDEVIDA DO FEITO

A protelação indevida do feito caracteriza-se como conduta temerária a ser repelida.

Colhemos do magistério de *Inocêncio Borges da Rosa*,

"Conduta temerária vem a ser procedimento imprudente, perigoso, próprio a produzir mau resultado ou conseqüência danosa, e isso pode suceder com o emprego de incidentes manifestamente infundados, isso é, incidentes que, logo ao primeiro golpe de vista, se vê que não tem fundamento ou procedência, ou razão alguma, inteiramente e visivelmente descabidos." (1)

A conduta protelatória da Parte pode surgir no curso da instrução, como pode vir por meio de recursos que visem tão-somente retardar a solução definitiva da lide.

O conceito do que seja recurso protelatório traz em si uma enorme dose de subjetividade.

Especialmente no que tange à propositura de embargos de declaração, tratado no art. 538 do CPC, enfrenta os advogados uma grande dificuldade, em face da necessidade do prequestionamento, ensejador de recurso à instância superior.

A Súmula 356 do STF estabelece:

"O ponto omisso da decisão, sobre o qual não foram opostos embargos declaratórios, não pode ser objeto de recurso extraordinário, por faltar o requisito do prequestionamento."

Por sua vez o STJ sumulou a matéria (Súmula 98) no seguinte sentido:

"Embargos de declaração manifestados com notório propósito de prequestionamento não tem caráter protelatório."

No âmbito da Justiça Especializada Trabalhista, dispôs o TST em sua Súmula 184:

"Ocorre preclusão se não forem opostos embargos declaratórios para suprir omissão apontada em recurso de revista ou de embargos."

E na Súmula 297, também do TST:

"1. Diz-se prequestionada a matéria ou questão quando na decisão impugnada haja sido adotada, explicitamente, tese a respeito.

---

(1) ROSA, Inocêncio Borges. Ob. cit., p. 226.

2. Incumbe à parte interessada, desde que a matéria haja sido invocada no recurso principal, opor embargos declaratórios objetivando o pronunciamento sobre o tema, sob pena de preclusão.

3. Considera-se prequestionada a questão jurídica invocada no recurso principal sobre a qual se omite o Tribunal de pronunciar tese, não obstante opostos embargos de declaração."

Fica o advogado, então, entre a cruz e a espada. Se não interpõe os embargos declaratórios, ficará impedido de discutir na instância superior a matéria omitida, se promover os embargos, sujeita-se a ser condenado por litigância de má-fé, decorrente da conclusão subjetiva do juiz ou de eventual maioria do órgão colegiado no Tribunal.

E ainda mais difícil se põe a situação do advogado, considerando a procedência, não raro, concedida por Tribunais, de Embargos Declaratórios Infringentes, considerados por outros Tribunais como recurso protelatório.

Golpe mortal na evolução do Direito, através da jurisprudência, advirá com a consagração das súmulas vinculantes e súmulas impeditivas. Os recursos sustentando teses contrárias às Súmulas, serão, sem dúvidas, rotuladas e penalizadas como litigância de má-fé.

Mais uma vez as "reformas do judiciário", preocuparam-se tão-somente com as conseqüências, sem se aterem às causas, do enorme número de processos apresentados ao Poder Judiciário. Visando desafogar os Tribunais engessaram o Direito e violaram a autonomia da função jurisdicional de primeira instância. Valeria relembrar, mais uma vez, as sábias e proféticas palavras de *Aguiar Dias*, prefaciando o livro "O Dano Moral e sua Reparação", de *Wilson Melo da Silva*:

> "Da tradição orgulhosa dos *Lafayettes* e *Teixeira de Freitas*, da generosa pregação de *Rui Barbosa*, estamos reduzidos a uma doutrina de acomodação e a uma jurisprudência de quartel, em que é escândalo apocalíptico a manifestação do juiz singular, em discordância, embora fundamentada, com as decisões de ocasião da instância superior. Mau, péssimo sintoma de decadência. Quando se encara como indisciplina, propósito de exibição cabotina, insolência, prevaricação (a acusação varia ao infinito, revelando ora a má-fé, ora desconhecimento mais completo da autonomia da função judicial), a corajosa discordância de um magistrado a critérios pré-fabricados, preconceitos, bolorentos e covardes capitulações, é que chegou a hora melancólica de descrer. Daí para diante, não será preciso caminhar muito para ver juízes em uniforme em grotescos ensaios de ordem unida." (2)

E arremata, em antológico trecho, que serve tanto aos juízes de instâncias inferiores, como aos advogados que peticionam, buscando a melhor Justiça:

> "Neste charco intelectual e moral em que, modelados pelo figurino de BECKMESSER dos Mestres Cantores, os que ainda sabem algum direito

---

(2) DIAS, Aguiar. *In* SILVA, Wilson Melo da. *O Dano Moral e sua Reparação*. ED Forense, 1955, prefácio.

coaxam desafinadamente, porque não têm a mínima inspiração, constitui aventura atrevida pensar livremente. Não obstante os percalços inevitáveis, há dúvida que dá gosto ver o desespero dessa vermina, a apregoar a diferenças entre o seu conformismo abjeto e a luminosa rebeldia dos que desconhecem outro dever de obediência que não seja o da fidelidade dos princípios em que se informa a ordem jurídica. A mais preciosa disciplina do espírito é precisamente essa rebeldia aos critérios de rebanho. A verdade científica não se conforma à sujeição intelectual. Ela não ilumina os pântanos em que os bons moços roçam o saboroso gosto de pensar pelo mesquinho proveito da aprovação dos que conduzem ou julgam conduzir a República. Ela brilha nas alturas orgulhosas em que a inteligência cumpre o seu destino de desafiar a vida em perpétua renovação dos seus temas, os quais, para o jurista, sobressai, como dominante e eterno, o do primado da pessoa humana. Está destinado a precipitar-se nos abismos da desolação aquele que cede à tentação de empreender a escalada sem a fé e a devoção que revestem a autêntica vocação do jurista."

Veja-se esta outra decisão,

"LITIGÂNCIA DE MÁ-FÉ — CONFIGURAÇÃO. Inexistindo qualquer omissão ou contradição a ser sanada no acórdão, impõe-se o desacolhimento dos presentes embargos. Insistindo o embargante em pretensão já analisada em sede de embargos de declaração opostos anteriormente, merece ser penalizado pela litigância de má-fé.

REDISCUSSÃO DA MATÉRIA. Os embargos de declaração não se prestam a reabrir discussão das questões já apreciadas pelo Colegiado.

PREQUESTIONAMENTO. A pretensão de prequestionamento de dispositivos legais, em sede de embargos de declaração, mostra-se inadmissível, porquanto este remédio processual não se presta para lastrear recurso a Tribunal Superior. Embargos de Declaração desacolhidos." (3)

A surpreendente parte final do acórdão conflita, evidentemente, com a matéria sumulada, dos Tribunais Superiores, antes referida.

Por outro acórdão decidiu-se:

"MULTA POR LITIGÂNCIA DE MÁ-FÉ. Incorre em litigância de má-fé, parte que reiteradamente questiona em embargos de declaração matéria exaustivamente já esclarecida pelo Colegiado em situações idênticas, sempre rejeitando os embargos. Configuração de embargos com fins meramente protelatórios. Aplicação de multa de 1% sobre o valor da causa. Embargos desacolhidos e aplicada multa por litigância de má-fé."(4)

O aspecto fundamental na caracterização da má-fé, cogitando-se da protelação do feito, é o convencimento da parte de não ter razão, utilizando o recurso protelatório tão-somente para retardar o cumprimento da obrigação.

---

(3) TJ RS — 6ª CAM — EMBDECL 70012551495 — 24.8.2005 — ARQJURISPR TJ RS.

(4) TJ RS — 10ª CAM — EMBDECL 70012374054 — 29.9.2005 — ARQJURISPR TJ RS.

Neste sentido,

"A má-fé, sob o prisma processual, consiste na qualificação da conduta legalmente sancionada, daquele que atua em juízo, convencido de não ter razão, com ânimo de prejudicar adversário ou terceiro, ou criar-lhe obstáculos ao exercício de direito. A litigância de má-fé, quando ocorrente, resulta em indenização por perdas e danos (CPC, art. 18 e §§), e da multa não excedente a 1% do valor da causa e dos honorários advocatícios, sem que isso configure o alegado *bis in idem*. A nova regra processual da Lei n. 9.668/98 impõe ao Juiz ou Tribunal o dever de condenar o litigante de má-fé a pagar a indenização pelos prejuízos por ele causados, não se constituindo faculdade, mas dever de ofício o de impor a penalidade ao *improbus litigator*, independente da cominação de que trata o parágrafo único do art. 538." (5)

O acórdão permite algumas reflexões:

1ª) Judiciosa a observação de que a litigância de má-fé ocorre quando o litigante está convencido de que não tem razão e age com ânimo de prejudicar terceiro. Significa que a configuração da litigância de má-fé exige o dolo específico de causar prejuízo a terceiro. Com o que estará se eliminando o erro grosseiro na formulação do pedido ou da defesa, como conduta maliciosa.

2ª) Difícil sustentar o argumento de que, pela lei nova o Juiz tenha o dever de condenar a parte à indenização por perdas e danos, quando pode ocorrer que o acusado da litigância de má-fé pode ser o prejudicado com a protelação do feito. Dê-se como exemplo a hipótese já anteriormente referida: o reclamante que ajuíza ação contra o Estado. Recorre por qualquer razão por não lhe ter sido deferido um dos pedidos da inicial, ao lado de outros julgados procedentes. O recurso é definido como conduta de má-fé. O Estado com o recurso terá tido apenas vantagem, pois mais tempo demorará para ser compelido a cumprir obrigações outras que na ação já foram reconhecidas ao Autor. O único prejudicado, com a eventual protelação da ação em face do recurso, será o próprio Autor. Deverá, além disso, ser condenado a pagar perdas e danos ao Estado, que nenhum prejuízo teve, ao contrário, somente obteve vantagem com a conduta do recorrente!

Parece que a tese do acórdão esbarra, já inicialmente, no princípio do repúdio ao enriquecimento sem causa. O Estado, além da vantagem pela dilação do prazo para o pagamento, ainda seria agraciado com uma indenização por danos inexistentes. Isso mais uma vez vem ressaltar a distinção que devemos fazer entre a multa e a indenização por perdas e danos.

3ª) Não menos difícil será fundamentar a assertiva de que aplicação da multa do art. 18, cumulativamente com a multa do parágrafo do art. 538, não constitua um *bis in idem*.

Poderá ocorrer a cumulação das duas multas, uma pelo art. 18, outra pelo parágrafo único do art. 538 do CPC, se fundadas em fatos geradores diferentes. A multa do art. 538 pela conduta evidentemente protelatória dos

(5) TRT 5ª REGIÃO — 2ª T — RO 00221-2003-311-05-0 — 1.7.2004 — *Jurisp Trab* HS — 249/131.

embargos declaratórios e a multa do art. 18 por conduta maliciosa na condução de uma diligência processual. Da mesma forma a cumulação da(s) multa(s) com a indenização pelos prejuízos decorrentes do abuso de direito.

> "Apurada a litigância de má-fé por qualquer das partes, a multa em favor da parte contrária não poderá ter seu valor fixado acima dos 20% do valor da causa, nos termos do art. 18, § 2º, do CPC. A parte tem o dever de vigiar o valor que se atribui à causa até por esse motivo." (6)

O acórdão pode levar à conclusão equivocada de que as perdas e danos estariam limitadas aos 20% sobre o valor da causa.

O que o § 2º do art. 18 dispõe é que até 20% o juiz pode fixar a indenização por perdas e danos, desde logo. Se o valor ultrapassar a essa quantia, o juiz a fixará em liquidação de sentença, por arbitramento, nos próprios autos. E, ainda, se não foi pedida e nem deferida a indenização, ainda assim, o prejudicado pode buscar o ressarcimento, em ação própria, fundado no art. 16 do CPC.

> "A sentença proclamou a má-fé do embargante, com razão ao exaltar que o executado somente quer ganhar tempo com suas impugnações e que isso de patenteia claramente com absoluta falta de fundamento de sua defesa. Sucede que isso acarreta nos termos das leis processuais em impor-lhe um ônus, previstos nos arts. 17 e 18 do CPC, isto é, o atendimento das perdas e danos sofridos pelo exeqüente com o retardamento indevido e da má-fé. Por isso, é ele contemplado, como pede, com essa verba, que se liquidará em prosseguimento da execução e para tal fim é dado provimento a seu apelo, enquanto que se nega provimento ao apelo do embargante." (7)

Cumpre observar que a disposição do art. 574 do CPC, no processo de Execução, diz respeito apenas à indenização de danos em face da declaração de inexistência, no todo ou em parte, da obrigação que deu lugar à execução, não se aplicando no caso de indenização pleiteada por má-fé, decorrente da protelação indevida do feito. Neste caso a fundamentação legal serão as disposições dos arts. 17 e 18 do CPC, como dispôs o acórdão.

Antes da vigência da Lei n. 6.899, de 8 de abril de 1981, que estabeleceu a correção monetária sobre todos os débitos oriundos de decisão judicial, muitos procedimentos judiciais eram propostos com o intuito principal de retardar a exigência do crédito, pois a violenta desvalorização da moeda corroia o crédito, de forma a aviltar consideravelmente o valor real que seria recebido, pois somente seriam corrigidos os créditos com previsão legal específica. A correção monetária, então, passou a ser aplicável, por muitos Tribunais pátrios como índice das perdas e danos, em se configurando litigância de má-fé, a ser calculado sobre o montantes da condenação. Nesse sentido, a matéria fora, inclusive, sumulada pelo Supremo Tribunal Federal, pela Súmula 562.

> "Cabível a condenação do litigante de má-fé, por perdas e danos, na própria ação em que aquela se verificou. E a fixação da indenização mediante apli-

---

(6) TRT 10ª REGIÃO — 1ª T — RO 4.983/97 — DJU 3.7.1998 — *Síntese Trab* 112/82.

(7) TJ RJ — 3ª CAM — AP 1.645 — 29.04.1976 — *In Jurisprudência do CPC*, Vol. III. Arruda Alvim, Clito Fornaciari Júnior e Gisela Zilsch, ED RT, 1980.

cação de correção monetária sobre o valor do título sobre o qual se discutia é forma prática para tal fim, como tem sido admitido nesta Corte, e consagrado mesmo na Súmula 562-STF."[8]

Outro exemplo,

"Como se vê, os apelantes ofereceram à execução resistência absolutamente injustificada. Não poderiam eles ignorar a sem-razão de seus embargos, dada a existência dos incontestados documentos de fls. 22 a 25. Procuraram ocultar a fragilidade de sua posição com verdadeira barragem de palavras veementes, numa exibição de indignação *ad hoc* iniciada em face da parte contrária e depois voltada contra o Juiz prolator da sentença, que com perfeita correção repelira a pretensão manifestamente desarrazoada. Excederam os limites da simples discussão da causa e invadiram o terreno do ataque pessoal e da insinuação de crime que, como se viu, poderia ter sido cometido sem a participação do apelado, mas jamais sem a de pelo menos um dos apelantes.

O abuso do exercício do direito de ação está amplamente caracterizado, cabendo averbar os apelantes de litigantes de má-fé, como agora se faz. Por isso, devem eles indenizar ao apelado os danos que sua conduta processual temerária e maliciosa causou e que, no caso, são de facílima constatação: perdeu o credor, por conseqüência do abuso de direito em que incidiu a parte contrária, a quantia correspondente à desvalorização sofrida pela moeda durante toda a lenta tramitação dos embargos. E, pois, a reparação desses danos há de consistir na atualização do valor do débito, mediante aplicação dos índices oficiais de correção monetária estipulados para as ORTN."[9]

No mesmo sentido,

"Evidenciada a intenção do apelante em dilatar a execução para pagar o débito com moeda inflacionada, impõe-se o reconhecimento da condição de litigante de má-fé. Indenização dos prejuízos com a incidência da correção monetária sobre o débito."[10]

e,

"E tamanha é a litigância de má-fé, agora reiteradas, com infringência ao art. 17, incs. I e II, do CPC, que entendemos em acrescentar à condenação o pagamento da correção monetária prevista na sentença a partir do vencimento dos títulos."[11]

"CONTRADIÇÃO NO ACÓRDÃO — LITIGÂNCIA DE MÁ-FÉ. 1 — Inexiste a contradição apontada, no sentido de que as razões do acórdão conteriam motivação relativa à demanda revisional de contrato bancário, quando se trataria de cancelamento de descontos automáticos, porquanto a própria agravante referiu no agravo de instrumento constituir a demanda em tela revisional de contrato, informação também constante na decisão de primeiro grau, não tendo sido o recurso instruído com cópia da petição inicial. 2 — Natureza protelatória dos embargos, porque a contradição é da própria parte. Litigância de má-fé. Desacolhimento, com aplicação de multa."[12]

---

(8) STF — 2ª T — RE 99.441-RS — 27.4.1984 — *RTJ* 110/1.127.

(9) TA RS — 3ª CAM — APL 22.202 — 9.4.1980 — *R Julg* 35/298.

(10) TA RS — 1ª CAM — APL 21.477 — 10.04.1980 — *R Julg* 35/423.

(11) TA RS — 3ª CAM — APL 23.670 — 5.11.1980 — *Julg* 37/429.

(12) TJ RS — 12ª CAM — EMBDECL 70012791232 — 20.10.2005 — ARQJURISPR TJ RS.

O art. 538 do CPC, em seu parágrafo único, estabeleceu uma multa especificamente para os embargos de declaração, considerados protelatórios, fixados em até 1% (um por cento), pelo juiz, podendo ser elevados em até 10% (dez por cento) em caso de reiteração de embargos protelatórios.

O mesmo parágrafo estabelece ainda, *in fine*, que condenada a parte por litigância de má-fé, em decorrência de interposição de novos embargos considerados protelatórios a interposição de qualquer outro recurso ficará condicionado ao depósito desta multa.

E aí poderá ocorrer o seguinte: a imposição da multa decorreu de um interpretação totalmente equivocada do juiz ou do Tribunal (e em dezenas de casos Instâncias Superiores reformam decisões de instâncias inferiores, que considerara determinada conduta como litigância de má-fé) e a Parte, agora, não tendo recursos para efetuar o depósito da multa, ficaria impedida de recorrer, inclusive dessa indevida condenação, pela interpretação literal do dispositivo. Isso afrontaria o princípio constitucional do acesso à Justiça e a possibilidade de recorrer-se contra equivocada decisão judicial. E nem se argumente que a ausência de recursos para o depósito da multa colocaria a Parte ao abrigo da Justiça Gratuita e, nesse caso, isenta do depósito, pois tem-se entendido que a Justiça Gratuita, por insuficiência econômica, não isenta a Parte do pagamento de multas, se houver, pois o benefício teria sido deferido para o regular exercício de direito, enquanto a multa representaria um irregular exercício de pretenso direito inexistente.

Por isso pode-se concluir que a disposição final do parágrafo único, do art. 538 do CPC é gritantemente inconstitucional.

Na prática, enfrentando o problema decidiu-se

"PENALIDADE POR LITIGÂNCIA DE MÁ-FÉ — ÓBICE AO CONHECIMENTO DE RECURSO ORDINÁRIO — NECESSIDADE DE CONFIRMAÇÃO EM SEGUNDA INSTÂNCIA. O trancamento de recurso, em virtude de o recorrente ter sido considerado litigante de má-fé, sem antes uma revisão da penalidade imposta, viola os princípios do livre acesso à Justiça, bem como da ampla defesa, tão encarecido pela Constituição, art. 5º, incisos XXXV e LV." (13)

Manejos recursais sucessivos, com manifestações inúmeras, das quais emerge, inequivocamente, apenas o intuito protelatório visando obstruir a ação da Justiça e retardar o cumprimento de obrigação, impõe a condenação por litigância maliciosa. Seguidamente tem-se visto chegar aos Tribunais ações buscando o cumprimento das obrigações assumidas por Empresas ligadas à Saúde, em que estas procuram protelar, ao infinito, o desfecho judicial para a exigência de suas obrigações legais e contratuais. Tal conduta configura, sem dúvida, a litigância de má-fé. Exemplo:

"Litigância de má-fé — Caracterização — Plano de saúde — Despesas médicas. Empresa que, para furtar-se ao cumprimento da decisão determinando o paga-

---

(13) TRT 3ª REGIÃO — 7ª T — AI 00833-2003-105-03-40-0 — DJMG 5.2.2.004 — *Jur Trab* HS 242/107.

mento de todos os gastos médicos despendidos com tratamento de câncer, utiliza expedientes recursais com o único intuito de protelar, indevidamente, o cumprimento da ordem judicial. Inteligência do art. 17, II e IV, do CPC."(14)

Da mesma forma, mais freqüentemente do que o desejável tem sido a conduta de seguradoras, em tentar retardar os feitos, a fim de protelar o cumprimento de suas obrigações contratuais e legais.

"Seguradora que pratica atos destinados ao retardamento do adimplemento de sua obrigação indenizatória. Ato que tem como fim conseguir objetivo ilegal, impedindo o descobrimento da verdade."(15)

Recorrer por intermédio de agravo interno matéria já decidida anteriormente em embargos declaratórios tem sido caracterizado como espírito meramente protelatório.

"Apreciadas as mesmas questões em sede de apelo, de embargos declaratórios e agora de agravo interno, manifesta a litigância de má-fé, autorizando a imposição de multa de 1% sobre o valor atualizado da causa, com base no art. 17, inc. IV, e por analogia no art. 538, parágrafo único, ambos do CPC."(16)

"LITIGÂNCIA DE MÁ-FÉ. Caracterização. Restou evidente o intuito do apelante em postergar o andamento do processo, diante da alteração da verdade dos fatos."(17)

Mais uma vez trazemos à colação as observações de *João Batista Lopes* (artigo citado):

"A interposição de recursos legalmente admitidos não caracteriza, em princípio litigância de má-fé. A parte vencida tem o direito de ver suas razões apreciadas pela instância superior, mesmo na hipótese de mera reiteração das alegações da inicial ou da contestação.

E mesmo em se tratando de argumentação bisonha ou inconsistente, não há falar em litigância de má-fé como tem sido decidido.

A ausência de razões, por si só, não leva à punição, mas ao não conhecimento do recurso."

Uma nova forma, nitidamente protelatória, utilizada mais recentemente, tem sido, também, a proposição de exceção de pré-executividade, em lugar dos Embargos à Execução. Esta criação pretoriana, sem garantir o juízo, utilizada pelo devedor, vem sendo usada, seguidamente, como expediente tão-somente protelatório e deverá, nesse caso, ser penalizada pelo juiz, ao julgar improcedente o pedido, sempre que nitidamente destituído de qualquer fundamento razoável.

Ao serem examinadas as causas de muitas tentativas de protelação no desfecho dos processos, deve-se considerar, também, pela Empresa Reclamada, a vantagem econômica que lhe decorre em protelar, ao máximo, o pagamento devido.

---

(14) TJ SP — 4ª CAM — AG 319.544-4/8-00 — 20.11.2003 — *RT* 823/206.

(15) TJ SC — AP 96.008596 — 1ª CAM — 21.10.1997 — *RT* 750/401.

(16) TJ RS — 12ª CAM — AGR INT 70009512328, 18.11.2004 — ARQJURISPR TJ RS.

(17) TJ RS — 16ª CAM — AP 70010806438, 25.05/2005 — ARQJURISPR TJ RS.

Os juros da condenação são ínfimos, em face dos juros de mercado. É muito mais interessante ao empregador protelar o pagamento da condenação judicial, girando com o dinheiro correspondente, pois em lugar nenhum obterá dinheiro a 1% de juros. Já foi aventada, e seria uma solução parcial, estabelecer-se a taxa de juros, na execução judicial, como sendo a de mercado. Isso explica (ainda que não justifique) o empenho dos Bancos em utilizarem todos os recursos lícitos e, muitas vezes, ilícitos, para protelarem o cumprimento da obrigação contida na condenação. Estarão pagando 1% a.m. pelo dinheiro que deixam de desembolsar, para aplicá-lo a 10% a.m. aos seus clientes. Essa situação se constitui num desestímulo ao cumprimento da obrigação, especialmente das obrigações trabalhistas.

Daí a solução adotada pela legislação argentina, antes referida, estabelecendo, na execução, em se tratando de empregador que agiu de forma temerária ou maliciosa, o pagamento de juros estipulados em duas vezes e meia a taxa de juros cobrada pelos Bancos oficiais para operações correntes de desconto de títulos comerciais.

Igualmente, podemos trazer à colação o acórdão já antes referido quando tratamos da ausência de fundamento legal e/ou lógico das postulações, circunstância que pode vir acrescida do simples propósito protelatório.

> "Autor que demanda com visível intenção de sustar os efeitos da inadimplência confessada. Teses desarrazoadas. Ausência de lógica mínima a respaldar o pedido. Improcedência e litigância de má-fé confirmadas."(18)

Mais freqüentemente do que o desejável tem sido a conduta de seguradoras e empresas que exploram os planos de saúde, em tentar retardar os feitos, a fim de protelar o cumprimento de suas obrigações contratuais e legais.

> "Seguradora que pratica atos destinados ao retardamento do adimplemento de sua obrigação indenizatória. — Ato que tem como fim conseguir objetivo ilegal, impedindo o descobrimento da verdade."(19)

---

(18) TJ RS — 20ª CAM — APEL 70011565470, 18.5.2005 — ARQJURISPR TJ RS.
(19) TJ SC — AP 96.008596 — 1ª CAM — 21.10.1997 — *RT* 750/401.

IX — DOS EXCESSOS DE LINGUAGEM NO CURSO DO PROCESSO

> "Nem toda ira, pois, é maldade; porque a ira, se, as mais das vezes, rebenta agressiva daninha, muitas outras, oportuna e necessária, constitui o específico da cura. Ora deriva da tentação infernal, ora da inspiração religiosa. Comumente se acende em sentimentos desumanos e paixões cruéis; mas não flameja do amor santo e da verdadeira caridade. Quando um braveja contra o bem, que não entende, ou o contraria, é ódio iroso, ou ira odienta. Quando verbera o escândalo, a brutalidade, ou o orgulho, não é agrestia rude, mas exaltação duvidosa; não é soberba, que explode, mas indignação que ilumina; não é raiva desaçaimada, mas correção fraterna. Então, não somente não peca o que irar, mas pecará, não se irando. Cólera será; mas cólera da mansuetude, cólera da justiça, cólera que reflete a de Deus, face também celeste do amor, da misericórdia e da santidade."
>
> *Rui Barbosa — In* "Oração aos Moços".

Já se registrou anteriormente o teor do art. 15 do Código de Processo Civil, que dispõe ser defeso às partes e a seus advogados empregar expressões injuriosas nos escritos apresentados no processo, cabendo ao juiz, de ofício, ou a requerimento do ofendido, mandar riscá-las e, quando as expressões injuriosas forem proferidas em defesa oral, o juiz advertirá o advogado que não as use, sob pena de lhe ser cassada a palavra.

Trata-se de enfrentar o problema da conduta inconveniente, no processo, decorrente dos excessos de linguagem.

Não raro os procuradores envolvem-se emocionalmente no feito, partindo para uma linguagem áspera, com o que manifestam sua indignação com alguma atitude ou pronunciamento de colega *ex adverso*, membro do Ministério Público ou mesmo do juiz, podendo as invectivas serem endereçadas a outros intervenientes no processo: perito, assistente social, escrivão, oficial de justiça.

Esta exacerbação é constatável especialmente quando o advogado advoga em causa própria, pois dificilmente se livra da carga emocional, personalizando cada ato processual, fugindo-lhe, muitas vezes, uma análise científica ante os fatos, o que deve nortear a conduta do advogado. Corretamente já se tem afirmado que o advogado é o primeiro juiz da causa, ao receber do cliente as informações para arquitetar a ação correspondente aos direitos e interesses do constituinte. Em causa própria tende-se a sobreestimar fatores emocionais em detrimento de fatores jurídicos propriamente ditos. Daí a velha sabedoria popular já estimava que "quem advoga em causa própria tem um idiota por cliente e um imbecil por patrono".

Muitas vezes torna-se difícil caracterizar a linha divisória entre o legítimo direito de expressão, no dever de defesa dos direitos e interesses do constituinte e o abuso de direito no exercício desse direito. Juízes, Membros do Ministério Público e mesmo Advogados há de se manifestar excessivamente suscetíveis a qualquer comentário ou observação feita sobre o seu trabalho, parecer ou decisão. Para que se configure o abuso é necessário que a(s) expressão(ões) atinja(m) a honra ou probidade do sedizente ofendido.

Ao lidarmos com o problema, dispomos do seguinte arsenal legislativo:

1º) O art. 15 do CPC, que trata da lisura de conduta da parte ou do advogado, no que tange à linguagem empregada na contenda judicial.

2º) O Estatuto da Advocacia e da OAB (Lei n. 8.906/94) preocupou-se em estabelecer normas para a atuação do advogado na lide forense, dispondo:

a) que pela imunidade profissional de que goza o advogado, não constituirá injúria ou difamação as manifestações de sua parte no exercício de sua atividade, em juízo ou fora dele; (art. 7º, § 2º)

Na redação original desse artigo, havia a figura do "desacato", incluído na imunidade profissional. Pela decisão na ADIN n. 1.127-8, o STF excluiu a disposição que abrangia o desacato à autoridade judicial.

b) que inexiste hierarquia entre advogados, agentes do Ministério Público e magistrados; (art. 6º)

c) que independente da imunidade profissional ante o processo judicial, estará sujeito às sanções disciplinares perante a OAB, pelos excessos cometidos. (art. 7º, § 2º, *in fine*)

3º) O Código de Ética dos Advogados, igualmente, nos arts. 44 e 45 tratou do relacionamento dos advogados com as partes e os demais operadores do Direito. Impõe ao advogado tratar com respeito, discrição e independência o público, os colegas, as autoridades e os funcionários do juízo, exigindo igual tratamento. Acrescentando, ao mais, que cumpre ao advogado exercer sua atividade forense com lhaneza, linguagem escorreita e polida, esmero e disciplina.

4º) Já o Código Penal estabelece uma imunidade judiciária para as ofensas irrogadas em juízo, na discussão da causa, pela parte ou procurador.

5º) Por último, a Constituição Federal considerou:

a) que o advogado (art. 133) é parte indispensável à administração da justiça e inviolável por seus atos e manifestações na defesa da causa, nos termos da lei;

b) assegurou a indenização por dano material e moral (art. 5º, V) e o direito de resposta proporcional ao agravo.

Como requisito essencial à configuração da imunidade judiciária, apontado pela doutrina e jurisprudência, está a relação direta entre a ofensa praticada em juízo e a discussão da causa contenciosa, voluntária ou administrativa. Trata-se da exigência de nexo de causalidade entre a ofensa e os debates.

Esta exigência, porém, já foi desconsiderada no STF, nos termos que abaixo exporemos.

Na Comarca "Y" o Promotor requereu ao juiz que fossem cobrados autos entregues a um advogado, pois já se teria esgotado o prazo de devolução; referia, ainda, o Agente do MP, que o fato constituía infração disciplinar ao Estatuto da OAB, à qual seria comunicado o ato.

Ocorre que a acusação não era procedente.

O advogado, em manifestação da qual emergia sua insatisfação pelo ocorrido, disse entre outras coisas:

> "O zeloso Promotor de Justiça, chefe da inquisição Festiva da Comarca de 'Y', ou está mal informado ou agiu de má-fé ...
>
> ... não posso gastar mais que estas linhas para por cobro à uma situação e vindita tão mesquinha quanto esta. Melhor faria o Dr. Promotor de 'Y' ocupar-se com sua 'distração esquerda festiva'
>
> esquecendo-me ..."

Veio, então, o advogado a ser processado por crime de injúria. Propôs um *habeas corpus* para o trancamento da ação penal, dizendo-se protegido pelo art. 142, I, do Código Penal. O Tribunal de Alçada Estadual negou o *habeas*, sob o fundamento de que as expressões injuriosas não haviam sido pronunciadas no debate da causa e com o objeto da demanda, requisito consagrado pela doutrina e enfatizado pela jurisprudência. No recurso, a discussão, em sede de Supremo Tribunal Federal, centrou-se sobre esse aspecto. Em magnífico voto, o então Ministro *Evandro Lins e Silva*, como relator, abordou a matéria nos seguintes termos:

> "Apesar da autoridade desses comentadores, não vejo, na lei, a exigência de vínculo entre a ofensa e a causa, ou de liame entre a injúria e a solução da controvérsia.
>
> Tal critério é meramente subjetivo, e não vemos como o juiz possa verificar a intenção de quem profere a ofensa. O vínculo com a causa está na atuação do próprio advogado, a quem se confere a imunidade. O ilustre magistrado que foi *Rafael Magalhães* acentuou que quem postula em juízo — 'precisa da mais ampla liberdade de expressão, para bem desempenhar o seu mandato. Os excessos de linguagem que porventura comete, na paixão do debate, lhe devem ser relevados. São muitas vezes recursos de defesa que a dificuldade da causa justifica ou pelo menos atenua' — "...
>
> "... Com a devida vênia, continuo a entender que a interpretação que se deu ao dispositivo, no sentido de ser preciso que a injúria ou difamação tenha relação com o feito, é uma restrição que a lei não fez. Certa ou erradamente a lei deu ao advogado a faculdade de usar palavras injuriosas e até difamatórias. Nesses casos, o advogado pode cometer infração de natureza discipli-

nar, que deve ser submetida à apreciação da Ordem dos Advogados. O juiz ainda tem a faculdade de mandar riscar as expressões ofensivas, mas, a meu ver, não pode haver responsabilidade de natureza penal contra o advogado. ... A reação do advogado pode ser censurável, mas, a meu ver, não é criminosa." (1)

A decisão foi unânime.

Manifestações controvertidas emanam de decisões dos Tribunais e do magistério dos doutrinadores, quando se enfrenta a existência de recursos de linguagem mais fortes na exposição das teses defendidas, envolvendo expressões injuriosas, difamatórias ou caluniosas, em face da exclusão criminal acolhida pelo inciso I, do art. 142, do Código Penal, combinado, mais recentemente, com o disposto no art. 133 da Constituição Federal.

Há de se ter presente que a discussão, ensejadora das alegadas ofensas, deva provir do bojo dos autos, na discussão da causa. Esta é a doutrina e jurisprudência predominantes. A decisão do Supremo Tribunal Federal, acima referida, dispensou esse requisito, mas não conta com o apoio das decisões dominantes, nem com o magistério dos doutrinadores.

Não será o caso de expressões consideradas injuriosas ou difamatórias proferidas no balcão do cartório, ou nos corredores do Fórum, ou pela imprensa, ou em exposição ou debates em eventos jurídicos ou políticos.

A vivacidade excessiva de advogados, a exacerbação exagerada e os excessos de linguagem não constituirão crime, se decorrentes da discussão da causa, no âmbito do processo, e sem o propósito deliberado de vulnerar a honra alheia.

Quanto à natureza jurídica do preceito contido no art. 142, I, do Código Penal, em que pese o magistério de *Nelson Hungria*, que se manifestou pela tese de que se tratava de exclusão de pena, na realidade trata o artigo referido não apenas de uma hipótese de exclusão de pena, mas, sim, de exclusão de antijuridicidade, é caso de inexistência de conduta delituosa por parte do agente, como têm concluído a grande maioria dos penalistas modernos.

Assim considerando, não existirá a figura delituosa de crime contra a honra, capitulados como injúria e difamação, nas expressões consideradas ofensivas, trazidas aos autos de forma escrita ou em sustentação oral, quer na Tribuna do Júri, quer da tribuna perante os Tribunais.

> "Provado que o querelante expôs os fatos estritamente em defesa dos interesses aparentemente legítimos de seu constituinte, nenhum crime existe demandando punição. *In casu*, os *animus defendendi* neutraliza o *animus caluniandi*".(2)

Da mesma forma,

> "Delito não configurado sequer em tese. Querelado que na discussão da causa teria ofendido o querelante. Excesso de linguagem utilizado pelo mesmo em sua defesa. Inexistência, pois, do *animus injuriandi*.

---

(1) STF — 2ª T — RHC 4.002-SP — 24.9.1968 — *RTJ* 48/42.
(2) TJ SC — AP 11.815 — 22.10.1971 — *RT* 439/448.

Os excessos de linguagem, na discussão da causa, não chegam a constituir a infração penal prevista no art. 140 do Código Penal." (3)

Igualmente,

"Não constitui injúria punível a ofensa irrogada em juízo na discussão da causa, pela parte ou por seu procurador." (4)

Também,

"Não constitui difamação punível a ofensa irrogada em juízo, na discussão da causa pela parte ou seu procurador." (5)

Este acórdão merece uma consideração sobre um aspecto da decisão.

Na petição inicial o advogado, em ação que envolvia matéria contratual entre as partes, efetuou afirmações de que seu constituinte fora induzido a assinar o instrumento contratual, o que caracterizaria um estelionato da parte contrária. Foram processados por crime contra a honra o advogado e o seu constituinte. Defendeu-se a parte, alegando que não subscrevera a peça inicial e ambos os RR alegaram que as declarações contidas na peça vestibular estavam sob o abrigo do art. 142, I, do Código Penal, pois irrogadas na discussão da causa. Por este último fundamento foram os acusados absolvidos, com a observação do Tribunal que a parte não poderia alegar irresponsabilidade, pela não assinatura da inicial, porque:

"a presunção '*hominis*' é de que se tratando de propositura de uma ação complexa, (como parece o caso), não dá o causídico entrada à inicial, sem mostrá-la previamente ao constituinte."

Afigura-se que a alegada presunção de que o advogado submete a petição inicial à prévia aprovação do constituinte não é a regra, podendo ocorrer como exceção. Isto nos alerta sobre a necessidade de que o juiz, para ingresso na magistratura, traga uma razoável experiência na prática da advocacia.

O texto da lei não mencionou a imunidade em se tratando de calúnia.

"Ofensas irrogadas em juízo — Imunidade inocorrente. Impuníveis são apenas a injúria e a difamação quando a ofensa é irrogada em Juízo, na discussão da causa, pela parte ou por seu procurador. A excludente do art. 142, I, do CP, não alcança o crime de calúnia." (6)

Mesmo assim, inúmeros julgamentos têm colocado a calúnia (atribuição de prática de crime a outrem) na mesma situação da injúria e difamação, no sentido de exigir-se dolo específico para acusar.

Aí nos defrontamos com terreno que tem propiciado maior controvérsia, seja no plano doutrinário, como no jurisprudencial.

---

(3) TACR SP — 1ª CAM — AP 34.511 — 11.5.1962 — *RT* 331/306.
(4) TACR SP CAM REUNIDAS — HC 49.772 4.2.1965 — *RT* 363/169.
(5) TACR SP — 4ª CAM — AP 8.347 — 20.2.1969 — *RT* 402/279.
(6) STF — 2ª T — RHC 56.641-MG — PUBL 19.2.1979 — *ADCOAS* N. 40 — 1979.

Essas controvérsias fundam-se em três aspectos principais:

1º) a calúnia deve ser considerada como integrada na imunidade penal?

2º) quem está abrangido, ativa e passivamente, pela imunidade penal?

3º) qual a extensão que deve ser dada à ofensa inimputável?

Quanto à primeira indagação, registre-se que realmente o texto legal não incluiu a calúnia, como excluída da imunidade penal.

Entretanto, especialmente após a vigência da nova Constituição Federal, que consagrou no art. 133 a indispensabilidade do advogado no procedimento judicial, além da disposição legal que exclui hierarquia entre magistrado, membro do Ministério Público e advogado (art. 6º, da Lei n. 8.906, de 1994), vem surgindo entendimentos no sentido de que a calúnia também está abrangida na imunidade penal do advogado, se proferida na discussão da causa. Neste sentido,

> "1. A configuração dos delitos contra a honra não se perfaz apenas com palavras aptas a ofender, mas que sejam elas proferidas com esta finalidade.
>
> 2. O eventual excesso de linguagem do advogado na discussão da causa está acobertado pela imunidade profissional que não é restrita à difamação e à injúria, mas se estende também, à calúnia por força do art. 133 da Constituição Federal. (...)"(7)

Com igual entendimento,

> "Crime contra a honra, imputação a advogado que, ao arrazoar petição, utiliza expressões ofensivas, inclusive mencionando a prática de crime por parte do suposto ofendido. Rejeição da queixa.
>
> Deve ser rejeitada queixa-crime em que se imputa crime contra a honra na conduta de advogado que, ao arrazoar petição, utiliza expressões ofensivas, inclusive mencionando a prática de delito por parte do suposto ofendido, pois a justificativa de locução áspera ou de ataques violentos advém da necessidade do causídico de defender os interesses de seu cliente, na tentativa de demonstrar a verdade e cumprir com exação o mandato que recebeu, razão pela qual na defesa, no contraditório, em nome da verdade processual, o Código Penal preserva o advogado outorgando-lhe imunidade pelos seus escritos, sendo certo que o autor de uma ação, abrigando questão na qual acredita ter sido lesado, evidentemente deve imputar ao réu a prática de determinadas ações, ou omissões, desfilando em relação a elas críticas e comentários, tudo para demonstrar a *causa petendi*."(8)

Igualmente,

> "Incidente de suspeição — A Constituição da República, em seu art. 133, após considerar o advogado como indispensável à administração da Justiça, proclamou sua inviolabilidade por atos e manifestações no exercício profissional, nos limites da lei. A cláusula limitativa — nos limites da lei — recepciona e

---

(7) STJ — 6ª T — RHC 7653-MA — 17.9.1998 — DJU 9.10.1998.

(8) TACR SP RSE 1106847/4 — 17.12.1998 — *In Petição de HC* — "Na Defesa das Prerrogativas do Advogado". ED OAB, 2004, p. 326.

incorpora o art. 142, I, do Código Penal, à nova ordem constitucional, e, de conseqüência, situa a inviolabilidade no campo da injúria e da difamação, alcançando a calúnia. É desprovida de justa causa a ação penal proposta contra advogados que, no intuito de bloquear valores destinados à satisfação de crédito de seus clientes, por força de medida cautelar, suscitam incidente de suspeição do juízo, ensejo em que se limitam a expender as razões justificadoras do impedimento. Os incidentes ocorridos em juízo entre magistrados e advogados não podem ser imputados aos seus clientes e não têm repercussão na lei penal, pois inexiste em nosso sistema responsabilidade penal objetiva."[9]

A última assertiva que contém o aresto é importante, no sentido de descaracterizar a responsabilidade da parte, sob o aspecto penal, da conduta do advogado, considerando que na esfera criminal inexiste a responsabilidade objetiva.

Da mesma forma,

"Calúnia — Advogado — Incontinência de linguagem. Nos delitos contra a honra são exigíveis a consciência, a vontade e a intenção. A consciência é a ciência da antijuricidade do escrito, a vontade é o intuito de divulgação e a intenção é o desejo de utilização do escrito para denegrir a honra alheia. Há necessidade de um quase dolo específico representado pela intenção de ofender a honra alheia. Mesmo a linguagem mais inflamada não caracteriza o delito de calúnia.

Já decidiu esta Corte que, sendo indispensável a quem postula em Juízo ampla liberdade de expressão, para desempenhar seu mandato, os eventuais excessos de linguagem que eventualmente cometa, na paixão do debate, lhe devem ser relevados, visto que são muitas vezes recursos de defesa que a dificuldade da causa justifica, ou mesmo atenua."[10]

Já decidiu-se que, tendo ocorrido alegadas ofensas no curso da ação, não será considerado constrangimento ilegal a instauração de inquérito policial para apurar os fatos,

"Não consubstancia constrangimento ilegal a requisição, pelo Ministério Público, de instauração de inquérito policial para a apuração de fato que, em tese, constitui crime.

O mero expediente de requisição para que se proceda uma investigação policial não deve obrigatoriamente revestir-se de formalidades, pois não constitui a peça inaugural da ação penal.

A garantia de inviolabilidade do advogado por seus atos e manifestações no exercício da profissão prevista no art. 133 da Carta Magna, sofre as limitações da lei e, por isso, não se reveste de valor absoluto, nem lhe confere um *bill of indemnty* para a prática de abusos atentatórios à dignidade da profissão.

A regra do art. 142, do Código Penal, que descaracteriza como injúria ou difamação punível a ofensa irrogada em juízo, tem como pressuposto o regular exercício da advocacia, no debate da causa, em defesa do direito postulado.

Se a descaracterização do elemento subjetivo do crime contra a honra requer o revolvimento da prova condensada no bojo dos autos, o tema situa-se

(9) STJ — RHC 8240-BA — Publ DJU 23.8.1999.

(10) TA CR SP — 8ª CAM — AP 339.347 — 18.8.83 — *ADCOAS* N. 46 — Dez/1983.

fora do alcance do *habeas corpus*, que não é instrumento processual próprio para se obter sentença de absolvição sumária." [11]

Ao contrário do que ensina *Damásio de Jesus*, comentando o dispositivo do art. 142, I, do Código Penal, pós a vigência do art. 133 da Constituição Federal de 1988:

"Significa que não responde por eventuais delitos contidos em seus atos e manifestações orais e por escrito (petições, razões, debates, etc.), como a calúnia, a difamação, a injúria e o desacato. *Impede o inquérito policial* e a ação penal. Exige-se a estreita relação entre a eventual ofensa e o exercício da profissão (defesa de um direito)."[12] (Destaque nosso).

1. ALEGADAS OFENSAS CONTRA MAGISTRADO E DO MAGISTRADO

Em alguns casos, o Magistrado que preside o processo, sentindo-se atingido por expressões advindas de advogado, em petição acostada aos autos, determina não só sejam riscadas as expressões alegadamente ofensivas a S. Exa., como ainda promove as medidas para o processo criminal contra o advogado, por delito de injúria, difamação ou calúnia.

Da mesma forma, no que se refere a expressões usadas em sustentação oral perante o Tribunal ou atuação perante o Tribunal do Júri.

Damásio de Jesus[13] sustenta que antes da Constituição de 1988 não se aplicava, ao caso, a imunidade judiciária em caso de ofensa ao magistrado.

Daí, hipótese de julgamento, em caso anterior à nova Carta Magna, em que o juiz foi acusado de parcialidade,

"Ofensas irrogadas a magistrado por advogado, na discussão da causa. Imunidade judiciária pretendida. Inocorrência." [14]

Em outro processo numa petição firmada pelo advogado e pela parte vieram expressões como "sentença atrabiliária, ignara e vil" ... "a santa ignorância da sentença...", e, referindo-se ao prolator da mesma ... "desde que não tenha o cérebro bloqueado ou sofra de deficiência mental...". Decisão:

"Ofensas a magistrado em petição assinada pela parte e seu advogado. Delito configurado em tese. Imunidade judicial inexistente na espécie. Justa causa para a ação penal. Recurso de *habeas corpus* improvido." [15]

Da mesma forma condenado foi o advogado que, nos autos, chamou o juiz de ... "irresponsável, arbitrário, ignorante, parcial, fabricador de sentenças na raça..." [16]

---

(11) STJ — 6ª T — RHC 7829-SP — 6.5.1999 — www.stj.gov.br.
(12) JESUS, Damásio E. de. *Código Penal Anotado*. ED Saraiva, 1989, p. 383.
(13) *Idem, ibidem*, p. 84.
(14) TACR SP CAM FÉRIAS — HC 73.364 — 13.1.1977 — *RT* 502/313.
(15) STF — 1ª T — RHC 63.942-9 — 18.4.1986 — *RT* 610/429.
(16) TJSC — 1ª CA — AP 17.436 — 8.3.1983 — *RT* 572/377.

Certamente que nos casos acima mencionados o advogado se excedeu na defesa dos interesses do seu constituinte, na condução da lide, pois o *animus injuriandi* ao magistrado superou o *animus defendendi*. E assim já se decidiu:

> "Advogado. A imunidade que a lei lhe confere não vai ao ponto de protegê-lo contra todo e qualquer excesso que porventura cometa no exercício do seu *munus*.
>
> Caso em que pode o profissional ser responsabilizado criminalmente é o de se referir, sem nenhuma vantagem para a causa, à parte contrária, em termos de injúria, calúnia ou difamação.
>
> Os advogados devem comportar-se dentro de correta conduta, tanto em relação às partes como ao Ministério Público e ao Juiz, sendo responsáveis pelos evidentes abusos cometidos."[17]

Verdade é que, nos casos concretos, muitas vezes não é fácil concluir-se se as ofensas podem, ou não, ser consideradas justificáveis para a defesa da causa. Há muito de subjetivismo nessa conclusão. No julgamento supra, houve empate na votação, com quatro votos a favor e quatro votos contra, e prolatada foi a decisão por voto de desempate do presidente.

> "Crime de difamação. A imunidade judiciária, de que fala o art. 142, I, do Código Penal, não alcança a ofensa irrogada a magistrado."[18]

No mesmo sentido,

> "CRIME CONTRA A HONRA — Difamação ou injúria — Imunidade judiciária — Inaplicabilidade se as ofensas forem irrogadas ao Magistrado — Excludente que prevalece somente entre as partes litigantes — Inteligência do art. 142, I, do CP."[19]

Vale sejam transcritos alguns trechos do voto vencido, trazido ao julgamento pelo Eminente, então componente da Câmara, hoje guindado à Suprema Corte da Nação, Ministro *Ricardo Lewandowski*:

> "Para a espécie de crime de que ora se cuida exige-se dolo específico. O elemento subjetivo tipificador do delito não se caracteriza sem a consciência e a vontade de vulnerar a honra alheia.
>
> À evidência não houve por parte do advogado apelante a intenção de difamar o ilustre julgador, posto que, embora com certo excesso, agiu estritamente na defesa dos direitos e interesses de seu constituinte.
>
> Não se vislumbra na candente peça processual, sequer longinquamente, o *animus diffamandi*, visto que o apelante, ao elaborá-la, atuou ao abrigo do *animus defendendi*.
>
> Os pretórios têm decidido e a doutrina assentado, de forma segura, que o *animus defendendi* afasta a criminalidade da conduta injuriosa ou difamante. E não se diga que a imunidade constante do art. 142, I, do CP exclui a ofensa irrogada aos juízes, porquanto tal dispositivo nenhuma restrição faz quanto à pessoa do ofendido.

---

(17) STF — TR PL — RHC 41.102-SP — 12.10.1964 — *RTJ* 34/423.

(18) STF — 1ª T — RHC 59.807-SP — 27.4.1982 — *RTJ* 101/1027.

(19) TACR SP — 2ª CAM — AP 631.329-2 — 18.4.1991 — *RT* 674/313.

Se alguma dúvida havia quanto a essa questão anteriormente à vigência do art. 133 da CF de 1988, ora, sob a égide desse preceito, é forçoso concluir que a indenidade dos advogados ficou sensivelmente ampliada, de modo a alcançar, também, a atitudes eventualmente consideradas ofensivas por magistrados, desde que praticados nos estritos lindes da discussão da causa e nos precisos limites da ação defensiva."

Mas, em sentido contrário,

"Injúria — Advogado que, argüindo a suspeição do juiz, através de exceção, qualifica sua conduta nos autos de parcial. Ausência de *animus injuriandi* e, conseqüentemente, de justa causa para a ação penal. *Habeas corpus* concedido." (20)

O advogado F.J.T., através da OAB, impetrou *habeas corpus*, para trancamento de ação penal por injúria, movida pelo Juiz da Comarca. Em suma, o r. afirmara que a vítima "... havia proferido despacho que nada ilustra o E. Poder Judiciário", juntando, reprodução de obra jurídica, "... a fim de que o Ilustre Magistrado examine, estude e aplique quando necessário — para um rápido entendimento."

O *habeas corpus* foi concedido, reconhecendo o acórdão que, em que pese ter sido o advogado deselegante e meio irreverente,

"Tem o advogado o direito impostergável de criticar, ainda que veementemente, os atos judiciais, demonstrando seus erros e falhas.

Não será o receio de desgostar o juiz, de irritar seus melindres, de magoar seu amor próprio, que irá impedir o causídico de expor os desacertos do Magistrado." (21)

Pós a Constituição de 88, em face do disposto no art. 133, acentuou-se o entendimento de que a imunidade judiciária beneficia o advogado, ainda que o ofendido seja o magistrado. Valendo trazer-se à colação o art. 6º da Lei n. 8.906/94, ao estabelecer que não há hierarquia nem subordinação entre advogados, magistrados e membros do Ministério Público.

Também no caso de ser o magistrado o sedizente ofendido há de ser preliminarmente investigado o *animus caluniandi*, o dolo específico de atentar contra a honra do mesmo. Daí,

"Não há difamação nem injúria, dizer o advogado, nos autos, em defesa dos seus constituintes, se encontrar o Magistrado ligado à facção política. Igualmente, inexiste *animus calumniandi* em focalizar com certo colorido a sua personalidade." (22)

"Na espécie, o que o exame dos autos revela é que o paciente foi deselegante e infeliz no uso de certas expressões, mas não atingiu a honra do Magistrado, cuja probidade e inteireza jamais foi posta em dúvida." (23)

---

(20) TACR SP 8º T — HC 147.646-4 — 13.2.1986 — *RT* 612/347.

(21) TACR SP 2ª CAM — HC 153.80-8 — 18.9.1986 — *In* "Na Defesa das Prerrotivas do Advogado II" — *Paulo Sérgio Leite Fernandes*. ED OAB-SP, 2004.

(22) TACR SP — AP 31.82 — 10.11.1961 — *RT* 324/353.

(23) STF — 2ª T — RHC 58.953-PR — 5.6.1991 — *RTJ* 102/964.

O remédio processual usualmente utilizado para o trancamento de ação penal, alusiva à denunciação por crime contra a honra, decorrentes de ofensas irrogadas em juízo, se efetua por meio do *habeas corpus*.

Considerou-se, todavia, que a imunidade do art. 142, I, do Código Penal está subordinada ao contraditório, ou seja, a prova de que a ofensa decorreu do debate na causa, o que afastaria a possibilidade de apreciação em habeas corpus.(24)

Via de regra, porém, esta prova é pré-constituída pelas próprias peças escritas nas quais se encontram as alegadas ofensas, vem claramente delineada, possibilitando a pronta apreciação das circunstâncias fáticas em que se desenvolveram os fatos, sem necessidade de instrução para provar sua existência e apreciar e conceder a ordem.

Magistrados existem que relutam no reconhecimento dessa imunidade, invocando que o benéfico penal somente ocorreria diante do regular exercício da advocacia.

Ocorre que esse "regular exercício da advocacia" ficará excessivamente subordinado ao subjetivismo do Julgador, tendendo a transformar o preceito do Código Penal, expresso no inciso I, do art. 142, em letra morta. Parece que o melhor critério venha a ser aquele manifestado em diversos dos arestos registrados, no sentido de considerar que o *animus defendendi* se sobrepõe ao *animus difamandi*.

Em outro processo, em que era parte um soldado da Força Pública, o advogado em razões lançadas nos autos declarou que o juiz manifestara ..." sua acentuada aversão aos milicianos da Força Pública" e que agira com "incoercível espírito de prevenção com que julgou a causa".

Processado criminalmente, por crime de injúria, impetrou o advogado o competente *habeas corpus*, este foi concedido com a seguinte decisão:

" Injúria — Delito não caracterizado sequer em tese. Advogado que nas razões de apelação critica o prolator da sentença em termos pouco recomendáveis. Fato impunível face o art. 42, I, do CP." (25)

A matéria tem comportado decisões controvertidas, o que é compreensível, diante da gama de fatores que intervém no julgamento, caso a caso. Ora a influenciar no julgamento o conceito de honra, ora alguma indisposição contra os advogados em geral, ora a defesa corporativa.

O que é importante destacar é que as expressões consideradas injuriosas ao Juiz devem, para merecer penalização ao advogado, atingir a honra pessoal do magistrado, sua honestidade, sua probidade. Não são raros os casos de desentendimentos entre advogados e juízes, no dia-a-dia dos trabalhos forenses e possam daí partir expressões deselegantes e mesmo inconvenientes, contra o juiz. Isso, porém, não afetará a imunidade judiciária de que goza o advogado, se não intentou contra a honra do mesmo.

---

(24) STJ 6ª T — RHC 7829 — 6.5.1999 — Publ DJU 7.6.1999.
(25) TA SP — HC 49.772 — 4.2.1965 — *RT* 363/169.

Exemplificando: na Comarca "X" o juiz declarou que o advogado não juntara aos autos uma contestação que havia levado a ele, juiz, para despacho. A peça não viera aos autos. O advogado negou que tivesse levado a despacho a aludida peça contestatória. Daí uma troca de "houve — não houve" o fato, com mútuas acusações. Resultou o advogado processado por crime de injúria. Acórdão:

> "Injúria — Delito não configurado, sequer em tese — Animosidade entre advogado e juiz nos autos — Expressões acres e deselegantes usadas por aquele, sem ofender, entretanto, a honra deste — Ausência de justa causa para a ação penal — Concessão do *habeas corpus* para o seu trancamento."
>
> "(...) — Na espécie o que o exame dos autos revela é que o paciente foi deselegante e infeliz no uso de certas expressões, mas não atingiu a honra do Magistrado, cuja probidade e inteireza jamais foi posta em dúvida." (26)

O procedimento inconveniente, no processo, pode partir, também, e não é raro, do juiz contra o advogado e, inclusive, contra o agente do Ministério Público, ou mesmo da parte.

Tratando-se de advogado, tem o mesmo direito ao desagravo, a ser apreciado, votado e concedido publicamente pela respectiva Seccional da OAB, como dispõe seu Estatuto. Além disso, o advogado, bem como qualquer outra parte interveniente no processo, ofendida pelo magistrado, tem acesso ao órgão correicional do Tribunal, para as medidas administrativas cabíveis e, mais, tem legitimidade para propor ação de indenização por danos morais, eventualmente por danos materiais concomitantes, contra a União, ou o Estado, pelo ato indevido do preposto.

A União foi condenada à reparação por dano moral, em decorrência de desrespeito de uma Juíza contra o advogado, em audiência. Poderá a União valer-se do preceito do art. 37, § 6º, da Constituição Federal, para buscar o ressarcimento da indenização e despesas processuais decorrentes.

> "Dano Moral — Não é lícito ao juiz, extravasando os limites da apreciação técnica, manifestar-se sobre os advogados e sua atuação no feito em termos agressivos à dignidade pessoal e, indiretamente, da advocacia e da própria Justiça. Responsabilidade da União pelo evento." (27)

2. OFENSA PROFERIDA POR ADVOGADO CONTRA O ADVOGADO DA PARTE ADVERSA

As ofensas dirigidas por advogado contra o colega *ex adverso* poderão ser apreciadas em três esferas diferentes. No terreno do Direito Penal deverá gozar da imunidade judiciária, na abrangência do que dispõe o art. 142, I, do Código Penal; no terreno administrativo, ficará sujeito aos preceitos éticos do Estatuto e do Código de Ética da OAB, podendo receber a

---

(26) TACR SP — 6ª CAM — HC 67.766 — 8.6.1976 — *RT* 506/371.

(27) TRF — 4ª REGIÃO — AP 2000-71-07-003552-4/RS — 20.2.2003 — *Jus Trab* HS 235/66.

sanção que lhe é devida pela falta; e, no âmbito da responsabilidade civil, ficará sujeito à indenização pelo dano moral e/ou material. Essas sanções são independentes e não se comunicam.

> "Como entendeu o Dr. Juiz, não vejo aqui expressões de tal forma injuriosas que devessem ser canceladas. A agravada apenas retrucou, defendeu-se do que achou ter havido falta de ética profissional por parte do advogado agravante. Parece-me que, sobre o assunto, o melhor seria que fosse apreciado pelo órgão competente, que é a OAB. Acho que, no caso, não configuram propriamente as expressões injuriosas que o Código de Processo Civil, no art. 15, prevê. Assim, entendo, acho que o juiz andou acertado em mandar o caso ao conhecimento da Ordem dos Advogados. Por isso confirmo a decisão." (28)

Diversas questões ainda emergem da referida disposição penal excluindo os crimes contra a honra da responsabilidade do advogado, na discussão do feito.

O CPC de 1939, no § 3º, do art. 63, determinava que se a temeridade ou malícia fosse imputável ao procurador, o juiz deveria levar o caso ao conhecimento do Conselho local da Ordem dos Advogados do Brasil.

Esta medida era muito positiva, pois oportunizava a Entidade a exercer um melhor controle sobre a forma de atuação dos advogados.

Para alguns juízes esta regra não lhes era simpática, pois entendendo o juiz que o advogado se houvera com malícia ou falta de ética, mas o Órgão de classe o absolvesse no processo instaurado, em nível administrativo, o juiz se sentiria desprestigiado.

Lamentavelmente o CPC de 1973 não dispôs mais sobre o assunto, o que não impede que o juiz ou o Tribunal, encaminhe ao Conselho local da OAB os casos de má atuação de advogado.

O advogado ofendido, todavia, poderá representar perante a OAB, no que tange à conduta ofensora do colega, para a instauração do Processo Ético, perante o Tribunal de Ética da Entidade, onde, e em que pese a impunidade penal, poderá ser condenado à sanção administrativa prevista na legislação própria.

Tenha-se bem presente que a imunidade penal do advogado, por ofensas a colega, no curso do processo, configurando-se expressões injuriosas ou difamatórias, não o isentam da responsabilidade civil, por dano moral eventualmente, também por dano material.

> "Não pode o advogado, entendendo estar imune devido a suas prerrogativas, trazer para dentro do âmbito judicial os litígios pessoais, falando e escrevendo o que bem entende. (...)
>
> "Pelas expressões e ponderações exaradas pelo réu apelante, percebe-se, nitidamente, que houve verdadeiro abuso de seu direito, pois extrapolou os limites da lide trabalhista onde atuou em causa própria. As agressões escritas

---

(28) TJ RS 3ª CAM — AI 25.245 — 6.11.75 — *In O Novo Código de Processo Civil nos Tribunais do Rio Grande do Sul e Santa Catarina*. Athos Gusmão Carneiro, Tomo I, Coleção AJURIS, 1976.

naquele feito contra os patronos do Reclamante foram de contundente ofensa à moral do ora apelado." (29)

O advogado ofensor foi absolvido na esfera criminal, sendo rejeitada a queixa-crime, mas, na esfera civil, condenado à indenização por dano moral, fixada a condenação em R$ 5.500,00. (Acórdão sujeito a recurso).

3. OFENSA PROFERIDA PELO ADVOGADO CONTRA A PARTE CONTRÁRIA

Não tem o advogado, no exercício de sua atividade forense, o direito de assacar ofensas à parte contrária. O dever de cortesia que lhe impõe o Código de Ética se estende ao trato com as Partes. Ainda que possa ficar ao abrigo da impunidade judiciária, no âmbito penal, sob o fulcro do art. 142, I, do Código Penal, continuará sujeito às sanções administrativas, no âmbito do Tribunal de Ética da OAB, e sujeito, ainda, à indenização por dano moral, e eventualmente por dano material, no juízo cível, por abuso de direito, perante a parte, tal como diante do advogado ex-adverso.

"Dano Moral — Indenização — Ofensa à honra do reclamante mediante palavras irrogadas em contestação.

1. A inviolabilidade do advogado, por seus atos e manifestações no exercício da profissão, a teor do art. 133 da Constituição Federal e do art. 7º, § 2º, da Lei n. 8.906/94, consubstancia-se em relativa imunidade penal nos crimes contra a honra. No plano civil, todavia, não exime o constituinte de responder por indenização em virtude de destemperança verbal do advogado em juízo, sob a forma de grave ofensa moral assacada contra a parte contrária.

2. A bela e espinhosa profissão de advogado não constitui para ele um *bill of indemnity*, tampouco sinal verde para o seu cliente, sob o manto diáfano da imunidade do causídico mandatário, forrar-se à responsabilidade pelo ultraje à honra do antagonista perpetrado em seu nome.

3. Empresa demandada cujo advogado, em contestação referente a processo trabalhista anterior, utiliza expressões altamente ofensivas à honra do Reclamante, extrapolando os limites da normalidade na defesa dos interesses de sua constituinte, suporta responsabilidade civil pelo pagamento da indenização compensatória do dano moral a que deu causa." (30)

A condenação, no caso, recaiu sobre o constituinte, o qual poderá buscar por via judicial o ressarcimento do valor pago pela condenação, do advogado, se provar sua ignorância sobre as ofensas proferidas no processo, sua desconformidade com as mesmas e o abuso no exercício dos poderes conferidos ao mandatário.

---

(29) TJ RS — 5ª CAM — AP 70015046956 — *In* "Espaço Vital" — *Jornal do Comércio* — Porto Alegre — 27.6.2006.

(30) TST — 1ª T — RR 719.570/00.7 — 14.12.2005 — *LTr* 70-04/504.

4. QUANDO A LEI FALA EM "PARTES" ESTARÁ ABRANGENDO O AGENTE DO MINISTÉRIO PÚBLICO?

A matéria abrange ofensas do Promotor e ao Promotor. Quanto à questão da extensão ou do conteúdo da ofensa, as diversas manifestações dos Tribunais podem nos dar uma idéia da natureza dos atos e fatos que revestem o problema.

Não há dúvidas de que a regra atinge o autor, o réu, o chamado ao processo, o denunciado da lide, o oponente, o assistente, o litisconsorte, o terceiro interessado recorrente, o interessado no inventário. Quanto ao agente do Ministério Público, a ofensa contra ele proferida por advogado, pacificamente este está sob o amparo da imunidade, quando o MP atua como parte.

Pela decisão seguinte não incidiria a imunidade quando age o MP como fiscal da lei, conclusão essa com fundamentação muito duvidosa, porquanto a lei não estabelece a pretendida restrição, presentemente, considerando o teor dos arts. 133 da Constituição Federal de 1988, que consagra a indispensabilidade do advogado na administração da Justiça, e 6º da Lei. n. 8.906, de 1994, que afirma a inexistência de hierarquia entre advogado, agente do Ministério Público e magistrado.

> "Imunidade judiciária (art. 142, I, do CP)
>
> Não opera essa excludente de criminalidade quando se trata de ofensa praticada por advogado de uma das partes contra o Representante do Ministério Público, este atuando em processo civil como *custos legis.*" (31)

Dizia respeito a decisão supra, em ação de desapropriação, promovida pelo Município "X", onde o Advogado do desapropriado, após uma manifestação da Promotoria, nos autos, assim se expressou:

> "... pelo despacho às fls. 60 verso, passou o promotor a tomar partido no feito, tratando desigualmente as partes, inclinando-se para o Autor; ...
>
> ... só se pode entender o pedido do Promotor Público com um único objetivo, o favoritismo ao Autor: ...
>
> ... coincidentemente, curiosamente, ou assustadoramente, nesse período o Prefeito Municipal remeteu mensagem ao legislativo municipal, na qual solicita verba para pagamento do aluguel do Promotor Público ..."

O *habeas corpus*, para trancamento da ação penal que lhe moveu o Promotor, foi negado ao advogado. O recurso não resultou exitoso. Mas o caso faz-nos pensar sobre a credibilidade da Justiça, diante da Sociedade, quando promotores, e inclusive juízes, tem o aluguel de suas casas pagas pela Municipalidade, que estará em juízo como autora ou ré. É a velha história da mulher de César...

---

(31) STF — 1ª T — RHC 65.038 — 25.5.1987 — *RTJ* 122/1013.

E veja-se como fica espinhosa a missão do advogado. Se cala será acusado por desídia, pelo constituinte, se denuncia o fato e se rebela nos autos, será processado por injúria e difamação.

A regra há de ser a mesma, se ofensas injuriosas ou difamatórias forem proferidas por Agente do Ministério Público contra advogado. Poderá ser amparado pela imunidade do art. 142, I, do Código Penal, se a discussão decorre, expressamente, da causa em julgamento. Assim,

O Promotor "X", em autos de processo, lançou a seguinte cota, endereçada ao advogado que atuava no feito:

> "O número de testemunhas previsto no art. 398 do CPP não se refere a processo ou denúncia, mas a fatos acusados. Esta a lição comezinha da doutrina, que não escapa à cultura do mais neófito acadêmico de Direito. Aliás, a fls., temendo a ignorância jurídica, a Justiça Pública já havia adiantado lição tão trivial. Nada pois a acrescentar."

Num segundo episódio, após, nas dependências do fórum, perante diversas testemunhas, ocorreu uma altercação entre o Promotor e o Advogado, quando aquele usou expressões injuriosas contra este.

O ofendido apresentou queixa, por crime de injúria. O ofensor ingressa com *habeas corpus*, pretendendo o trancamento da ação penal. Desaguando a solução no Supremo Tribunal Federal, decidiu este pelo trancamento da ação penal decorrente de injúria relativa ao primeiro episódio, alusivo à cota lançada nos autos, mas manteve o processamento da ação no que tange ao segundo episódio, referente à altercação nas dependências do fórum, pois a imunidade é específica para a discussão da causa, o que se verificara no primeiro episódio, mas não no segundo.(32)

Ao recurso foi dado provimento, por unanimidade.

Também ocorre que expressões tidas como caluniosas pelo ofendido, sejam como tal desconsideradas, ficando no terreno da difamação ou da injúria e, assim, aplicável, sem dúvida, a imunidade penal.

> "Calúnia — Descaracterização — Advogado — Expressões pertinentes à causa proferidas na discussão e relacionadas com a defesa
>
> Hipótese em que, mesmo que os ataques caluniosos não sejam abrangidos pela imunidade judiciária, inexistiu a intenção para tanto, sendo próprio afirmar que houve falsa imputação de crime, com o intuito de ofender a honra de alguém. (...)
>
> A doutrina e a jurisprudência pretoriana são unissonas ao afirmar que a configuração dos crimes contra a honra não se realiza com meras palavras aptas a ofender, mas exige que elas sejam proferidas com essa finalidade. É essencial o dolo especifico, no caso, o chamado *animus caluniandi*, manifestado na vontade de caluniar, ofender a honra e a dignidade da pessoa."(33)

O advogado, aqui, processado foi por crime de calúnia, por ter chamado a atenção, nos autos, sobre a suspeição do promotor.

---

(32) STF — 2ª T — HC 61.722-7-SP — 25.5.1984 — *RT* 589/433.
(33) STJ — 5ª T — RHC 8.819-SP — 30.10.2000 — *RT* 787/548.

G.B. e I.A.O. levaram ao conhecimento do Promotor da Comarca A.R., fatos que configurariam os crimes de cárcere privado e lesões corporais, ocorridas no hospital local, com responsabilidade do médico F.M.J. Instaurou-se o inquérito, que foi a final arquivado, a requerimento do MP. Após o médico F.M.J. requereu a abertura de inquérito, para apurar-se a prática de delito de denunciação caluniosa contra G.B. e I.A.O. O inquérito foi realizado e arquivado a requerimento do mesmo promotor. Ingressa, então, o médico com queixa-crime, através do advogado L.M.A., contra G.B., por crimes de injúria, difamação e calúnia e, na petição inicial, são tecidas considerações desairosas contra o promotor, que o teria indiciado inutilmente. O promotor, sentindo-se ofendido, requer à Procuradoria o ajuizamento de ação penal contra o advogado, no que é atendido. Vem o advogado, assim, a ser processado por crimes de injúria, difamação e calúnia.

Invoca a defesa a imunidade judiciária, do art. 142, I, do Código Penal, no que tange à injuria e difamação e a ausência de dolo específico no que tange à calúnia. Interposto *habeas corpus* e favor do advogado, para o trancamento da ação penal, decidiu-se:

> "CRIMES CONTRA A HONRA — Calúnia, difamação e injúria — Delitos não caracterizados, sequer em tese. Advogado que, na defesa dos interesses de seu cliente fez uso de expressões consideradas ofensivas pelo promotor de justiça — Imunidade, porém reconhecida a seu favor, por terem sido as expressões irrogadas na discussão da causa — Ausência de dolo, outrossim, no tocante à calúnia — Concessão de *habeas corpus* para o trancamento da ação penal por lhe faltar justa causa." [34]

Tem ocorrido também casos em que é reconhecida a imunidade judiciária ao advogado por declarações consideradas ofensivas pelo promotor, concedendo o *habeas corpus* para o trancamento da ação penal, no que tange à injúria e à difamação, mas não o concedem no que se refere à calúnia, entendendo que esta continua não absorvida pelo benefício legal, prescindindo de prova a respeito, que deverá ser obtida no processo regular.

> "INJÚRIA — Delito não configurado sequer em tese, excesso de linguagem na discussão da causa — Imunidade judicial reconhecida
>
> Ação penal trancada, no que tange à infração em epigrafe. *Habeas corpus* parcialmente concedido.
>
> (...) — Nada obstante, no concernente ao crime de calúnia, também atribuído ao paciente, prematuro o trancamento da ação penal, como propugnado na presente impetração." [35]

5. E QUANTO AO DELEGADO DE POLÍCIA, OFICIAL DE JUSTIÇA, FUNCIONÁRIOS DO JUDICIÁRIO E FUNCIONÁRIOS EM GERAL?

O Advogado "X" requereu ao delegado de Polícia a abertura de inquérito policial para apuração de crime de estelionato, relacionado com emis-

---

(34) TACR SP — 1ª CAM — HC 26.569 — 7.12.1970 — *RT* 426/375.
(35) TACR SP — 5ª CAM — HC 46.788 — 31.7.1973 — *RT* 458/353.

são de cheque sem fundos. O delegado determinou o arquivamento do pedido considerando que, no caso, não se configurava o delito pretendido pelo requerente. Solicitou este, então, uma correição parcial para apuração de crime de prevaricação da autoridade. Em razão de expressões consideradas injuriosas e caluniosas, representou o ofendido, sobrevindo a denúncia contra o Advogado. Julgando o *habeas corpus*, invocando a imunidade penal, decidiu-se que tanto para reconhecimento da exclusão da criminalidade como para apreciar a exceção da verdade o *habeas corpus* não era o meio adequado, pois dependeria de provas a serem produzidas em processo regular.(36)

Já na decisão seguinte, foi enfrentado o problema da ofensa ao Delegado de Polícia:

"IMUNIDADE JUDICIÁRA — Inexistência — Ofensa que teria atingido o delegado de polícia que não é parte no processo — *Habeas corpus* denegado. Inteligência do art. 142 do Código Penal.

"A imunidade judiciária só prevalece entre partes litigantes, não alcançando a autoridade judiciária, nem aqueles que intervêm na atividade processual em desempenho de função pública, entre eles o delegado de polícia." (37)

No mesmo sentido,

"INJÚRIA — IMUNIDADE JUDICIÁRIA — Inexistência na espécie — Ofensas dirigidas por advogado a delegado de polícia em requerimento judicial — Pretendido trancamento do inquérito — Indeferimento — Justa causa para sua instauração — Recurso de *habeas corpus* desprovido." (38)

Se ofensa for proferida contra o Servidor, na discussão da causa, será válida a disposição do inciso I, do mesmo artigo.

"Injúria e Difamação — Delitos não configurados sequer em tese — Ofensas assacadas em juízo pelo advogado, na defesa da demanda — Imunidade judiciária — Ausência de justa causa para a ação penal — Concessão de *habeas corpus* para o trancamento." (39)

Em processo de execução fiscal, o advogado que defendia a executada referiu-se ao Funcionário do Órgão Arrecadador, dizendo que o mesmo era atrevido, analfabeto, boleiro e quando servia como fiscal de barreira, por não conseguir "morder" os executados, perseguia-os.

No corpo do acórdão ficou expresso:

"Não importa, assim, que o ofendido não seja parte ou procurador no processo, uma vez a ofensa se relacione com a discussão da causa."

As ofensas podem ter sido dirigidas à Assistente Social que funcionou no processo.

Em processo de separação judicial, a Parte ofendeu a Assistente Social que a entrevistava, usando de expressões que esta considerou caluniosas.

---

(36) TST — 1ª T — RHC 59.576-6-SP — 9.3.1982 — *RT* 564/409.
(37) TA SP — 1ª CAM — HC 81.552 — 20.2.1978 — *RT* 511/362.
(38) TACR SP — RHC 394.771-3 — 3ª CAM — 23.3.85 — *RT* 606/358.
(39) TA MG — CAM CRIM — HC 2.570 — 6.5.1976 — *RT* 496/354.

O MP ofereceu denúncia contra a ofensora, pelo delito de calúnia. Impetrado foi um *habeas corpus*, visando ao trancamento da ação penal, forte no dispositivo do art. 142, I, do Código Penal. Desacolhido o *habeas* pelo Tribunal local, veio o recurso ao Supremo Tribunal Federal. Decidiu a Colenda Corte Suprema que as expressões utilizadas não configurariam o delito de calúnia, possivelmente ficariam no âmbito da difamação. Mas esta estava ao abrigo da imunidade judiciária, pois as expressões consideradas ofensivas foram proferidas relacionadas com a causa em discussão, e estabelecido um nexo lógico com o objeto do litígio. Com o provimento do recurso restou trancada a ação penal.(40)

O inciso III, do art. 142, do Código Penal, especificamente estende a imunidade para conceitos desfavoráveis emitidos por funcionário público, em apreciação ou informação que prestar no cumprimento do dever de ofício.

6. E QUANTO À TESTEMUNHA?

Ainda no magistério de *Damásio de Jesus* (obra citada) não haverá crime contra a honra se, no depoimento, são narrados fatos do conhecimento da testemunha, que tem o dever de dizer a verdade, sem a intenção de ofender, mas será responsabilizada quando se verificar que há a intenção de ofender.

> "Calúnia, difamação e injúria inferidas de depoimento prestado em juízo. Inadmissibilidade. Simples narração do que o depoente sabia, de ciência própria ou por ouvir dizer. Ausência, pois, de justa causa para a ação penal. *Habeas corpus* concedido." (41)

Mas,

> "DIFAMAÇÃO — Delito praticado por testemunha ao depor em juízo — Imunidade judiciária a ela não extensível — Recebimento de queixa-crime privada — Recurso provido." (42)

Deve-se estabelecer uma ressalva: salvo se depôs sem visível intenção de ofender, isso porque que está obrigada a dizer a verdade. A imunidade, no caso, deve ser apurada, no processo regular, com base em três pressupostos : o compromisso de dizer a verdade, que é dever primário de toda testemunha que comparece em juízo, sob as penas da lei, que as declarações tenham a ver com o deslinde da causa em julgamento e a ausência de dolo específico, de ofender a pessoa sobre a qual depõe, seja ela parte no processo, seja pessoa referida no mesmo.

> "CRIME CONTRA A HONRA — Calúnia e injúria — Infrações inferidas de depoimento prestado em juízo pelo querelado. Pretendido trancamento da ação penal por amparo na imunidade judiciária do art. 142, I, do CP. Inadmissibilidade — *Habeas corpus* denegado.

---

(40) STF — 1ª T — RHC 61.335-7 — SP — 3.2.1984 — *RT* 585/411.
(41) STF — 2ª T — RHC 56.018-1-SP — 2.5.1978 — *RT* 514/448.
(42) TACR SP — 3ª CAM — AP 417.863-4 — 3.12.1985 — *RT* 608/351.

(...) — É verdadeiro o argumento de que a testemunha não pode calar a verdade e de que está obrigada a responder às perguntas que lhe fizer o juiz. E, quando tal acontece, não estará o depoente sujeito a processo penal, e mesmo porque age sem seu dolo ou com *animus narrandi*. A jurisprudência, inclusive a do Pretório Excelso, é desse sentir. O ilustrado impetrante trouxe inúmeros precedentes para estes autos. Entretanto, não menos verdade é que os precedentes pretorianos não escondem a possibilidade de a testemunha praticar crime contra a honra ao prestar depoimento. É que o depoente não está resguardado por imunidade judiciária, até porque o art. 142, I, do CP, se dirige à parte ou ao seu procurador.

De sorte que a testemunha é protegida tão-só quando age com *animus narrandi* e, em princípio, porque é obrigada a responder àquilo que o juiz perguntar-lhe. Na hipótese dos autos, contudo, o tema é diferente. O paciente trabalhara na empresa do ofendido e do réu da ação de alimentos. Ao que se vê nestes autos, era contador ou advogado. Ora, por sua condição, não estaria, em tese, obrigado a responder às perguntas do magistrado, tanto quanto se lê no art. 406 do CPC. Além disso, o querelante não era parte na ação de alimentos. A conduta do querelante seria irrelevante para o julgamento daquela demanda. Nenhuma razão havia para dizê-la em condições morais ou autor de crime." (Conforme original).(43)

7. OFENSAS DIRIGIDAS A TERCEIROS, QUE NÃO INTERVÊM NO PROCESSO

Como regra geral, a imunidade judiciária de que tratamos se estende a expressões que atingem as partes intervenientes no processo, diretamente. Pode, todavia, ocorrer, que o(s) terceiro(s), contra quem são proferidas expressões consideradas injuriosas nos autos, pode não ser parte direta no processo, mas guardar uma relação indireta.

Assim, a Assistente de acusação, em processo de júri, recorreu, contra a benignidade da pena aplicada e no qual o réu foi considerado como elemento de bons antecedentes. Entre outros argumentos, referiu que o réu, depois do julgamento, após se retirar do Tribunal do Júri, foi comemorar o resultado com amigos, entre eles, A.F.A. e C.Q. integrantes do famoso "Esquadrão da Morte da Bahia", cujo chefe M.Q. ainda se encontrava foragido.

Por essas amizades não se poderia considerar o réu como pessoa de bons antecedentes.

Os terceiros, acusados como componentes do "Esquadrão da Morte" e amigos do réu, processaram a advogada por crime de injúria. O Tribunal repeliu o *habeas corpus* impetrado pela advogada, considerando que as palavras ofensivas haviam sido dirigidas contra pessoas estranhas ao proces-

---

(43) STF — 2ª T — RHC 58.013-1-SP — 20.6.1980 — *RT* 545/423.

so e sem nenhum vínculo com o objeto da causa. Em grau de recurso entendeu o STF que se configurava a relação entre os termos das alegadas ofensas e a causa em discussão. Pois estava sendo equacionada a condição de réu com bons antecedentes, de quem fora festejar decisão judicial com elementos do "Esquadrão da Morte", elementos desordeiros e já condenados inclusive por crime de homicídio.

> "CRIME CONTA A HONRA — Imunidade judicial — Caracterização — Advogado — Injúria irrogada em juízo na discussão da causa — Irrelevância de ser a ofensa dirigida a terceiro estranho à lide se as expressões ofensivas são com esta relacionadas. Aplicação do art. 142, I, do CP." [44]

(44) STF — 1ª T — RHC 64.660-3-BA — 21.8.1987 — *RT* 624/376.

X — DA CONDENAÇÃO DA FAZENDA PÚBLICA POR LITIGÂNCIA DE MÁ-FÉ OU DESLEALDADE PROCESSUAL

> "O Poder Público no Brasil padece dessa deplorável cultura do recurso pelo recurso, agindo como uma linha de montagem, recorrendo automaticamente, mesmo sabendo que não tem direito contra todas as decisões jurídicas favoráveis ao cidadão. E assim, procrastinando, vai retardando a eficácia da prestação da justiça, primeiro dever do Estado para como os seus cidadãos."
>
> *Edson Vidigal*

"LITIGÂNCIA DE MÁ-FÉ — Condenação imposta à União — Inadmissibilidade — Recursos financeiros utilizados para arcar com a verba condenatória que são advindos do próprio erário, prejudicando toda a coletividade."[1]

A decisão supra vem sendo sedimentada em alguns setores do Poder Judiciário.

Simplesmente lamentável!

Não bastava o desenvolvimento de uma verdadeira "cultura do calote" que vem inspirando a Administração Pública em todos os seus níveis, "empurrando com a barriga" os processos contra ela movidos, na esperança de que se alguém tiver que pagar que seja a administração futura, e se transitar em julgado a condenação simplesmente não pagará os precatórios, e nada lhe acontecerá pela conivência omissiva do Poder Judiciário, se pretende ainda, agora, dar-lhe um salvo-conduto à chicana, com verdadeiro convite para que a administração pública se utilize de todos os expedientes, lícitos ou ilícitos, honestos ou maliciosos, éticos ou antiéticos para obstar a que o cidadão tenha reconhecido o seu direito.

Ao argumentar que a multa ou indenização penalizaria todos os cidadãos, pois seria atendida pelo Erário público, esquece o julgador o princípio instituído no art. 37, § 6º, da Carta Magna vigente. Bastará responsabilizar dois ou três Ministros, Procuradores ou Servidores que determinaram ou concordaram com a conduta temerária ou maliciosa do representante legal da Administração Pública, no processo, buscando deles o ressarcimento do que foi despendido pelo Erário, a título de multa ou indenização por litigância

---

(1) TRF 4ª REGIÃO — 2ª T — AP 2000.04.01.134495-7-SC — DJU 30.5.2001 — *RT* 795/399.

de má-fé, e em dois tempos estará, em grande parte, saneada a maliciosa e temerária conduta detectada presentemente em considerável número de feitos contra a Administração Pública.

Também parece insustentável a posição de Juízes e Tribunais que reconhecem expressamente a conduta antiética da Administração Pública, mas não utilizam o instrumental jurídico que tem a seu dispor para coibir esses abusos, tornando-se, em última análise, coniventes com a litigância de má-fé. Vejamos:

> "Sendo o empregador entidade da Administração Pública não se pode admitir que esteja litigando de má-fé. Os sucessivos recursos interpostos apenas mostram o pouco amadurecimento democrático que a administração pública tem no trato das questões judiciais, evitando inutilmente o cumprimento do precatório e, conseqüentemente, onerando cada vez mais o Erário, ou seja, no final o cidadão que paga impostos. Acredita-se que o país esteja sendo governado por homens de bem, não se podendo nem de longe admitir que o Poder Público aja de má-fé." (2)

Em que pese reconhecer a conduta maliciosa da Administração Pública, por meio de recursos sucessivos, tão-somente para evitar o cumprimento do precatório, a litigância de má-fé foi rejeitada. O argumento de que o país é governado por homens de bem, não se podendo admitir que aja de má-fé, poderia ser subscrito pela "Velhinha de Taubaté", a notável criação de Veríssimo, mas inserida num acórdão judicial, que ao mesmo tempo reconhece o procedimento abusivo do Reclamado — Administração Pública — é de molde a causar real preocupação ao cidadão que aguarda o resguardo de seus direitos junto ao Judiciário.

A conduta processual maliciosa, temerária e protelatória por parte da Administração Pública, quer da administração direta como da indireta, vem se tornando cada vez mais freqüente, sem uma resposta adequada por parte do Poder Judiciário.

Vejamos alguns exemplos,

O órgão da previdência oficial vem se caracterizando como useiro em condutas processuais condenáveis.

> "O abuso de direito ao recurso constitui ato de má-fé processual, contribuindo para inviabilizar, pelo excesso de trabalho o Tribunal, prestando um desserviço ao ideal de Justiça rápida e segura, pelo que vem aplicando o disposto no art. 18 do CPC. Condenado o INSS a indenizar o agravado pelos prejuízos a ele causados pelo atraso provocado na execução da sentença em razão do agravo, conforme se apurar em liquidação por arbitramento." (3)

Outro acórdão,

> "LITIGÂNCIA DE MÁ-FÉ — CONDENAÇÃO *EX OFFICIO* — ART. 18 *CAPUT* CPC — LEI N. 8.952/94 — CONFIGURAÇÃO DE RESISTÊNCIA INJUSTIFICADA AO ANDAMENTO DO PROCESSO E PROVOCAÇÃO DE INCIDENTES INFUNDADOS — INDENI-

---

(2) TRT 10ª REGIÃO — 1ª T — AGR P 611/98 — 2.2.1999 — *LTr* 64-01/77.

(3) TRF 2ª REGIÃO — 4ª T — AI 97.02.33696-1 — DJU 25.3.1999 — *Sint Trab* 119/93.

ZAÇÃO PREVISTA NO § 2º DO ART. 18 CPC — NATUREZA DE MULTA — ARBITRAMENTO — *QUANTUM*. Em acordo com a redação do *caput* do art. 18 do CPC, fornecida pelo Lei n. 8.952/94, a pena de litigância de má-fé pode ser aplicada *ex officio*. Tendo em conta que embora não opostos os embargos à execução, mediante aquiescência dos exeqüentes foi refeita a conta de liquidação com base nos elementos de cálculo apresentados pelo próprio INSS, o qual silenciou ao ser intimado para falar sobre ela, se configura resistência injustificada ao andamento do processo e provocação de incidente infundado a pretensão do Instituto, depois de duas vezes intimado para pagamento do débito, de que seja elaborada nova conta, sem alegar, em momento algum, a ocorrência de erro material. Cominada a pena de litigância de má-fé. Em acordo com precedente do STJ, a Lei n. 8.952/94, ao dar nova redação ao § 2º, do art. 18 , do CPC, não suprimiu a pena de multa aplicável ao litigante de má-fé, cujo *quantum* poderá ser arbitrado pelo juiz em vinte por cento do valor da causa, que no caso da execução é o valor total do débito." (4)

Duas observações cabem ser feitas a respeito dessa decisão:

1ª) uma palavra de aplauso pela resistência oposta por esta Turma ao usual expediente utilizado pelo INSS para protelar, a qualquer preço, a liquidação dos feitos e o pagamento dos créditos reconhecidos judicialmente, via de regra com a conivência do Judiciário que usualmente prefere omitir-se na apreciação da conduta maliciosa do Devedor;

2ª) muito duvidosa a interpretação de que a Lei n. 8.952/94 tenha instituído uma "multa", de até 20%, quando, expressamente trata de "indenização"e, no caso concreto, nada obstaria que fosse fixada essa quantia, a título de indenização pelo prejuízo sofrido pela parte, e se por esta fosse solicitada essa indenização.

Já o extinto Tribunal Federal de Recursos decidira, considerando o INPS como litigante de má-fé, por conduta protelatória:

"Processo civil — Embargos de Declaração. Manifesta protelação. Reiterada a interposição de embargos sobre a mesma matéria expressamente pronunciada nos repetidos recursos padronizados, e disso advertido o embargante por várias vezes, cabe punir-lhe a incabida insistência, na consonância do art. 538, parágrafo único do CPC." (5)

O simples fato de uma pessoa de direito público recorrer de decisão que lhe foi favorável certamente não poderá ensejar a caracterização de conduta protelatória, mesmo contrariando súmula.

"Em ações de revisão de aposentadoria, não há como imputar-se à autarquia previdenciária litigância de má-fé, pelo simples fato de contestar a ação, porque o discordar de matéria sumulada não equivale a insurgir-se contra texto expresso de lei (CPC, art. 17, inc I)." (6)

O que é importante assinalar na decisão supra, é que se a insurgência contra Súmula não pode ser caracterizado como litigância de má-fé, quando

(4) TRT 4ª REGIÃO — 6ª T — AI 97.04.06238-9 — DJ 17.3.1999 — Sint Trab 118/122.

(5) TFR — 3ª T — AP 109.74RS — 29.4.1986 — citado no AC TRF AP 90.04.00019-4-RS — 4ª REGIÃO, adiante referido nota 6.

(6) TRF — 1ª T — AP 90.04.00019-4-RS — 30.8.1990 — DJ 10.10.1990 — *Rev Lex* 24/379.

manifestada por pessoa de Direito Público, o cidadão comum tem o direito, também de esperar que o mesmo critério, que é correto e justo, lhe seja aplicado, quando se tratar de insurgência por ele manifestada.

Uma modesta dona de casa ingressou com ação de cobrança contra a Caixa Econômica Estadual do RS, visando receber a diferença de CZ$ 1.872,24, decorrente da diferença de rendimentos creditados em fevereiro de 1989, nos moldes do frustrado "Plano Verão". A R. foi condenada ao pagamento segundo os índices do IPC. Revel, a R. apelou, alegando nulidade da citação inicial. A Câmara rejeitou a preliminar, considerando a inexistência de prejuízo, eis que se tratava de matéria de direito. A R. interpôs Embargos de Declaração com efeito infringente, que foram repelidos pela Câmara. Interpôs, então, Embargos infringentes, que foram desacolhidos pelo Grupo de Câmaras Cíveis que julgou o recurso. Ingressa, então, a R., com Embargos Declaratórios alusivos ao acórdão dos Embargos Infringentes.

No corpo do acórdão que decidiu sobre os últimos Embargos Declaratórios, assim se manifestou o Relator:

> "... a matéria discutida é exclusivamente de direito. Consiste em decidir se se aplicam, ou não, aos depósitos da autora, para o cálculo dos denominados 'rendimentos' relativos o mês de fevereiro de 1989, as regras instituídas pela Medida Provisória n. 32, depois substituída pela Lei n. 7.730/89. Talvez se constitua no tema mais surrado e exaustivamente decidido — em dezenas, ou centenas de ações — no âmbito das Câmara Cíveis que integram este órgão fracionário do Tribunal. ...
>
> O processo, como instrumento de solução da lide, deve ter solução pronta e objetiva. Por isso, não se justifica que questões incidentais paralelas, que não constituem seu objeto, venham a impedir-lhe a tramitação célere que todos esperam do Poder Judiciário. ...
>
> Proponho, pois que se averbe a pretensão recursal como litigância de má-fé à CEF, a título de indenização dos danos processuais da parte contrária, sanção pecuniária correspondente a 15% sobre o montante da condenação." [7]

Referentemente à Caixa Econômica Federal, tendo sido impetrado mandado de segurança contra a mesma, em matéria licitatória, defendeu-se a Impetrada, alegando sua ilegitimidade passiva *ad causam*. Assim manifestou-se o Tribunal:

> "... não é admissível que a agravante ignore essas disposições legais, além de que não é esta, por certo, a primeira vez que responde à ação de mandado de segurança na execução desse serviço em todo o território nacional, tem-se que, de fato, deduz, nestes autos no particular, defesa contra texto expresso de lei, faltando com o dever da lealdade processual, violando as disposições do CPC, em seus arts. 14, I, e 17, I, razão pela qual, ao reconhecer a legitimidade passiva da agravante para o *mandamus*, aplico-lhe a multa de valor equivalente a 1% (um por cento) do valor atribuído à causa na ação principal, com base no art. 18 do mesmo Código." [8]

---

(7) TJ RS — 1º GR CAM — EMB DECL 594061665 — 1.7.1994 — ARQJURISPR TJ RS.
(8) TRF — 1ª REGIÃO — 5ª T — AI 000.01.00.126466-5/DF — 5.3.2001 — *RT* 792/413.

Outro feito, tendo como recorrente a Caixa Econômica Federal:

"FGTS — CAIXA ECONÔMICA FEDERAL — Legitimidade Passiva — Intenção procrastinatória — Litigância de má-fé.

(...) Apreciação, na decisão hostilizada de todas as teses desenvolvidas na petição do agravo regimental, não havendo raciocínio lógico e jurídico para que se apresente o presente recurso.

Despreocupação da agravante sequer de verificar nos autos, e, quiçá na própria publicação da decisão agravada, qual o seu conteúdo para, então, pensar na possibilidade de interpor algum recurso com pedido que estivesse com um mínimo de motivação lídima à sua apreciação.

Recurso de agravante, onde revela sua patente intenção de procrastinar o feito, dificultando a solução da lide ao tentar esgotar todas as instâncias e impedindo, com isso, o aceleramento de questões postas a julgamento ao insistir com uma tese rigorosamente vencida, quando esta Corte já pacificou seu entendimento sobre a matéria. Ocorrência de litigância de má-fé da CEF, por <opor resistência injustificada ao andamento do processo> (art. 17, IV, do CPC) e ao <interpor recurso com intuito manifestamente protelatório> (art. 17, VII, do CPC — Lei n. 9.668, de 23.6.1998).

Caracteriza-se como evidentemente protelatória a atitude da CEF em recorrer, por meio de petição padronizada, de decisão rigorosamente pacífica nesta Corte.

Inteligência dos arts. 16, 17, IV, e VII e 18 do CPC. Multa de 1% (um por cento) sobre o valor da causa, corrigida monetariamente até seu efetivo pagamento, caracterizadora da litigância de má-fé da agravante, mais honorários advocatícios no patamar de 20% sobre o valor da condenação, assim, como a devolução de todas a despesas efetuadas pela parte contrária, devidamente atualizadas monetariamente."[9]

Registre-se, por dever de justiça, que a responsabilidade da conduta supra não terá sido do advogado, funcionário subordinado da Recorrente, que subscreveu a petição recursal. Terá recebido determinação superior.

E é o próprio texto legislativo que conduz a essas esdrúxulas situações retratada no acórdão retrocitado. Vejamos, por exemplo, o art. 3º, do Decreto n. 322, de 1.11.1991, que dispõe sobre a realização de despesa de pessoal em órgãos e entidades da Administração Federal, bem assim, em Fundações Públicas:

"Art. 3º — As Procuradorias-Gerais ou os departamentos jurídicos das autarquias, bem assim, os órgãos jurídicos das fundações públicas federais *recorrerão até a última instância possível, de toda decisão judicial* concessiva de diferenças, aumentos ou reajustes de vencimentos ou remuneração, de reclassificação ou equiparação e de extensão de qualquer vantagens a servidores públicos, dentro de suas respectivas competências jurisdicionais."

Precisaríamos de disposição mais antiética do que a contida neste artigo, para sabermos da justificação dos milhares de processos que estão empilhados nos Tribunais da Nação?

---

(9) STJ — AGR REG e RESP 180.740 — SP 22.9.1998 — DJU 1.2.1999 — p. 124.

Daí o contristador espetáculo de órgãos públicos apresentarem cálculos de liquidação em feitos em que são réus e, homologados estes pelo juiz, recorrem da homologação.

O mesmo esquema tem sido utilizado pelo órgão da previdência oficial, para procrastinar o pagamento de vantagens e benefícios de toda ordem.

Recentemente um então Presidente de um dos Tribunais Superiores declarava à imprensa que 85% dos recursos recebidos por aquele Tribunal tinham como uma das Partes órgão do Poder Público.

E não se tenha dúvidas de que, certamente, alguns dos inspiradores e redatores do malfadado artigo desse Decreto estão, pelo Brasil afora, em eruditos artigos doutrinários, pomposas conferências e eloqüentes manifestações em seminários, pregando a redução da atividade dos advogados e/ou seu gradativo afastamento dos processos, para evitar o acúmulo de ações de recursos no Judiciário.

Outro exemplo,

> "Por ter ingressado com ação rescisória considerada totalmente infundada, a CEEE — Companhia Estadual de Energia Elétrica do RS, foi condenada por litigância de má-fé, fixada a indenização em 1% sobre o valor da causa, à qual fora dado o valor de R$ 954.793,42." (10)
>
> Também, o Instituto de Previdência do Estado do RS (IPE) foi condenado por litigância de má-fé, por ter tentado protelar o pagamento de diferenças vencidas e vincendas devidas a uma beneficiária. Indenização fixada em R$ 500,00." (11)

O SERPRO — Serviço Federal de Processamento de Dados também já tem sido condenado por litigância de má-fé.

> "ATO ATENTATÓRIO À DIGNIDADE DA JUSTIÇA — REPROCHE. Desde que Montesquieu despertou para a divisão das funções do Estado, restou patenteado o perigo do poderoso julgar a si próprio, brincando de ser Deus! No Estado Democrático de Direito, aoJudiciário não cabe o papel de marionete do Executivo, sempre pronto às refregas e aos "puxões" de linha. Há séculos a coisa julgada, consagrada pelo constituinte pátrio no inciso XXXVI, do art. 5º, da CF/88, se revela como a essência da segurança das relações jurídicas, garantia de toda a sociedade que esse diz democrática, não podendo ser malferida ou manipulada ao alvedrio do administrador do dia. Despudorado, desrespeitoso e atentatório à dignidade da Justiça, o pedido formulado incidentalmente, que faz de letra morta o consagrado instituto. Não se pode conceber quais as razões que levam o profissional do direito, justo ele, essencial à administração da Justiça, CF/88, art. 133, a deduzir pretensão segundo a qual uma decisão administrativa emanada de Comissão 'Interministerial', *sic*, possa elidir os comandos e os efeitos da coisa julgada, em afronta direta e desmedida ao art. 5º, XXXV e XXXVI, da Carta Republicana.

---

(10) TJ RS — 2º GR CIV — A RESC 596103630 — 14.3.1997 — *RJTJ* RS 183/198.
(11) TJ RS — 1ª CAM — A I 597200922 — 3.11.1997 — *RJTJ* RS 188/214.

Tal comportamento atenta contra a dignidade da Justiça, arts. 17 e 18 do CPC, merecendo, portanto, reproche." (12)

O acórdão veio em Ação Rescisória promovida pelo SERPRO, pretendendo desconstituir um acórdão que reconhecera a diversos ex-servidores o direito à readmissão, por força do art. 3º da Lei n. 8.878/94, considerando o pedido rescisório uma decisão da Comissão Interministerial destinada ao reexame dos processos de anistia. O Autor foi condenado por litigância de má-fé.

Mesmo não condenando a autora por litigância de má-fé, o Colendo Supremo Tribunal Federal deixou a seguinte mensagem em Reclamação proposta pela União, perante essa Corte, e considerada despropositada:

"O processo não pode ser manipulado para viabilizar o abuso de direito, pois essa é uma idéia que se revela frontalmente contrária ao dever de probidade que se impõe à observância das partes. O litigante de má-fé — trate-se de parte pública ou de parte privada — deve ter a sua conduta sumariamente repelida pela atuação jurisdicional dos Juízes e dos Tribunais, que não podem tolerar o abuso processual como prática descaracterizadora da essência ética do processo. É preciso reconhecer — e lamentar — que o Poder Público, nos diversos planos de nossa organização federativa muitas vezes tem assumido, em alguns casos, a inaceitável posição de *improbus litigator*, incidindo, com essa inadequada conduta processual, em atitudes caracterizadoras de litigância temerária, intensificando de maneira verdadeiramente compulsiva, o volume, gravemente, a regularidade e a celeridade da efetivação da prestação jurisdicional pelo próprio Estado."(13)

É de se esperar dos órgãos, direta ou indiretamente ligados à Administração Pública, uma conduta irrepreensível no processo. Seu compromisso com a ética, advindos dos próprios princípios constitucionais que fundamentam o Estado de Direito, impõe-lhes uma atuação que não permite a chicana, a protelação indevida dos feitos e a tentativa de indução em erro ao Julgador.

Aristóteles Atheniense observou,

"Tendo agido como litigante de má-fé em algum incidente processual, União, Estado e Município deverão responder por isso, por tentarem contra a dignidade da justiça e o princípio da lealdade processual, independentemente do resultado da demanda, ainda que vencedores do mérito." (14)

---

(12) TRT 7ª REGIÃO — AR 1784/00 — 7.2.2001 — *LTr* 65-08/995.

(13) STF — SES PLEN — AG REG NA RECL 1.723-1-CE — 8.2.2001 — *RT* 792/187.

(14) "Litigância de má-fé — O Estado e a Lealdade Processual" — *RJ* 237/39 — julho de 1997.

XI — DA LITIGÂNCIA DE MÁ-FÉ NO MANDADO DE SEGURANÇA

Posições houve, hoje em situação francamente minoritária, que não seria admissível a condenação de litigância de má-fé em Mandado de Segurança.

Nesse sentido,

"Não se aplica o art. 17 aos mandados de segurança." (1)

No voto vencido do acórdão seguinte, extraem-se importante fundamentação em defesa dessa posição, de inaplicabilidade da caracterização de litigância de má-fé, a quem se vale de preceito constitucional em defesa do que entende ser seu direito líquido e certo.

A decisão, por maioria, do Tribunal foi a seguinte:

"A norma do art. 18 do CPC é aplicável nas ações de mandado de segurança, pois litigante de má-fé pode surgir em qualquer ação e será inusitado e incivil que não se puna o litigante improbo que se tiver valido do mandado de segurança, só por um entendimento imperfeito de que a lei especial do mandado de segurança, quando quis que se lhe aplicassem as normas do Código de Processo Civil, o disse expressamente."

Vale, porém, registrar algumas judiciosas considerações expressas no voto vencido do Desembargador *Carlos A. Ortiz*:

"Ainda que se entenda ser, o mandado de segurança, ação, por isso que ao seu processo possam, subsidiariamente, ser aplicados as regras gerais do processo civil, não posso chegar ao extremo de afirmar a viabilidade de qualquer restrição, de ordem processual, não estabelecida na lei especial, a quem se socorra de garantia constitucional. Forma específica de controle judicial da Administração, propiciando aos cidadãos o socorro às lesões iminentes ou consumadas, de seus direitos individuais, por atos das autoridades públicas, mandado de segurança, como leciona *Castro Nunes*, 'é materialmente recurso administrativo, porque tem por objeto matéria contenciosa administrativa; jurisdicionalmente, remédio judiciário'. (*Do Mandado de Segurança*, ed. 1956, n. 31, pág. 73). Quem o impetra, pois, invoca direito líquido e certo, que afirma ter sido lesado, ou estar na iminência de sê-lo, por ato ilegal ou abusivo do impetrado. Desprovido de fase instrutória, o sumário do *mandamus* está limitado ao exame da comprovação, ou não, de plano, do direito individual e da violência do ato impugnado, decorrente da ilegalidade ou abuso de poder.

---

(1) TJ SP — 2º GR DE CAM CIV — EI 236.295, 12.12.74 — *In Jurisprudência do CPC — Ementário*, V 1, Edson Prata, ED Leud.

(...) — Por isso, só por isso, a ampla garantia constitucional, sem os ônus da bilateralidade das demais ações, não poderia suportar, em sua existência, sanções processuais. (...) — Pode-se concluir, em suma, como o fez o Min. Oswaldo Trigueiro, em voto prolatado no Recurso Extraordinário n. 61.097, de São Paulo, 'não ser razoável, na hipótese de denegação, que se condene a quem, fazendo apelo a uma garantia constitucional, reclamou contra ato que considera lesivo de direito líquido e certo' (RTJ 51/813). Dita condenação, a que título fosse, por sucumbência ou má-fé, seria tão absurda como a que se impusesse ao impetrante de *habeas corpus*, por mais descabida que fosse a impetração. (...) — Mais um outro motivo haveria, ainda, *in casu*, para negar-se a imposição das sanções do art. 18 do CPC. É que a própria autoridade impetrada não argüiu prejuízos e nem pediu honorária ou composição de despesas ... ." [(2)]

Presentemente, a maioria entende que cabe a condenação de litigância de má-fé, no mandado de segurança, sempre que o impetrante faltar com deveres primários da conduta processual que se exige de qualquer das partes, em qualquer feito judicial.

"A obrigação do litigante de má-fé de indenizar os prejuízos da parte contrária aplica-se aos processos de mandado de segurança." [(3)]

Igualmente,

"LITIGÂNCIA DE MÁ-FÉ — Competência — Condenação em mandado de segurança — Execução da pena afeta ao Tribunal Superior que julgou originariamente o *mandamus* — Inteligência do art. 575, I do CPC." [(4)]

Poderá ser considerada litigância de má-fé a impetração de mandado de segurança, em que é omitida a existência de acordo judicial anterior, sendo o pedido desacompanhado de documentos que pudessem situar o julgador, convenientemente, sobre a matéria *sub judice*. Ressalta-se, aí, maliciosa omissão do impetrante, visando induzir o julgador em erro.

"Litigância de má-fé. Caracterização. Petição inicial de mandado de segurança por ele interposto omissa quanto à celebração de acordo entre as partes em ação de prestação de contas e desmuniciada dos documentos necessários. Aplicação da pena do art. 18 do CPC." [(5)]

Outra hipótese de litigância de má-fé:

"Litigância de má-fé — Caracterização — Mandado de segurança — Ação mandamental utilizada para rever matéria discutida em outro *writ* arquivado há mais de 18 anos — Interposição de recursos múltiplos, descabidos e infundados, para alcançar o mesmo objetivo — Aplicação dos arts. 17, VIII, e 18, ambos do CPC." [(6)]

Pela Súmula 512, do Supremo Tribunal Federal, descabe a condenação de honorários advocatícios em mandado de segurança.

---

(2) TJ SP — 3ª CAM — AP 236.295 — 15.8.74 — *In Jurisprudência do CPC*, V I. Arruda Alvim, Clito Fornaciari Júnior e Gisela Zilsch. ED RT, 1978, p. 410.
(3) TJ SP — 3ª CAM — AP 236.295 — 15.08.74 — *RJT* SP 32/80.
(4) 1º TA SP — 3ª CAM — EI 729.775-8/2 — 24.03.1998 — *RT* 756/247.
(5) TA SP — 1ª CAM — MS 344.682 — 12.11.1985 — *RT* 604/100.
(6) TJ AC — AR no MS 03.000158-7 — 17.12.2003 — *RT* 824/287.

Esses, todavia, podem ser objeto da condenação por litigância de má-fé, por parte do impetrante, neste caso, fundamentado pelo que dispõe o art. 18, *caput*, do CPC.

> "Mandado de Segurança — Litigância de má-fé — Honorários de advogado — Admissibilidade da condenação — Inaplicabilidade da Súm. 512 do STF — Inteligência dos arts. 17 e 18 do CPC."(7)

Também se tem como caracterizada a má-fé no caso de utilização do mandado de segurança como substituto de recurso cabível, se preclusa a oportunidade de sua interposição.

> "Mandado de Segurança (...) Litigância de má-fé. Oposição de resistência injustificada ao andamento do processo — Caracterização — Impetração de mandado de segurança em substituição a recurso, cuja interposição se encontrava preclusa em razão da omissão do advogado. Admissibilidade da aplicação de multa, inclusive *ex officio*, conforme autoriza o art. 18, *caput*, do CPC, com a redação dada pela Lei n. 9.668/98." (8)

No caso, a multa aplicada foi de 0,1 % (zero vírgula um por cento) do valor nominal da ação revertida em favor do litisconsorte.

O que se pode concluir das hipóteses trazidas à colação é de que há de ser exigida uma conduta de honestidade processual também ao impetrante de mandado de segurança, mas o julgador deverá agir com redobrada prudência, no sentido de não obstaculizar o procedimento do cidadão que busca no Judiciário, com respaldo constitucional, o resguardo de direitos e interesses que considera líquidos e certos. O simples fato de ter indeferida sua pretensão não poderá caracterizar litigância de má-fé.

---

(7) TRT 1ª REGIÃO — 1ª T — APMS 94.01.32172-9-DF — 8.10.1996 — *RT* 741/419.
(8) TJ AP — MS 246/99 — 26.10.1999 — *RT* 777/332.

XII — DA LITIGÂNCIA DE MÁ-FÉ NO JUÍZO TRABALHISTA

Entenderam alguns de que não caberia a condenação por litigância de má-fé no Juízo Trabalhista. Fundamentava-se esta opinião em dois argumentos: o primeiro, o de que o processo trabalhista não contemplara a figura da litigância de má-fé, nas disposições processuais do texto consolidado, em que pese o disposto no art. 769 da CLT, remetendo às normas do processo civil nos casos omissos, pois haveria uma incompatibilidade absoluta entre as normas que regem a matéria no processo comum e as normas processuais inspiradas nos Princípios do Direito do Trabalho; o segundo, porque permitido o *jus postulandi* à parte, não se poderia exigir conhecimentos jurídicos e instrumental técnico para buscar a Justiça, segundo os critérios subjetivos do postulador, ou mesmo do empregador, quando apresentava sua defesa, sem assistência de advogado.

No campo doutrinário, sustentam esta posição, entre outros, o insigne juslaboralista *Manoel Antonio Teixeira Filho* que ressalta a incompatibilidade entre os princípios do processo civil e do processo trabalhista, conclui, num judicioso estudo sobre o art. 18 do CPC,

"De qualquer modo, ficamos com o nosso parecer de que, em princípio, a figura civilista da litigância de má-fé é incompatível com o processo do trabalho."[(1)]

E faz uma observação muito judiciosa:

"Alguns magistrados, de um tempo até esta parte, fustigados pela pletora de ações que são ajuizadas, passaram a condenar o trabalhador por litigância de má-fé, menos por ocasional lesão ao conteúdo ético do processo do que por irritação diante desse quadro de hipertrofia dos conflitos de interesses a que são chamados a solucionar. Curioso é que rareiam os casos em que o empregador é condenado por litigância de má-fé, como se os trabalhadores fossem os únicos destinatários dos arts. 16 a 18, do CPC — a admitir-se que essas normas forâneas sejam compatíveis com o processo do trabalho."

Com esta orientação, na jurisprudência,

"LITIGÂNCIA DE MÁ-FÉ — INAPLICABILIDADE NO PROCESSO DO TRABALHO — A norma que trata da litigância de má-fé prevista no Código de Processo

---

(1) TEIXEIRA FILHO, Manoel Antonio. *As Alterações no CPC e suas Repercussões no Processo do Trabalho.* São Paulo: LTr, 1996, p. 21.

Civil é incompatível com as normas de direito processual do trabalho." (Decisão unânime)

Da fundamentação, no corpo do Acórdão:

"Meu posicionamento é no sentido de que não se aplica no Processo do Trabalho a sanção por litigância de má-fé. Ressalte-se inicialmente que apesar de existir uma norma na CLT, insculpida no art. 769, de que as normas de processo civil devem ser utilizadas como fonte subsidiária nos casos omissos do direito processual do trabalho, há uma ressalva neste mesmo artigo prevendo que isto não ocorre quando houver incompatibilidade entre as normas.

E a litigância de má-fé é um caso típico de incompatibilidade com as normas do direito processual do trabalho.

As razões determinantes de uma lide trabalhista em nada se identificam com as sanções que motivam as lides civis.

Ao permitir que o trabalhador ingresse com a ação trabalhista, independentemente da presença de um advogado, há incompatibilidade em condenação pela litigância de má-fé, pois parte-se do pressuposto de que este não possui os conhecimentos técnicos necessários para ter ciência da normas processuais, bem como de que não faz jus à pretensão que postula em juízo.

Ademais, mesmo na hipótese em que o autor se faça acompanhar de um advogado, entendo ser injusta a condenação em litigância de má-fé, pois com certeza, os pedidos foram formulados pelo profissional por ele constituído."(2)

No mesmo sentido,

"É flagrante a interpretação restritiva que se deve dar às regras que importam em punição pessoal do litigante e o descabimento da invocação subsidiária da norma, o que equivale a dar efeito analógico ao preceito penal."

E, na fundamentação,

"A escorreita sentença carece de reforma apenas no tocante à multa por litigância de má-fé.

Com efeito, trata-se de norma punitiva, específica do Código de Processo Civil e cuja subsidiariedade não pode ser invocada.

Efetivamente, ainda que possa a ação trair um escopo aventureiro, é evidente que numa Justiça onde a própria parte tem o direito de postulação, o reclamar não legitima a imposição de uma pena cuja previsão legal não se encontra no domínio do Direito Processual de que se valeu. É flagrante a interpretação restritiva que se deve dar às regras que importam em punição pessoal do litigante e o descabimento da invocação subsidiária da norma, o que equivale a dar efeito analógico ao preceito penal."(3)

Também,

"O Direito Processual do Trabalho não autoriza a aplicação da pena de litigância de má-fé. E se a comportasse não poderia ser utilizada a torto e a

---

(2) TRT 9ª REGIÃO — RO 3637/95 — 12.2.1996 — *LTr* 60-07/981.

(3) TRT 5ª REGIÃO — 3ª T — RO 019.95.2154-50 — 10.12.1996 — *LTr* 61-04/545, *idem* RO 461.95.1996-50 — 10.12.1996 — *LTr* 61-04/546.

direito, apenas porque certos pedidos da parte são rejeitados. Esta atitude fere o direito constitucional de ação..." (4)

Avolumou-se, porém, a corrente em sentido contrário, entendendo que o princípio da boa-fé deve nortear qualquer espécie de processo.

Mesmo a parte iletrada que vem desacompanhada da Justiça do Trabalho, hipótese, diga-se de passagem, cada vez mais rara, não está dispensada de conduzir-se com honestidade.

Razão assiste a *Wagner D. Giglio*, quando preleciona:

"Omissa a Consolidação, aplica-se o dever de lealdade nos processos que têm curso no foro trabalhista. Em que pese a existência de substanciais diferenças de condições entre os litigantes do processo ordinário e os das relações trabalhistas, não seria ético, lógico ou justo admitir uma licença a trabalhadores e empresários para descumprir suas obrigações de agir com lealdade, nos processos perante a Justiça do Trabalho.

Ainda que a falta de conhecimentos técnicos e a ignorância pudessem justificar desvios de conduta do trabalhador que comparece a juízo desacompanhado de advogado, no exercício do *jus postulandi*, essas circunstâncias não o autorizariam a agir de má- fé. Para caracterizar a deslealdade processual não basta a apuração do componente *material*, arrolado no supratranscrito art. 17 do CPC, sendo imprescindível a caracterização da *intenção* fraudulenta. Assim, somente a pretensão ou defesa deduzida *conscientemente* contra texto expresso de lei configurará a hipótese; e apenas a alteração *proposital* da verdade dos fatos e a utilização do processo com finalidade de alcançar objetivo *sabidamente* ilegal caracterizarão a deslealdade do agente." (5)

Decidiu-se em Reclamatória Trabalhista,

"A litigância de má-fé, prevista no art. 18 do CPC , tem aplicação no processo trabalhista." (6)

De um acórdão, penalizando um empregado por litigância de má-fé, lemos:

"Não deve bastar ao juiz agir com cinismo, mirando o empregado com a complacência desmedida, agindo como bispo aristocrático, que, depois de viver um dia de apóstolo entre pobres e desvalidos, tira as sandálias empoeiradas, pede ao criado que lhe prepare um uísque e um banho morno e ao secretário que lhe leia uns versos de *Voltaire*." (7)

Restaria completar dizendo também que não deve bastar, outrossim, ao juiz, ao voltar de uma proveitosa jornada de golfe, descalçar a botina de pelica, guardar os tacos e ir folhear o processo onde deve sentenciar, guardando na retina a figura obesa, simpática e cordial do banqueiro, seu com-

---

(4) TRT-PR — 2ª T — RO 15.3432/95 — *In Nova Jurisprudência em Direito do Trabalho Valentin Carrion*, 1998 — 1º Semestre — p. 368 — V. 2.206.

(5) GIGLIO, Wagner D. *Direito Processual do Trabalho*, 12ª ed. São Paulo: Saraiva, 2002, p. 141/2.

(6) TST — ERR 312.567/96-4 — SBDI1 — 8.2.2000 — *LTr* 64-06/743.

(7) TRT 15ª REGIÃO — 1ª T — RO 027930/1998-5 — 28.3.2000 — *LTr* 65-04/493.

panheiro de jornada de lazer, que se tendo por artífice da riqueza nacional, pretende ser senhor de baraço e cutelo dos empregados, em nome da nova Divindade neoliberal, o Deus Mercado, com sua Santíssima Trindade: Lucro, Competitividade e Produtividade e que almeja a JUSTIÇA genuflexa diante de seu poderio.

Realmente a lisura de procedimento e a correta conduta não devem ser atributos destinados somente a empregados, ou a empregadores, no Processo Trabalhista, não devendo merecer a complacência do magistrado a malícia e a má-fé, venha de onde vier.

> "O princípio da lealdade processual, com conseqüente sanção pela conduta temerária ou protelatória da parte, tem plena aplicação no processo trabalhista, por força da subsidiariedade do CPC (arts. 14 e 17, com art. 749 da CLT)." (8)

No caso, o Reclamante ingressara com uma reclamatória e, no curso desta, desistira de pedidos, que foram objeto de reclamatória posterior. A Reclamada sustentou que haveria "coisa julgada". O juízo de 1º grau, confirmado pelo Tribunal, considerou que a defesa incorrera em confusão inadmissível, com erro palmar, que só poderia ser atribuído a propósito protelatório. A Reclamada foi condenada por litigância de má-fé.

Também,

> "Litigância de má-fé — (...) Por absoluta omissão da lei processual trabalhista, o art. 769/CLT atrai a aplicação de subsídios do CPC sobre a litigância de má-fé. Esta se configura quando a parte, na montagem do cálculo do pedido, altera a verdade dos fatos e postula contra expressa disposição legal. (...)" (9)

No mesmo sentido, ressalvando a apuração da má-fé solidária do advogado em ação própria,

> "ADVOGADO — CONDENAÇÃO SOLIDÁRIA EM PENA DE LITIGÂNCIA DE MÁ-FÉ. A condenação solidária do advogado no pagamento da pena imposta a título de litigância de má-fé, confere ao profissional direito de interpor recurso. O instituto da litigância de má-fé tem inteira aplicabilidade no processo trabalhista, constituindo-se em instrumento de inegável utilidade para a preservação do princípio da lealdade processual. Comete litigância de má-fé a parte que vem a juízo reclamar direito sabidamente inexistente quando já passados duas décadas da rescisão contratual. Somente por ação própria o advogado poderá ser responsabilizado pelo patrocínio de lide temerária. Recurso provido em parte para afastar a condenação solidária do advogado." (10)

Quanto à responsabilidade do advogado, referida *in fine*, nos ocuparemos no capítulo seguinte.

Igualmente,

> "LITIGÂNCIA DE MÁ-FÉ. O Ministro *Marco Aurélio*, em artigo publicado no jornal *Folha de São Paulo*, em 20.11.00, expõe:

---

(8) TRT 1ª REGIÃO — 3ª T — RO 12.139/87 — 19.10.88 — *LTr* 54-3/293.

(9) TRT 18ª REGIÃO — RO 1.221/03 — Citado *In* "A Polêmica Litigância de Má-fé no Processo do Trabalho", Jerônimo José Batista, *LTr* 58-06/681.

(10) TRT 9ª REGIÃO — 5ª T — RO 06525/98 — 19.11.1998 — *LTr* 63-06/957.

'Cumpre aos jurisdicionados atentar para o verdadeiro sentido do acesso ao Judiciário, abandonando posição que, em última análise, tem como objeto projeção, no tempo, do desfecho da controvérsia, do restabelecimento da paz social momentaneamente abalada. A impressão que fica é da aposta na morosidade da máquina judiciária, driblando-se as dificuldades encontradas para o imediato cumprimento da obrigação declarada no título judicial. Impõe-se tomada de posição a respeito, afastando-se o mal maior que é a apatia no ofício judicante; impõe-se atuação rigorosa em tais casos, acionando-se os arts. 14, 16, 17 e 18 do CPC (Código de Processo Civil), no que, em linha adotada pela legislação comparada, rechaçam a litigância de má-fé. O Judiciário, ante uma interposição sucessiva de recursos sem uma justificativa latente, sem qualquer base legal a respaldar o inconformismo, está à beira do colapso, se é que já não podemos proclamá-lo.

(...)'

O Ministro *Oreste Dalazen* acrescenta: 'Na Justiça do Trabalho também concorre para emperrá-la a complacência em sancionar-se a litigância de má-fé manifestada quer em reclamatórias aventureiras, em que se formulam pedidos que muitas vezes esgotam o abecedário (tudo favorecido pelas comodidades da informática!) quer no exercício patronal abusivo do direito de defesa, especialmente procrastinando-se a interminável execução trabalhista' (*Revista TST*, v. 67, n. 1, jan-mar de 2001).

(...) O Ministro *Celso de Mello* finalmente confirma: 'O processo não pode ser manipulado para viabilizar o abuso de direito, pois essa é uma idéia que se revela frontalmente contrária ao dever de probidade que se impõe à observância das partes. O litigante de má-fé — trate-se de parte pública ou parte privada — deve ter a sua conduta sumariamente repelida pela atuação jurisdicional dos juízes e dos Tribunais, que não podem tolerar o abuso processual como prática descaraterizadora da essência ética do processo (AG Edcl AgRg n. 2000.691-DF). Portanto, deve o juiz zelar pelo rápido andamento das ações, aplicando sanções junto a quem demandar por emulação, interpondo recursos indefinidamente, levando o Judiciário ao colapso e fazendo da duração das ações um instrumento de rolagem de dívida e retardamento na execução das obrigações. Ao direito de defesa da parte, que ninguém pode negar, contrapõe-se o direito do Estado em aplicar as leis, o qual possui também, relevante significado social, já que importa na eficácia do próprio ordenamento jurídico. Conciliar a ambos é dever do juiz no seu ofício de julgar." (11)

As citações dos Ilustres Ministros, trazidos à colação nos acórdãos supra, trazem uma série de verdades, mas, data máxima vênia, não toda a verdade.

A leitura da preciosas lições ministeriais podem levar à conclusão que o colapso da Justiça do Trabalho, como de resto da Justiça em geral, deve-se ao excesso de recursos interpostos pelos advogados e/ou pelas maliciosas proposições ou defesas, detectadas em inúmeros processos.

Ocorre que a litigância de má-fé poderá ser considerada como uma das causas do elevado número de ações propostas ou pelo retardamento da

---

(11) TRT 3ª REGIÃO 4ª T — 00408-2001-055-03-00-2-AG — DJMG 11.10.2003 e TRT 3ª REGIÃO — 4ª T — 01775-2003-104-03-00-0 AG — DJMG 15.62004 — *Just Trab* HS — 238/119 e 246/118.

solução final dos feitos, mas como desconhecer outros elementos, possivelmente de maior importância nessas conseqüências, como, por exemplo:

1º) os sucessivos "Planos Econômicos" governamentais, atropelando descaradamente princípios constitucionais pétreos, como o direito adquirido e o respeito à coisa julgada, compelindo o cidadão a buscar guarida no Judiciário em defesa de seus direitos e interesses;

2º) a inoperância de alguns Juízes, que levam semanas para assinar um simples alvará que repousa sobre sua mesa, esperando apenas uma assinatura. Agora mesmo, quando são escritas estas linhas, a imprensa noticia a aposentadoria de um desembargador (não por atingir a idade limite) que devolve 1.278 processos, sem apreciação, que estavam em seu poder. Juízes do Trabalho que levam dois ou mais anos para proferir uma sentença, e o que dizer de nosso Colendo Supremo Tribunal Federal que manteve sem julgamento definitivo a ADIN (1.127-8) que procurava torpedear o Estatuto da OAB, cuja liminar fora concedida há mais de dez anos;

3º) um serviço cartorário muito deficiente. Inclusive a Justiça do Trabalho adotou a solução, mais econômica, de contratar "estagiários", que nada entendem do serviço cartorial. Quando conseguiram aprender alguma coisa terá chegado ao fim seu estágio e substituídos por outros jejunos de experiência, que levarão pelo menos um semestre para aprenderem alguma coisa, já em vésperas de serem, por sua vez, substituídos.

4º) No que tange ao trabalho dos advogados:

a) de empregados

Muitas teses sustentadas em reclamatórias, inicialmente consideradas esdrúxulas, ilegais, etc. terminam por ser consagradas pela jurisprudência de Tribunais Superiores e culminam por se transformar em lei escrita.

Outras vezes o advogado, ao formular a petição inicial, encontra grande dificuldade em se assenhorar de todos os elementos que caracterizaram a relação laboral, parte por ser o empregado pouco letrado ou mesmo analfabeto, em parte porque muitos empregadores, não costumam fornecer a documentação explicitada de pagamentos efetuados, não sabendo o empregado transmitir com exatidão as circunstâncias que revestiram sua relação de trabalho.

b) de empregadores

O sistema legal na execução, sujeitando o valor da condenação a juros de 0,5% ou 1% a.m. constitui um estímulo a todo empregador, em procurar retardar a liquidação, diante do quadro de juros escorchantes que enfrentará no mercado financeiro.

O saudoso e querido Mestre *José Martins Catharino*, em notável conferência proferida em Congresso da AGETRA, em Passo Fundo RS, disse a certa altura:... "Se eu fosse empresário e pagasse o valor da execução trabalhista de imediato, seria um mau empresário. Onde eu iria dispor de dinheiro a juros de 1% ao mês? ..."

c) de ambos, diante da acusação de excesso de recursos

Não se há de esquecer que seguidamente são necessários reiterados recursos para o reconhecimento de um direito que, para a parte, parecia indiscutível ao ser proposta a ação, mas as sucessivas instâncias, em graus de recursos diversos, teimavam em negar esse direito. E vamos exemplificar concretamente:

O art. 22 do ADCT, da Carta Magna de 1988, consagrou o direito aos defensores públicos (geralmente denominado, até então, como Assistentes Judiciários) que teriam direito à opção pela carreira, se investidos na função à data da instalação da Assembléia Constituinte. Em alguns Estados, como no Rio Grande do Sul, por exemplo, o Estado negou, administrativamente, esse direito, sob a alegação de que necessário era o ingresso por concurso para o exercício do direito pela opção. (Se existente o concurso não seria necessária a disposição constitucional expressa, ... o que parecia lógico. Alguns desses Assistentes Judiciários ingressaram com reclamatória trabalhista, pois seu acesso à função decorria de contratos "frios", promovidos por entidades outras, que "cediam" esses Servidores ao Estado, numa operação inequivocamente fraudulenta. A ação visava, então, à desconstituição do contrato com a intermédia pessoa e o reconhecimento de vínculo diretamente com o Estado e conseqüente direito à opção pela carreira. As reclamatórias foram fulminadas pela primeira instância, que entendeu, tal como o Estado, que o concurso inicial teria sido imprescindível. Os embargos declaratórios propostos foram rejeitados. O Recurso Ordinário foi improvido, da mesma forma os embargos declaratórios para melhor esclarecimento da fundamentação. À Revista foi negado seguimento, vindo a subir por agravo de instrumento. No TST a tese foi rejeitada mais uma vez, após embargos declaratórios e infringentes. Somente com o acesso do Recurso Extraordinário foi consagrada a tese inicial dos Reclamantes, de que tinham direito à opção pela carreira, independente da prestação de concurso. Porém, para chegar a essa decisão final, em alguns processos encontramos mais de meia dúzia de recursos. Como teria ficado o direito indiscutível das partes, se lhes fosse negado o direito recursal? Quando se reprova, censura e fustiga o direito de recorrer, via de regra, está apenas se pensando no trabalho que o juiz ou o Tribunal terão para apreciar o feito, jamais se volta ao interesse da parte, que se vê injustiçada pela interpretação que não se lhe afigura a mais correta e que, muitas vezes, somente será reconhecido após inúmeros recursos.

Em se tratando de litigância da má-fé na Justiça do Trabalho, dever-se-á levar em conta peculiaridades do agente. Assim,

> "Constatada uma ou várias das circunstâncias elencadas nos incisos do art. 17 do CPC, deve o juiz do trabalho aplicar a multa por litigância de má-fé, face à subsidiariedade aplicável à espécie, devendo, contudo, analisar a situação econômica da autora, bem como o grau de compreensão de que a mesma é dotada, para que a fixação da multa não extrapole a própria extensão do ato iníquo." (12)

---

(12) TRT 10ª REGIÃO — 3ª T — RO 4.237/95 — DJU 6.9.1996. *In Coletânea de Jurisprudência Trabalhista*. Cristiano Paixão Araújo Pinto e Marco Antônio Paixão. ED Nota Dez, 1999.

A recomendação, no que tange ao grau de compreensão da parte, vale tanto para o reclamante, em se tratando de trabalhador com menor grau de instrução e, também, do Empregador, especialmente e se tratando de pequenos empresários, e nas reclamatórias que lhe são promovidas por empregados domésticos.

Outro aspecto a considerar é a necessidade de isonomia de tratamento, a empregados e empregadores, ante a litigância de má-fé. Neste sentido,

> "Litigância de má-fé — Condenação indevida — Indevido se mostra penalizar apenas o reclamante em litigância de má-fé, bem como considerar as suas testemunhas como incursas em crime de falso testemunho, ao entendimento de que teriam alterado a verdade dos fatos em relação à jornada de trabalho. O mesmo tratamento seria devido ao ex-empregador que em defesa chegou a alegar horário de trabalho que restou totalmente não demonstrado e, inclusive, contrariando até mesmo as anotações dos controles de ponto apresentados como prova. Indenização excluída." (13)

O salário, como contraprestação ao trabalho desenvolvido, constitui-se em fator de sobrevivência do trabalhador e de sua família. Retenção dolosa de salário poderá ser caracterizada como litigância de má-fé.

> "O salário é verba de natureza alimentar e sua retenção dolosa poderá tipificar crime (art. 7º, X, CF/88). É litigante de má-fé a empresa que confessa em defesa dever salário, não paga em primeira audiência e ainda recorre contra o pagamento da dobra." (14)

Da mesma forma que os demais reclamantes e reclamados, o sindicato não está isento da responsabilidade por conduta maliciosa se infringir preceitos éticos que norteiam o processo trabalhista.

E assim já foi decidido,

> "O sindicato tem um papel importante no aconselhamento dos associados e não-associados, papel esse prestigiado pela Constituição de 1988. O prestígio também resulta em responsabilidade. E incorre em litigância de má-fé sindicato que aconselha ou acoroçoa o ajuizamento de ações com malabarismo interpretativo, no qual o adicional de periculosidade (art. 193, § 1º, da CLT) se alavanca sobre valor exorbitante, quando a empresa vem efetuando o pagamento conforme a lei.
>
> O tratamento está catalogado na lei (art. 17, III, do CPC).
>
> Deve o Poder Judiciário, em especial a Justiça do Trabalho, já tão assoberbada de processos, desincentivar incursões que tais." (15)

Uma das formas encontradas por empresas que não primam pela honestidade e boa-fé encontraram uma hábil forma para fugir ao cumprimento de suas obrigações trabalhistas, é a de mudarem sua razão social. Não raro permanecem funcionando no mesmo local da sede que era utilizada com a denominação anterior.

---

(13) TRT 9ª REGIÃO — 5ª T — RO 7.158/96 — DJPR 31.1.1997. *In Coletânea de Jurisprudência Trabalhista*. Cristiano Paixão Araújo Pinto e Marco Antônio Paixão. ED Nota Dez, 1999.
(14) TRT 2ª REGIÃO — 5ª T — RO 029801178424 — 23.3.1999 — *LTr* 63-08/1128.
(15) TRT 2ª REGIÃO — 5ª T — RO 029.804.596/60 — DOESP 15.10.1999 — *Sint Trab* 127/52.

"Reputa-se litigante de má-fé a empresa executada que procedendo de modo temerário, adota a prática de mudar a razão social para se eximir do adimplemento das condenações judiciais que lhe foram impostas com a nítida intenção de procrastinar o feito e não pagar os débitos trabalhistas." (16)

O que se há de esperar da parte que vai a juízo, reivindicar direitos ou defender-se de postulações de terceiro, é que mantenha um mínimo de coerência.

Daí incidirá em litigância de má-fé a parte que apresentar sua proposta de cálculos, ou concorda com a proposta oferecida pela parte contrária e, sendo esta acolhida e homologada pelo juiz, interpõe recurso contra a homologação. Esta prática não é rara em se tratando de órgão da Administração Pública, fiel à determinação de recorrer sempre a todas as instâncias possíveis.

"A paradoxal conduta do ora Recorrente, ao omitir sua concordância com os cálculos e, posteriormente, tenta desconstituir a decisão judicial fundada nesses cálculos, caracteriza, por si, má-fé do litigante, consoante os incisos II e V do art. 17 do CPC." (17)

Outra forma, eivada de má-fé, por parte de empregadoras, é utilizar-se de Reclamantes "fantasmas", amigos de confiança e muitas vezes até parentes do empregador, que propõe uma avultada ação trabalhista, que não é sequer contestada, ou é apresentada defesa pífia e raquítica, culminando por ensejar a procedência da ação e ao final, a adjudicação do patrimônio da empresa, ao "empregado".

Não raro reclamados têm utilizado a Reclamatória Trabalhista simulada como meio de livrar parte do patrimônio, ou até o único patrimônio, objeto de outra execução ou de penhora em outra Reclamatória.

"PENHORA EM IMÓVEL HIPOTECADO — SIMULAÇÃO — MÁ-FÉ DAS PARTES. As evidências verificadas no presente feito são no sentido de que todo ele não passou, na verdade, de uma simulação, com o único intuito de salvar, ao menos, parte do imóvel hipotecado, em virtude da execução promovida pelo Banco do Brasil S/A. A total ausência de ânimo de defesa do acionado, aliada à nítida intenção de direcionar a execução ao imóvel hipotecado, não permitem outra conclusão a não ser a má-fé das partes litigantes, que agiram com o único intuito de fraudar a execução promovida pelo Banco."

No caso, o acórdão finaliza impondo a seguinte sanção às partes que promoveram a lide simulada:

"Porém, hão que ser autores e réu penalizados por litigância de má-fé, *ex vi* dos arts. 17 e 18 do CPC, cabendo a cada parte o pagamento, aos Cofres Públicos da União, da multa correspondente a 20% do elevado importe ora em execução, devidamente atualizado quando da efetiva quitação." (18)

A conduta maliciosa das partes, promovendo uma lide simulada para salvar bens do Empregador, terá restado inegavelmente comprovada, ocasionado o reconhecimento da má-fé.

---

(16) TRT 12ª REGIÃO — 3ª T — AGR P — O121/97 — 10.7.1007 — *LTr* 61-11/1552.
(17) TST SBDI-2 RO-AR 93.876/93.5. *In Nova Jurisprudência em Direito do Trabalho*. Valentin Carrion. ED Saraiva, 1º semestre 1997.
(18) TRT 15ª REGIÃO — AGR P 07.052/94-0 — 5.12.1994 — *LTr* 59-03/417.

A conclusão punitiva, todavia, salvo melhor juízo, mereceria dois reparos:

1º) em se tratando de punição, o dispositivo legal que capitularia a conduta reprovada, deverá ser especificado. A simples referência ao art. 17 do CPC, sem aludir sequer ao inciso, dentre os diversos previstos no texto, não oportuniza o amplo direito de defesa, além de violar o mandamento constitucional da fundamentação. É imperativo que a sentença diga qual o fato específico e a sua exata definição legal. Também não parece correto o procedimento encontrável em muitas decisões que se restringem a invocar a má-fé, alegando infringência ao art. 17, incisos I, II, III, IV, V, VI, e VII, ou alguns destes incisos, sem especificar a capitulação pretendida de determinado fato no seu inciso específico, já que os incisos se referem a situações fáticas diferenciadas;

2º) com base no art. 18 do CPC foi aplicada às partes uma *multa* de 20% sobre o valor da execução, a ser recolhida aos Cofres da União.

Como regra geral a multa, independente da discussão sobre o limite do percentual, reverte para a parte contrária. Aqui, porém, ambas as partes são litigantes de má-fé, reclamante e reclamada. Por isso a multa reverteu, excepcionalmente, para o Erário Público.

Já tem ocorrido que o empregado se beneficia de licença previdenciária, recebendo pelos cofres da Previdência Social e, ao mesmo tempo, continua em atividade recebendo salário. E, o que é mais importante, posteriormente vem reivindicar direitos na Justiça do Trabalho, a respeito da relação laboral exercida indevidamente. Esta conduta tipifica a litigância de má-fé.

> "Empregado que se locupleta de benefício previdenciário — auxílio-doença acidentário — e, permanecendo em serviço, recebe salário do empregador e que, dispensado, vem a juízo postular salários vencidos e vincendos decorrentes da estabilidade temporária do acidentado, é *improbus litigator*, desrespeita o Poder Judiciário e se sujeita à cominação de multa por litigância de má-fé." (19)

O autor foi condenado à multa correspondente ao valor dos salários indevidamente recebidos no período de 8 de agosto de 1992 a 18 de novembro de 1992, devidamente corrigidos. Se a conduta do Reclamante é de molde a não deixar dúvidas sobre sua malícia e a correta aplicação da litigância de má-fé, por outro lado, discutível terá sido a pena de multa aplicada, de vez que o juiz está adstrito aos termos do que a lei preconiza, como penalidade, e o critério estabelecido para a pena afigura-se que fugiu do parâmetro estabelecido no art. 17 do CPC aplicável, no caso, em combinação com o art. 769 da CLT, não se constituindo em pena arbitrária do juiz.

O acesso à Justiça é assegurado ao cidadão em geral, e ao trabalhador em particular, na Justiça do Trabalho, pela Constituição Federal, para ver dirimida uma controvérsia sobre os pretensos direitos. Vencido ou ven-

---

(19) TRT 1ª REGIÃO — 1ª T — RO 16004/95 — 12.5.1998 — *LTr* 62-09/1271.

cedor, não lhe é dado voltar a reivindicar os mesmos direitos, postulando as mesmas verbas trabalhistas, já decididas pelo Poder Judiciário.

"Reputa-se litigante de má-fé o reclamante que move duas reclamatórias contra o ex-empregador, postulando, em ambas, diferença salarial e consectários, com idêntica causa de pedir o mesmo pedido, configurando-se a litispendência, já que a pretensão foi atendida por este Tribunal em grau recursal na primeira ação.

Presente o dano processual, em razão da afronta ao conteúdo ético do processo, surge para o litigante de má-fé a obrigação de indenizar os prejuízos causados à parte adversa." (20)

Pelo que se depreende do acórdão, o reclamante ingressara com Ação para haver créditos decorrentes de desvio de função. Vencido em 1º grau recorreu ao Tribunal Regional, que lhe reconheceu tal direito, com conseqüências em diferenças salariais e reflexos.

Posteriormente o reclamante teria ingressado com uma segunda Reclamatória, em que os pedidos seriam idênticos aos da primeira. A litigância de má-fé foi acolhida pelo Tribunal por maioria e a fixação de indenização em 20% sobre o valor atribuído à causa na inicial, com divergência por votos díspares. Cumpre destacar desse julgamento: não foi objeto da condenação a multa de 1% de que trata o art. 18, *caput*, do CPC, nem a condenação da verba honorária, prevista no mesmo texto legal; a Reclamada requereu a condenação por prejuízos, sendo-lhe deferida em 20% sobre o valor da inicial, forte no § 2º, do mesmo artigo, não constando tenha havido prova por parte da requerente sobre o montante do prejuízo sofrido, mas, se expressamente solicitado pela parte e indicado o prejuízo, o montante poderá desde logo ser arbitrado pelo juiz, baseado em critérios de razoabilidade.

Da mesma forma,

"LITIGÂNCIA DE MÁ-FÉ — COISA JULGADA — Incorre em litigância de má-fé o reclamante que, faltando com a verdade, omite, dolosamente, que já havia ajuizado reclamatória anterior findada por conciliação e promove nova reclamatória contra a mesma empresa, despeito da coisa julgada, com vista à obtenção de novo pagamento.

Tal prática, além de ilícita e moralmente condenável, atenta contra a dignidade da Justiça." (21)

O aspecto interessante nessa Reclamatória reside no fato de que a Reclamada tornou-se revel nesta ação. O Juiz conheceu *ex officio* a existência de coisa julgada. No acórdão foi registrado:

"Volto, mais uma vez, a dizer que o Reclamante não pode se beneficiar de dispositivos formalistas, como, por exemplo, o do art. 284 do CPC, quando ele agiu erradamente. (...)

---

(20) TRT 8ª REGIÃO — 3ª T — RO 5395/98 — 17.2.1999 — *LTr* 64-03/381.
(21) TRT 8ª REGIÃO — 1ª T — RO 5.287/96 — 5.11.1996 — *LTr* 61-03/379.

Este, indevidamente, valendo-se das facilidades de reclamar, omitiu a ação anterior e intentou nova ação. E, o que é pior, buscou receber parcelas já recebidas, tanto por força de rescisão contratual, como ainda de expressivo valor, pago a título de conciliação.

Entendo, portanto, que agiu de forma abusiva o Reclamante. Esse, além de faltar com a verdade, pretendeu utilizar a Justiça para fins indevidos, e, se não fosse a diligência do Juízo *a quo*, aproveitaria-se de uma revelia, para obter um autêntico enriquecimento ilícito."

Não raro são propostas Reclamatórias nas quais são formulados pedidos de pagamentos já satisfeitos em Reclamatória anterior. Não há impedimento que o Empregado proponha diversas Reclamatórias contra o mesmo empregador, reivindicando direitos diferentes em cada uma delas. O que não pode é interpor pedidos sobre parcelas já recebidas, por créditos já satisfeitos pelo Empregador. Esta conduta será caracterizada como maliciosa e penalizada como litigância de má-fé.

"Empregado que postula parcela já quitada no instrumento de rescisão contratual trazido com a petição inicial, sem ressalvas, incorre em sanção por litigância de má-fé. Imperiosa a necessidade de acentuar-se a repressão à má-fé processual do litigante no processo trabalhista, seja quem for, sob pena de negar-se toda a base de ética e de dignidade em que repousa a administração da justiça pelo Estado."(...)[22]

Poderá ocorrer que na peça inicial da Reclamatória conste pedido de parcela já anteriormente paga, o que pode ter sido formulado por equívoco do advogado, ou por deficiente informação do Reclamante ou mesmo ignorância deste. Se no curso da ação, porém, for admitido o equívoco, não se há de cogitar de litigância de má-fé.

"Litigância de má-fé. Verbas recebidas. Retratação. Impossível declarar-se os reclamantes litigantes de má-fé, por pedirem verbas já pagas, quando admitem seu equívoco em juízo. Isto equivale à retratação, que tem conseqüências de exonerá-los de qualquer punição." [23]

Não se há de esquecer que a configuração da má-fé, no processo trabalhista, mesmo entre os que a admitem, subordinam-na à demonstração incontestável do DOLO.

"LITIGÂNCIA DE MÁ-FÉ — DEMONSTRAÇÃO INCONTESTÁVEL DO DOLO. A decretação da falta de lealdade processual ou da litigância de má-fé condiciona-se à demonstração incontestável do dolo, não bastando, para aplicação da severa penalidade insculpida no art. 1.531 do CCB, simples indício de desrespeito à dignidade da Justiça, na medida em que a boa-fé sempre é presumida, até que o contrário esteja cabalmente comprovado." [24]

No acórdão seguinte enfatizou-se, mais uma vez, a imprescindibilidade do dolo, para caracterização da má-fé:

"Quanto ao pedido de aplicação da multa dos arts. 17, I e II, e 18 do CPC, cumulado com o art. 1.531 do CCB, este é incabível, pois a decretação da

---

(22) TST — 1ª T — RR 480.648/98-2 — DJU 7.11.2003 — *Just Trab* HS — 242/101.
(23) TRT PR — 2ª T — RO 5.212/96 — *In Nova Jurisprudência em Direito do Trabalho*. Valentin Carrion — ED Saraiva — 1º semestre — 1998.
(24) TRT 10ª REGIÃO — 2ª T — RO 2989/95 — 3.9.1996 — *LTr* 61-04/555.

falta de lealdade processual ou da litigância de má-fé condiciona-se à demonstração incontestável do dolo, ..."

"Somente em casos excepcionais é aplicável no processo do trabalho por afrontar o princípio basilar deste, de proteção ao trabalhador, garantindo-lhe acesso ao Judiciário sem ônus."

Ainda no corpo do acórdão,

"Por outro lado, não se configura má-fé, nos presentes autos.

Informações divergentes ou contraditórias não ensejam tal conclusão. Às partes são asseguradas todas as possibilidades processuais do contraditório.

Por fim, somente se configura a litigância de má-fé quando restar inequívoca a intenção da parte de causar prejuízo processual a outrem, o que não ocorreu no presente caso." (25)

A Justiça Gratuita é um direito do cidadão que não pode recorrer ao Judiciário sem comprometer o orçamento familiar de sobrevivência e um mínimo de vida digna. Este benefício, porém, é-lhe deferido para reivindicar a defesa de direitos e interesses, razoavelmente defensáveis. Não será um salvo-conduto para qualquer aventura judiciária, nem lhe permite uma conduta maliciosa no transcurso processual. Por isso,

"JUSTIÇA GRATUITA — LITIGÂNCIA DE MÁ-FÉ. O benefício da justiça gratuita é concedido àquele que, tendo seus direitos lesados, socorre da justiça laborista buscando reparação e, não podendo arcar com as despesas processuais, declara seu estado de pobreza.

No caso em apreço, tendo o juízo constatado a litigância de má-fé e inclusive, condenado o autor na multa respectiva, não há como deferir-se-lhe a justiça gratuita, posto que sua intenção ao buscar esta justiça especializada foi de obter um vantagem ilícita." (26)

A afirmação falsa sobre a data da citação, notificação ou intimação judicial, desmentida por prova documental, caracterizará uma conduta eivada de má-fé, sujeita à penalização estabelecida em lei.

"Constatação de falsa afirmação quanto à tempestividade feita pela reclamada no agravo de instrumento. Caracterização da litigância de má-fé. Indenização de 20% (vinte por cento) sobre o valor da causa corrigida (art. 17, II, IV e VI, e 18, ambos do CPC) que se concede *ex officio*." (27)

Motivou a condenação o fato de ter a Reclamada alegado que recebera a intimação da sentença somente em 2.12.92, o que, pelo SEED da ECT se comprovara que não era verdadeiro. Em conseqüência o recurso ordinário não foi conhecido por intempestivo.

Caberia observar: as várias hipóteses contidas em diferentes incisos do art. 17 do CPC contemplam situações fáticas diversas. No caso, um

---

(25) TRT 6ª REGIÃO — RO 8203/95 — 17.4.1996 — *LTr* 60-11/1532.

(26) TRT 24ª REGIÃO — RO 1348/98 — 24.2.1999 — *LTr* 64-04/529.

(27) TRT 15ª REGIÃO — RO 02.350/94-6 — 6. 11.1995 — *LTr* 60-07/985.

mesmo fato — a afirmação do recebimento da intimação em data não correta —, teria ensejado a capitulação em três hipóteses fáticas diferentes, o que se afigura muito forçado; o MM. Juízo, referendado pelo Tribunal, não aplicou multa pela ação maliciosa da Reclamada; por fim, fixou uma indenização *ex officio*, sem nenhuma prova de prejuízo para a parte contrária, nem notícia havendo que a parte eventualmente prejudicada tenha reivindicado alguma indenização.

Da mesma forma caracterizará a litigância de má-fé, também no processo trabalhista, a alteração de matéria fática.

> "LITIGANTE DE MÁ-FÉ — ADULTERAÇÃO DA MATÉRIA FÁTICA. A parte que, na condução de sua atitude processual, se mostra visivelmente intencionada em adulterar a verdade dos fatos, objeto do seu ônus *probandi*, atenta contra a dignidade da Justiça, sendo merecedora dos prêmios previstos no art. 18 do CPC, em favor da parte inocente."(28)

Pelo que se pode depreender do acórdão, o Reclamante, na inicial mencionara que seu contrato com a Reclamada findara em 31.01.91. Na defesa foi juntado documento comprovando que o Reclamante fora admitido por outra Empresa em 21.01.91. Este não impugna a declaração, alegando que a discordância das datas se devia à inclusão do período do aviso prévio. Esta diferença de data era fundamental à caracterização, ou não, da prescrição. A Egrégia Turma condenou o Reclamante como litigante de má-fé, referendando decisão de 1º grau. A decisão foi por maioria, vencido o Juiz Revisor, que dava provimento ao recurso.

A existência do voto vencido permite concluir que a má-fé do Reclamante não estaria isenta de dúvida, em matéria que, à primeira vista, não parece tão tranqüila para caracterizar a má-fé da Parte.

As penas por litigância de má-fé estão estabelecidas, expressamente, na lei. Não é dado ao Juiz inovar condenações *extra legem*.

Tem se notado alguma dificuldade em alguns juízes trabalhistas em apreender exatamente o espírito e a abrangência das normas sobre litigância de má-fé.

Um Juiz do Trabalho considerando que a parte agira com má-fé, condenou-o à prestação de serviços gratuitos à comunidade. A decisão, naturalmente, foi reformada em segunda instância.

> "A má-fé, sob o prisma processual, consiste na qualificação da conduta, legalmente sancionada, daquele que em Juízo, convencido de não ter razão, com ânimo de prejudicar adversário ou terceiro, ou criar-lhe obstáculo ao exercício de direito. A litigância de má-fé, quando ocorrente, resulta em indenização por perdas e danos (CPC, art. 18 e §§). Não se cuidando se incidência, quer de ordem pública, quer de ordem privada, decorrente de conduta que lese ou exponha a perigo um bem jurídico tutelado pela lei penal, inaplicável a condenação em pena de prestação de serviço, que cons-

---

(28) TRT 15ª REGIÃO — 5ª T — RO 20738/94-3 — 3.9.1996 — *LTr* 61-03/407.

titui pena restritiva de direitos (Código Penal, art. 43, III), condicionada à tipicidade da figura legal prévia, ante o princípio consagrado constitucionalmente no *nullum crimen, nulla poena sine lege.*" [29]

Como regra geral na Justiça do Trabalho, não se tem promovido a condenação da parte vencida ao pagamento da verba honorária para o advogado do vencedor. Defere-se a AJ, em caso de assistência judiciária mantida pelo Sindicato, com profissional devidamente credenciado por este.

Com fulcro no disposto no art. 18, *in fine*, o litigante de má-fé, no processo trabalhista, pode ser condenado ao pagamento de honorários advocatícios à parte contrária, mesmo se esta não for representada por advogado com credenciamento sindical.

> "LITIGÂNCIA DE MÁ-FÉ — HONORÁRIOS ADVOCATÍCIOS. Se a reclamada se insurge contra a condenação em horas extras, apuradas nos cartões-ponto juntados com a defesa, e a multa do § 8º, do art. 477, da CLT, porque os títulos rescisórios só foram pagos um mês após o vencimento do aviso prévio dado ao reclamante, o seu comportamento caracteriza-se como litigante de má-fé, justificando a condenação em honorários advocatícios." [30]

O interessante é que o juízo de 1º grau condenara o Reclamado por litigância de má-fé, condenando-o à MULTA de 10%, esquecido de que o teto legal para a multa é de 1% (um por cento). O Tribunal transformou a "multa" em honorários advocatícios.

Tanto o art. 17, inciso VII, combinado como art. 18, de forma genérica, como o art. 538, parágrafo único, de forma específica para os embargos declaratórios, comina pena de multa em caso de interposição do recurso, com nítido intuito protelatório.

Indaga-se: as duas penas-multa podem ser aplicadas cumulativamente?

Pelo princípio do *non bis in idem*, é de se repelir a hipótese e como regra a multa de 1% do art. 18 do CPC constitui norma geral, que é excluída pela multa do parágrafo único do art. 538 do mesmo diploma legal, que se refere à situação específica.

No acórdão TST ED-ED-AG-A-AIRR 790.588/2001.0, de 9.3.2005 (In LTr 69-07/873) condenou a Reclamada por litigância de má-fé, aplicando-lhe uma multa de 1% (art. 18), outra multa de 10% (art. 538, parágrafo único), e indenização de 20% sobre o valor da causa, como indenização à parte contrária, por perdas e danos. Neste caso, as duas multas são justificáveis, pois a multa de 10% foi aplicada, expressamente, por reiterados e maliciosos Embargos de Declaração (art. 538, parágrafo único) e a multa de 1% por condutas diversas, de má-fé, produzidas no curso da instrução. Daí não se caracterizar a possível dupla penalização pelo mesmo feito. Como não há notícia de que a parte prejudicada tenha pleiteado indenização, muito menos efetuado qualquer prova de prejuízo, afigura-se que a indenização, de ofício, é medida que viola

---

(29) TRT 13ª REGIÃO — RO 2.890/94 — 10.5.1995 — *LTr* 60-01/101.
(30) TRT 15ª REGIÃO — 4ª T — RO 13.462/93-2 — 31.5.1995 — *LTr* 60-01/107.

princípios de Direito, além de possibilitar o enriquecimento sem causa do beneficiado. Mas a aplicação de ambas as multas é perfeitamente justificada, pois decorrem de fatos geradores diferentes.

Uma das incidências mais reiteradas, também na Justiça do Trabalho, de litigância de má-fé, diz respeito às tentativas protelatórias, por meio de recursos reiterados, repetitivos, sobre matéria já devidamente solucionada nos autos.

> "AGRAVO DE PETIÇÃO — LITIGÂNCIA DE MÁ-FÉ. A lealdade processual implica em não aumentar a atividade processual com a finalidade reprovável de evitar a solução da demanda (*Celso Agrícola Barbi*).
>
> O processo existe para a concretização da justiça, e não para o devedor 'ganhar tempo'.
>
> Sendo manifestamente infundado o argumento do executado acerca do erro de aplicação dos índices da correção monetária, pois esses se referem ao mês anterior, é desleal, imoral e antiética a repetição do mesmo conteúdo de 'defesa', na impugnação dos cálculos, nos embargos e no agravo de petição.
>
> Plenamente aplicáveis ao processo trabalhista as regras dos arts. 17 e 18 do CPC, razão pela qual condena-se o executado a indenizar o exeqüente no importe de 100 BTNs, ora arbitrado." [31]

Da mesma forma, tal como nos processos da Justiça Comum, os embargos declaratórios no âmbito da Justiça do Trabalho, também, serão penalizados como litigância de má-fé, se restar comprovado o simples intuito protelatório, destituído de qualquer fundamento razoável.

> "Direito Processual do Trabalho. Embargos de Declaração. Multa do art. 538, parágrafo único do CPC. Reconhecida a nítida impropriedade dos embargos declaratórios oferecidos, cabível a aplicação da multa prevista no art. 538, parágrafo único, do CPC.
>
> Hipótese de embargos claramente protelatórios. O toque de sua finalidade a prequestionamento da matéria é frágil. Uma vez a parte sequer apontou o eventual fato a consubstanciá-lo. Logo impõe-se a multa de 1% sobre o valor da causa (art. 538, parágrafo único).
>
> (...) — Com efeito, limita-se o Embargante a expor alegações soltas, sem motivação, desconexas, à falta de qualquer justificativa de onde residiria o apontado vício. Em suma, consubstanciando verdadeiro nada." [32]

Veja-se, também,

"LEALDADE PROCESSUAL — Recurso vazio, desamparado, claramente protelatório. Incontrovérsia. Litigante de má-fé (CPC 18).

Obstáculo ao exercício de direito. (*Couture* e *Amaral Santos*).

Ressarcimento que prescinde de ação própria e de pedido da parte (*Pontes de Miranda*, *Helio Tornaghi*, STF e STJ). Condenação em honorários e prejuízos pela indisponibilidade do débito."

---

(31) TRT 15ª REGIÃO — AGRP 8.745/90 — 15.1.1991 — *LTr* 55-07/850.
(32) TRT 6ª REGIÃO — 2ª T — EMBDECL 2894-2002-906-06-00-1 — 18.9.2002 — www.trt6.gov.br.

No corpo do acórdão foi considerada a Reclamada como litigante de má-fé, capitulada nos incisos I, IV, V e VI, do art. 17, do CPC (sem especificar qual o fato considerado para a capitulação em cada um dos quatro incisos apontados) e ressarcimento das

"despesas que o reclamante efetuou com a demanda, especialmente honorários advocatícios e custas (danos emergentes). Os honorários advocatícios são arbitrados em 15% do valor da causa atualizado." (33)

Fundamentando a decisão, o acórdão traz à colação o magistério de *Pontes de Miranda*, referido em decisão do STF:(34)

"Segundo o art. 16, há responsabilidade do litigante de má-fé. Aqui, a lei fala dessa ação de indenização, mais o reembolso. Por isso mesmo, a parte da sentença em que se aplicou o art. 18, 1ª parte, não fará coisa julgada material para aquela ação. Quando muito reforçará as provas que constarem dos autos, e terão de ser, se produzidas como documento, no juízo da ação de indenização, examinadas pelo juiz. A sentença condenatória a que o art. 18, 2ª parte se refere, constitui mero elemento para o estudo do outro juiz. ..."

Como já referido anteriormente, ocorre que ao modificar a redação do *caput* do art.18, em 1998, através da Lei n. 9.668, estabelecendo uma multa pela litigância de má-fé, instituiu claramente duas situações diferentes: a *multa*, a ser imposta de ofício, pelo magistrado ou tribunal, por ofensa ao *interesse público* na composição dos litígios, e uma *indenização*, visando atender o *interesse privado* da parte, por prejuízos que lhe tenham decorrido da conduta indevida da parte contrária. E a indenização decorre do abuso de direito — e o abuso do direito constitui ato ilícito — e o ato ilícito, causador de dano deve ser ressarcido, e o ressarcimento de ato ilícito deve ser promovido pela parte que sofreu o dano e estas bases fundamentais devem ser obedecidas e aplicadas, também, no processo trabalhista, mormente após a EC 45, que trouxe à competência da Justiça Especializada inúmeras situações decorrentes de relação laboral, em sentido lato, baseada em normas de Direito Civil.

Em se tratando de Agravo de Petição, porém, já foi decidido que

"LITIGÂNCIA DE MÁ-FÉ E AGRAVO DE PETIÇÃO. Inaplicável a pena de litigância de má-fé pelo uso abusivo do Agravo de Petição, uma vez que nos termos do que dispõe o art. 897, §§ 1º e 2º, da CLT, tal ato autoriza a execução imediata, com respectiva alienação do bem penhorado ou dado em garantia." (35)

A litigância de má-fé não fora aplicada pelo juízo *a quo*, nem requerida pela Parte. Foi solicitada pelo Ministério Público.

Algumas vezes nos defrontamos com decisões de Tribunais Regionais que se afiguram um tanto draconianas, em se tratando especialmente de Reclamatória Trabalhista e, também, a própria existência de votos vencidos sobre a matéria, estaria a indicar uma dúvida sobre a (i)licitude da conduta da

---

(33) TRT 2ª REGIÃO — RO 0293012589-0 — 18.1.95 — *LTr* 59-05/671.

(34) STF — RE 99.441 — RS referido *in LTr* 59-05/671.

(35) TRT 15ª REGIÃO — 3ª T — AP 02660/96-6 — 31.7.1996 — *LTr* 61-03/408.

parte. É Princípio Geral de Direito que a dúvida deverá ser interpretada em favor da parte. A dúvida tenderia a isentar a parte de responsabilidade, considerando, ainda, que a boa-fé se constitui em presunção legal.

Vejamos o seguinte aresto:

"MANDADO DE SEGURANÇA — LITIGÂNCIA DE MÁ FÉ — PROCESSO DE EXECUÇÃO. O processo trabalhista não é infenso à aplicação das normas do CPC que regulam a litigância de má-fé, a que se sujeitam indistintamente ambas as partes, independentemente de sucumbência, quer no processo de conhecimento (arts. 14 a 18), quer no processo de execução (arts. 599, II, 600, 601). O simples exercício, por meio próprio, para a defesa do suposto direito em permanecer na posse direta do imóvel não autoriza a condenação em litigância de má-fé. Recurso ordinário parcialmente provido para excluir a condenação da Impetrante como litigante de má-fé e a conseqüente indenização imposta." (36)

No caso, durante execução em reclamatória trabalhista surgiu discussão sobre alegado direito de continuidade de empresa locatária sobre imóvel locado, adquirido por terceiro em praça. O Juiz da Vara do Trabalho emitira um mandado de imissão de posse sobre o imóvel o que ensejou a impetração de mandado de segurança junto ao Tribunal Regional (19ª Região), sob os fundamentos de incompetência da Justiça do Trabalho deslindar problema que considerava ser de natureza civil e o seu direito contratual decorrente dessa relação locatícia. Note-se que a matéria envolvia questões que comportavam, pelo menos, discussão de natureza jurídica e um lícito posicionamento contraditório das partes. O Tribunal Regional não só denegou a segurança, como condenou o Impetrante por litigância de má-fé.

A decisão foi reformada, em grau de recurso no TST, com a Ementa supratranscrita. O Colendo Tribunal Especializado julgou que a competência era da Justiça do Trabalho, na medida em que procurava executar uma decisão sua, denegando a segurança, por entender que não se tratava de direito líquido e certo. Rejeitou, porém, a litigância de má-fé, nos termos da Ementa supra e considerando que,

"Embora não se verifique direito líquido e certo da impetrante a resguardar mediante o presente mandado de segurança, isto não autoriza condená-la em litigância de má-fé, pois utiliza-se do meio que entende próprio para defender o alegado direito em permanecer na posse direta do imóvel."

A rainha das provas vem sendo considerada a confissão. Mais valiosa que a prova testemunhal, documental ou mesmo pericial, há de ser a própria declaração da parte, maior interessada em resguardar seus direitos e interesses. A parte que efetua declarações, no depoimento pessoal prestado em audiência e, depois, recorre com argumentos contrariando suas próprias palavras, incide, sem dúvida, em litigância de má-fé.

"LITIGÂNCIA DE MÁ-FÉ — SENTENÇA DECALCADA NA CONFISSÃO DA PARTE. A confissão é o meio de prova que nenhuma dúvida traz ao órgão julgador,

---

(36) TST — SBDI2 — RO-MS 300.016/96.0 — 14.10.1997 — *LTr* 62-02/19.

no que diz respeito à sua convicção, na medida em que possa representar um reconhecimento dos fatos alegados pela parte contrária. Se a decisão vem apoiada justamente na confissão da parte, forçoso reconhecer o intuito eminentemente protelatório do recurso." (37)

Enquanto o preposto, no depoimento pessoal, confirmava que o reclamante exercia diversas funções, como tal reconhecido pela sentença, a Reclamada, na contestação e no recurso, sustentava o exercício de função única pelo reclamante.

Interessante hipótese nos vem a respeito de uma decisão do Egrégio Tribunal Regional da 22ª Região.

Uma Fundação Estadual havia sido condenada em Reclamatória Trabalhista, cuja decisão transitara em julgado há mais de 2 anos, tornando inviável a ação rescisória. Foi intentada, então, uma Ação Anulatória, perante o Tribunal Regional, procurando desconstituir a decisão na referida demanda. A ação foi proposta pela Fundação (ex-reclamada) e pelo Estado, este sob o fundamento de que, em última análise, o pagamento recairia sobre o Erário estadual.

O Tribunal Regional julgou extinto o processo, sem exame do mérito, por impossibilidade jurídica do pedido, condenando os Autores por litigância de má-fé ao pagamento das custas e honorários advocatícios de 20% a título de indenização, sobre o valor então arbitrado ao feito, em R$ 5.000.000,00 (cinco milhões de reais).

Ocorre que na inicial fora dado o valor da ação em R$ 500,00 (quinhentos reais), valor esse não impugnado pela Parte contrária e, por isso, forte no que dispõe a Súmula 71 do TST, deverá ser, para todos os efeitos, o valor da causa, já que resultara incontroverso.

Em grau de Recurso, o Egrégio TST reformou a decisão, considerando a ilegitimidade ativa do Estado, no caso, e

"Inimpugnado o valor da causa não pode ser alterado pelo Juízo, a seu talante, arbitrando-se outro com parâmetro na demanda originária, de modo a sobre esse fazer incidir custas processuais e honorários advocatícios, a título de indenização por litigância de má-fé, resultando quantia exorbitante e não condizente com a realidade dos autos." (38)

De sorte que as custas e honorários passaram a ser calculados sobre R$ 500,00. Note-se que os honorários não se referiam a A.J., nem à sucumbência e, sim, à verba indenizatória.

O valor da multa aplicada em caso de litigância de má-fé, não integra o valor a ser depositado, para fins recursais.

Vejamos,

"DEPÓSITO RECURSAL — CONDENAÇÃO DO RECLAMANTE POR LITIGÂNCIA DE MÁ-FÉ — INEXIGIBILIDADE DO DEPÓSITO PRÉVIO PARA RECORRER. É inexigível o

---

(37) TRT 15ª REGIÃO — 5ª T — RO 32005/94-5 — 1.4.1997 — *LTr* 62-02/253.

(38) TST — SBDI2 — ROAA 315.755/96-0 — 23.9.1997 — *LTr* 62-01/67.

depósito prévio para interposição de recurso pelo reclamante na hipótese de condenação do mesmo por litigância de má-fé. Rejeição da preliminar." [39]

O Reclamante ingressou com Reclamatória, pleiteando verbas rescisórias. A empregadora comprovou que o reclamante aderira ao plano de demissão voluntária. O juiz julgou improcedente a ação e condenou o Reclamante ao pagamento de R$ 180,00, à empregadora, por litigância de má-fé. Interposto o recurso ordinário, o Ministério Público argüiu a deserção, pois não fora efetuado o depósito recursal, pelo empregado, alusivo ao valor da condenação.

O Tribunal Regional rejeitou a preliminar, nos termos da Ementa e reformou a sentença, no que tange à litigância de má-fé, considerando a existência de condenações adicionais, reconhecidas judicialmente, em casos de demissão incentivada.

O fato de o processo ser extinto sem julgamento do mérito, não obsta a possibilidade de ter ocorrido conduta temerária, maliciosa ou protelatória, no curso dos atos processuais já transcorridos, por uma ou outra das partes e, como tal, penalizada por litigância de má-fé.

"LITIGÂNCIA DE MÁ-FÉ — EXTINÇÃO DO PROCESSO SEM JULGAMENTO DO MÉRITO — MANUTENÇÃO DA PENA. Ainda que o processo seja extinto sem julgamento do mérito, caso a parte tenha praticado alguma das condutas previstas no art. 17, do CPC, deve ser condenada como litigante de má-fé." [40]

O reconhecimento da litigância de má-fé não está subordinado ao fato da parte ficar vencida na ação. Mesmo com sentença vitoriosa, a parte pode sofrer a condenação por litigância de má-fé, se agiu com malícia ou abuso na condução do processo.

Diversas matérias, no âmbito do Direito do Trabalho, comportam configurações jurídicas diferentes, muitas vezes por detalhes que necessitam ser devidamente provados pelas partes e apreciadas pelo julgador, no curso da instrução processual. Inúmeros casos situam-se numa "zona gris", não raro de difícil definição jurídica. Exemplificando, os casos de tarefeiro e empreiteiro, vendedor autônomo e vendedor-empregado, empregado doméstico e empregado comum. O fato de ser vencido na demanda não configura litigância de má-fé.

Daí,

"Não se caracteriza litigância de má-fé o ato de a parte propor ação deduzindo pretensões que, após apreciadas, são julgadas improcedentes, tendo em vista o direito que todos têm de provocar a manifestação do Poder Judiciário. Ademais, no presente caso, não restou configurada nenhuma das hipóteses prevista nos incisos I a IV do CPC. (...)" [41]

No caso, o reclamante alegava relação de emprego, sendo a reclamatória julgada improcedente, por restar configurado que se tratava de empreitada.

---

(39) TRT 21ª REGIÃO — RO 27-01776/98-3 — 18.1.2000 — *LTr* 64-10/1324.
(40) TRT 18ª REGIÃO — AGRP 0034/2000 — 14.3.2000 — *LTr* 64-11/1470.
(41) TRT 24ª REGIÃO — RO 1774/97 — 11.3.1998 — *LTr* 62-10/1396.

Ressalte-se que não raro é controvertida a situação fático-jurídica da prestação de serviços, especialmente no âmbito da construção civil, podendo se configurar certa zona gris entre a figura do emprego (tarefeiro) e da empreitada. Da mesma forma isso ocorre na distinção fático-jurídica do vendedor autônomo, representante comercial e vendedor-empregado.

O reclamado, apesar de vitorioso, recorreu ao Tribunal, pleiteando a condenação da parte por litigância de má-fé e, inclusive, a condenação do advogado, solidariamente.

O comportamento recursal do vencedor estava muito mais caracterizando uma lide por simples emulação e capricho do que a reclamatória proposta pelo vencido.

1. INDÚSTRIA DE RECLAMATÓRIAS

Seguidamente encontramos na imprensa subvencionada pelo patronato e em manifestações de advogados ligados aos empregadores, candentes manifestações contra o que denominam como "Indústria de Reclamatórias", procurando enfatizar o abuso de direito e a má-fé que envolveria a conduta dos empregados e dos seus respectivos advogados, na propositura de ações trabalhistas, reivindicando direitos ligados à relação laboral.

Trata-se de uma acusação de má-fé, genérica, a atingir trabalhadores e advogados dedicados especialmente à advocacia de empregados, que merece uma reflexão.

Em primeiro lugar, parece totalmente imprópria a acusação de existência de uma "indústria de reclamatórias trabalhistas", em que são solicitados direitos inexistentes, sem uma correlação com a existência de uma "indústria de contestações" na qual são negados direitos evidentemente não cumpridos pelo empregador e são afirmados pagamentos que nunca ocorreram ou negadas condições insalubres, confirmadas pela mais superficial perícia.

Para que esta "indústria", de uma ou outra das partes, pudesse prosperar e obter resultado, necessário seria que o Juiz do Trabalho se tornasse conivente, o advogado do reclamado fosse assaz inepto a ponto de não recorrer e, se recurso houvesse, contasse o autor, ainda, com o beneplácito dos Tribunais Superiores.

O que se detecta, não raro, ainda é um certo preconceito contra os advogados trabalhistas, considerados por muitos ainda como advocacia de segunda classe e rotulados como "advogados de porta de fábrica". Da existência de advogados que não primam pela ética e correção em sua conduta profissional não há nenhuma dúvida, entretanto, não serão em maior número do que os criminalistas de "porta de cadeia" e civilistas de "porta de funerária". Não se há de esquecer, também, que muitas vezes, reivindicações que pareceram totalmente absurdas, com a reiteração de suas propostas, terminaram por serem acolhidas, firmando jurisprudência.

Enfim, o Judiciário existe exatamente para dirimir conflitos, e a Constituição assegura o acesso de todos, para verem dirimidas suas reivindicações perante a defesa da parte contrária. Caberá o julgador coibir a prática de pedidos e defesas absurdas que ofendam o respeito à Justiça e a prática de condutas maliciosas, protelatórias e temerárias, que emergem de uma ou de outra das partes conflitantes, sem preconceitos ou juízos preestabelecidos também contra uma ou outra das partes.

A simples propositura da ação ou do recurso não poderá ser capitulada como litigância de má-fé, ainda que o objetivo visado não seja alcançado.

Verifica-se, seguidamente, manifestações por órgãos de divulgação ligadas ao patronato, enfatizando a necessidade de a Justiça do Trabalho adotar uma política de "tolerância zero" contra empregados que reivindicam verbas consideradas improcedentes, ou por horas extras não prestadas, ou por adicional de insalubridade não confirmado posteriormente por perícia, ou por reivindicação de verbas já satisfeitas.

Realmente as condutas indevidas devem ser coibidas. Entretanto, convém lembrar que a "tolerância zero" poderá, também, ser aplicada aos empregadores, com a condenação por litigância de má-fé, cada vez que se comprovar o registro de cartões-ponto sem registro de horas extras prestadas, a alegação em contestação de pagamentos que se comprova posteriormente não foram efetuados, entre outras hipóteses. A "tolerância zero" em matéria de boa-fé e conduta processual é, realmente, um ideal a ser atingido, mas há de ser uma faca de dois gumes, a atingir quem pede e a quem nega. E daí afigura-se que o número de punições não demonstrará uma diferença muito sensível entre *improbus litigator* empregado e empregador.

Também nas ações julgadas pela Justiça do Trabalho há de se ter em mente que não poderá ser configurada hipótese de má-fé quando a parte simplesmente utiliza todos os recursos do devido processo legal, contraditório e ampla defesa, assegurados na Constituição Federal.

> "Litigância de má-fé — Não há que se falar em litigância de má-fé quando a parte, apenas utiliza-se da regra consagrada no inciso LV do art. 5º da Constituição Federal, ou seja, o duplo grau de jurisdição.
>
> Demais, trata-se de fazer uso da faculdade de exercício do sagrado direito subjetivo de ação, garantido constitucionalmente. Não restando patente a vontade consciente ou ânimo de lesar interesse alheio, não há que se falar em litigância de má-fé." [42]

---

(42) TRT 10ª REGIÃO — 3ª T — RO 3.523/96 — DJU 28.11.1997 — *In Coletânea de Jurisprudência Trabalhista*. Cristiano Paixão Araújo Pinto e Marco Antônio Paixão. ED Nota Dez, 1999.

Já se tem decidido, também, que a aplicação dos arts. 17 e 18 do CPC somente é viável no processo de conhecimento. A conduta maliciosa na fase de execução deverá ser equacionada ante o que dispõe os arts. 600 e 601 do mesmo texto processual.

> "A litigância de má-fé só é aplicável em sede de processo de conhecimento, incidindo em fase executória as hipóteses do art. 600 do CPC que elenca os casos de ato atentatório à dignidade da Justiça. Não se vislumbra, entretanto, no caso em tela, nada mais do que o regular exercício da faculdade constitucionalmente garantida de exercer seu direito de ação." (43)

(43) TRT 1ª REGIÃO — 9ª T — AGRP 3707/99 — DO RJ 6.11.2000. *In Dicionário de Decisões Trabalhistas.* B. Calheiros Bomfim, Silvério dos Santos e Cristina Kaway Stamato. 32ª ed. ED Trabalhistas, 2002.

XIII — DA RESPONSABILIDADE PESSOAL DO ADVOGADO

Como já se viu anteriormente na Constituição Federal foi estabelecido, no art. 133, que o advogado é indispensável à administração da justiça, sendo inviolável por seus atos e manifestações no exercício da profissão, nos limites da lei.

Por sua vez o Estatuto da OAB consagrou quatro disposições fundamentais a serem observados no exercício profissional da advocacia:

1º) A inexistente hierarquia ou subordinação entre advogados, magistrados e membros do Ministério Público, devendo todos tratarem-se com consideração e respeito (art. 6º);

2º) A responsabilidade do advogado pelos atos praticados, com dolo ou culpa, no exercício profissional, podendo ser condenado solidariamente com o cliente, se, em lide temerária, coligado com este, tentar lesar a parte contrária (art. 32, e parágrafo);

3º) A responsabilidade do advogado, na hipótese precedente, a ser apurada em ação própria, onde lhe é facultado o contraditório e ampla defesa, nos termos da Carta Magna (art. 32, parágrafo, *in fine*);

4º) A sujeição do advogado, pelo cometimento de infração, à punição imposta, exclusivamente pela Ordem dos Advogados do Brasil (art. 70).

É muito importante ressaltarmos que o art. 32 do Estatuto estabelece a responsabilidade do advogado pelos atos que, no exercício profissional, praticar com dolo ou culpa, acrescentando, no seu parágrafo único, que em caso de lide temerária, o advogado será solidariamente responsável com seu cliente, desde que coligado com este para lesar a parte contrária, o que será apurado em ação própria.

A posição do advogado na estrutura processual do Direito brasileiro evoluiu, ao correr do tempo.

Inicialmente, inspirando-se na fonte direta das Ordenações Filipinas (Livro III, Tít. XX) o advogado era parte dispensável no processo:

> "Três pessoas são por Direito necessárias em qualquer Juízo: o Juiz que julga; o autor que demanda, e réu que se defenda."

Texto que, por sua vez, repetia disposição idêntica das anteriores Ordenações Manuelinas (Livro III, Título 15, princ.).

O Código de Processo Civil do Rio Grande do Sul reproduziu literalmente essa disposição em seu art. 37, o que era compreensível dado o fato de que a parte poderia acionar ou defender-se pessoalmente, o que era uma decorrência da inspiração positivista da Constituição Estadual.

Dispunha o art. 61 da Lei processual de então:

"O autor ou réu poderá demandar ou defender-se em juízo por si mesmo ou por mandatário de sua livre escolha, exceto quando a lei declarar necessário o comparecimento pessoal."

Após essa fase de perfeita dispensabilidade do advogado no processo, passou-se a exigir sua participação, mas ainda numa posição subalterna, na condição de "auxiliar da Justiça".

Costa Carvalho referia,[1]

"Os advogados são considerados auxiliares da justiça e são constituídos mediante procuração ..."

Retratando esse conceito da secundariedade do advogado no Juízo, o art. 53 do mesmo Código Processual do Estado do Rio Grande do Sul, dispunha:

"Consideram-se pessoas secundárias do juízo: o escrivão, o representante do Ministério Público, o defensor do litigante pobre, os procuradores judiciais, o chamado à autoria, o oponente e o assistente."

Como reflexo remanescente desse período, ainda assistimos hoje, não raro, eminentes representantes da Magistratura e do Ministério Público, em solenidades oficiais saudarem os advogados, como "eficientes e inestimáveis *auxiliares da justiça*... " (?), esquecendo-se que auxiliares da justiça são o leiloeiro, o perito, o oficial de justiça, enquanto o Advogado é parte integrante da Justiça.

Marco expressivo na ascensão do advogado veio com a Lei n. 4.215, de 27.4.1963, Estatuto da Ordem dos Advogados do Brasil, quando dispõe, e com força de lei:

Art. 68 —

"No seu ministério privado o advogado presta serviço público, constituindo, com os juízes e membros do Ministério Público, elemento indispensável à administração da Justiça."

Art. 69 —

"Entre os juízes de qualquer instância e os advogados não há hierarquia nem subordinação, devendo-se todos consideração e respeito recíprocos."

Essas disposições vieram ratificadas no novo Estatuto da OAB — Lei n. 8.906, de 4 de julho de 1994 —, que enfatizou a atuação do advogado, afirmando, e agora como expressa disposição legal, que no seu ministério privado o advogado presta serviço público e exerce uma função social; que contribui, na postulação de decisão favorável ao seu constituinte e ao

(1) CARVALHO, Luiz Antônio da Costa. *Curso Teórico-prático de Direito Judiciário Civil*, 2º Vol. ED A. Coelho Branco Fº, 1938.

convencimento do julgador, que seus atos constituem *munus* público; e que no exercício profissional o advogado é inviolável, nos limites da lei, por seus atos e manifestações (art. 2º, parágrafos).

Em nível constitucional, a Carta Magna vigente, de 1988, consagrou a posição primordial do advogado no processo, nos termos supra referidos.

A invocação deste preceito em nível constitucional, e da legislação infraconstitucional, por um lado estão a indicar a maior responsabilidade do advogado no que tange à condução de seu trabalho quanto à lisura processual, litigância temerária, respeito à atuação do juiz, membro do Ministério Público, colega, servidores e parte adversa; por outro lado, estão a ressaltar, ainda, na atualidade, o enorme divórcio entre a lei e a realidade, em que Juízes tratam o advogado como subalterno, não raro como estorvo ao desempenho livre de sua magistratura, desrespeitando-o a todo momento, procurando limitar seu direito recursal mediante imposição de multas processuais a título de coibir intuito protelatório, além de sancionarem esdrúxulos pedidos de autoridades policiais, seja para escuta telefônica de advogados, seja para invasão de escritórios, com apreensão indiscriminada de material de trabalho e informações sobre clientes, que constituem segredo profissional, pressuposto básico e essencial de um país que pretende ser civilizado, republicano e democrático.

Em que pese a meridiana clareza do texto legal, no sentido de que a responsabilidade do advogado, por lide temerária, em conluio com a parte, há de ser apurada em ação própria, alguns ainda sustentam que a pena pecuniária, que se entenda cabível, possa ser fixada e executada pelo próprio juiz, de ofício e desde logo, nos próprios autos do processo da reclamatória.

A tese de que, no processo, o Magistrado possa, como incidente processual, julgar e fazer cumprir suas próprias sentenças não é procedente, porquanto há disposição legal expressa determinando a apuração da responsabilidade do advogado em ação própria. Inexistindo hierarquia entre juiz e advogado, não se compreenderia que o juiz pudesse penalizar o advogado sem que este pudesse utilizar em seu favor o dispositivo constitucional que lhe assegura o contraditório e a ampla defesa.

Não raro a tese da imediata e direta aplicabilidade da condenação solidária do advogado advém de quem teme enfrentar como acusador-julgador um processo contraditório, no qual o acusado possa utilizar-se dos meios disponíveis para sua ampla defesa.

Também nos parece que não tem maior consistência a tese de que, sendo a Lei n. 8.952, de 1994, instituiu a redação do § 2º do art. 18 do CPC, posterior à Lei n. 8.906, do mesmo ano (Estatuto da Advocacia e da OAB), que estabeleceu no seu art. 32 a necessidade de ser apurada a responsabilidade do advogado por ação própria, esta última disposição estaria praticamente revogada, podendo o juiz, na própria ação, e sem outra formalidade, condenar o advogado às penas da litigância de má-fé. Improcede a tese por dois motivos: primeiro, porque a disposição do art. 32, em seu parágrafo, nada tem a ver com o disposto no art. 18, § 2º, do CPC. São disposições de natureza diferente. Se no art. 18 a lei concedeu ao juiz a possibilidade de condenar a parte faltosa à multa e indenização, o Estatuto dispõe sobre a forma, o procedimento a ser adotado, quando esta falta, nas condições ali expostas, é atribuída ao advogado. Em segundo lugar, porque a disposição do Estatuto está, tão-somente, concretizando a disposição constitucional, assegurando o devido processo legal, o contraditório e a ampla defesa ao advogado, especialmente considerando o teor do art. 133 da Constituição Federal e do art. 6º do Estatuto, que declaram a inexistência da hierarquia entre magistrado e advogado.

A caracterização de lide temerária atribuível ao advogado exige ação dolosa deste, em conluio com o representado, para causar prejuízo à parte contrária e a existência real do prejuízo.

Consagrando a obediência ao preceito legal, decidem os Tribunais:

"Condenação solidária do advogado da parte. Nos termos do parágrafo único do art. 32 da Lei n. 8.906/94 é incabível a condenação solidária do advogado nos próprios autos em que é constatada a litigância de má-fé da parte por ele assistida. Como a referida norma legal impõe que a eventual má-fé do advogado seja apurada mediante o ajuizamento de ação própria perante o foro competente, falece competência à Justiça do Trabalho para aplicar em relação a ele, a penalidade prevista no art. 18 do Código de Processo Civil." (2)

No mesmo sentido,

"(...) Por outro lado, em se tratando de litigância de má-fé do advogado da parte, esta Justiça especializada não tem competência para condená-lo, posto que a Lei n. 8.906/94 (Estatuto da OAB) prevê, em seu art. 32, ação própria. Recurso desprovido por unanimidade." (3)

"Apenas na hipótese de lide temerária, prevista no art. 32 da Lei n. 8.906/94, na qual tenha sido comprovado o comportamento culposo ou doloso do patrono, é que será este responsabilizado solidariamente com seu constituinte pelo pagamento das despesas processuais." (4)

"Advogado — Solidariedade — 1. As razões recursais são do Patrono da parte e devem estar estribadas no direito e na prova dos autos. Se extrapola estes limites e tendem para a temeridade da lide, o advogado deve responder solidariamente pela litigância de má-fé — art. 32, parágrafo único da Lei n. 8.906/94, na medida em que o mesmo tem o dever de proceder com lealdade e boa-fé — inciso II do art. 14, do CPC. (...)" (5)

Com a nova competência da Justiça do Trabalho, através da Emenda Constitucional n. 45, já existe decisão do STJ em que as relações entre cliente e advogado não configuram uma relação de consumo, donde se pode concluir que esta é uma relação de trabalho,

(2) TRT 12ª REGIÃO — 3ª T — RO-V 00741-2003-011-12-00-0 — DJSC 14.10.2004 — *Jurisp Trab* HS 251/93.

(3) TRT 24ª REGIÃO — Complementação da Ementa do RO 1774/97, Referido no n. 234.

(4) TRT 3ª REGIÃO — 3ª T — AP 270/98 — DJMG 04.12.1998 — *Sint Trab* 116/57.

(5) TRT 15ª REGIÃO — 5ª T — RO 26.220/97 — DOESP 23.2.1999 — *Sint Trab* 122/94.

"PRESTAÇÃO DE SERVIÇOS ADVOCATÍCIOS. INAPLICABILIDADE DO CÓDIGO DE DEFESA DO CONSUMIDOR. (...) Não há relação de consumo nos serviços prestados por advogados, seja por incidência de norma específica, no caso a Lei n. 8.906/94, seja por não ser atividade fornecida no mercado de consumo.

As prerrogativas e obrigações impostas aos advogados, como *v.g.*, a necessidade de manter sua independência em qualquer circunstância e a vedação à captação de causas ou à utilização de agenciador (arts. 31, § 1º, e 34/III e IV, da Lei 8.906/94) evidenciam natureza incompatível com a atividade de consumo."(6)

Se conclui que, constituindo-se em relação de trabalho, será da Justiça Especializada a competência para a ação que diga respeito à responsabilização do advogado por lide temerária ou de má-fé, em conluio com seu constituinte, causando prejuízo à parte contrária.

De qualquer forma, sempre por ação própria com respeito ao devido processo legal, contraditório e à ampla defesa. Seja na Justiça do Trabalho, seja na Justiça Comum.

Da conduta indevida do advogado, perante as partes, podem surgir duas situações diferentes:

1ª) Causa prejuízo ao seu Cliente. De acordo com a decisão do STJ, acima referida, as relações entre advogado e cliente não constituem relações de consumo, donde se pode concluir que se trata de relação de trabalho. Daí, se o advogado causou prejuízo ao seu cliente, por exemplo, deixando de pleitear direito manifesto do mesmo, ou deixando de recorrer quando deveria tê-lo feito, ou quando não presta devidas contas sobre valores recebidos ou se porta de forma maliciosa no processo, recaindo a multa e/ou indenização por litigância de má-fé sob a responsabilidade de seu constituinte, este, por ação própria, e na Justiça do Trabalho, poderá acionar seu advogado, solicitando o pagamento ou ressarcimento dos prejuízos que este lhe causou, no indevido cumprimento do mandato.

2ª) Causa prejuízo à parte contrária. E esta deseja haver o pagamento ou ressarcimento de despesas ou prejuízos. Note-se que, neste caso, o advogado tido como faltoso não mantinha nenhuma relação com a parte sedizente ofendida e prejudicada. Nem era diretamente parte no processo. Não integrou qualquer dos pólos da relação processual. Inexistirá neste caso qualquer relação de trabalho entre o advogado ofensor e a parte contrária ofendida, capaz de fixar a competência para julgar um pedido indenizatório, desta contra aquele, no foro trabalhista. Em ação própria, no foro da justiça comum, é que buscará o resguardo de seu interesse e direito.

Não procede o argumento da impossibilidade de o reclamante prejudicado, geralmente pessoa de parcos recursos ou nenhum recurso, buscar na Justiça Comum seu direito, onde não contaria com o *jus postulandi*. Não procede porque, se o valor pleiteado ficar dentro do teto legal, poderá valer-se dos juizados Especiais Cíveis, em que poderá pleitear pessoalmente e se o valor ultrapassar o teto, mesmo na hipótese anterior, se pretender

(6) STJ — RESP 532.377-RJ — Publ DJU 13.10.2003.

fazer-se representar por advogado, na sua condição de economicamente insuficiente, se valerá da Justiça Gratuita, com fundamento na Lei n. 1.060, de 1950, por intermédio da Defensoria Pública, ou de procurador constituído que aceite o encargo da assistência que, diga-se de passagem, poderá ser exercido por qualquer advogado, independente de ser credenciado por sindicato. Mas diante da lei expressa e intangenciável, deverá satisfazer dois requisitos essenciais que devem estar presentes, também, se o feito, na hipótese anterior, foi acionado na Justiça do Trabalho: prova do prejuízo pelo conluio do advogado com o seu cliente para prejudicar a parte contrária, agora autora da ação, e a responsabilização por ação própria, na qual o advogado possa excercer os direitos ao contraditório e à ampla defesa.

Alguns exemplos de responsabilização do advogado:

"Litigância de má-fé — Culpa do Advogado. O argumento do recorrente de que sua advogada omitiu os fatos não tem o condão de excluir a condenação imposta, uma vez que resta caracterizado a modalidade de culpa denominada culpa *in eligendo*, conceituada por *Sílvio de Salvo Venosa* como 'oriunda da má escolha do representante ou do preposto, como por exemplo, contratar empregado inabilitado' (*in Direito Civil — Contratos em Espécie e Responsabilidade Civil*, Editora Atlas, São Paulo, 2001). A Lei n. 8.906/94, que dispõe sobre o estatuto da Advocacia, prevê no art. 32, parágrafo único, a responsabilidade solidária do advogado, caso colime com a parte para prejudicar a parte contrária. Entretanto, o referido artigo dispõe que, para a caracterização da responsabilidade do advogado, mister se faz a apuração da culpa em ação própria, não cabendo a esta Especializada tal apuração." [7]

(OBS. — JULGAMENTO ANTERIOR À EC 45)

O espírito que norteou a disposição contida no parágrafo único do art. 32, do Estatuto, vem retratado na decisão seguinte:

"LITIGÂNCIA DE MÁ-FÉ — APLICAÇÃO COM RESPONSABILIDADE SOLIDÁRIA DO ADVOGADO DA PARTE — OFENSA AO PRINCÍPIO DO DEVIDO PROCESSO LEGAL — AFASTAMENTO. O novo Estatuto da Advocacia e Ordem dos Advogados do Brasil (Lei n. 8.906/94) trouxe novas luzes às relações singulares estabelecidas pelo advogado no exercício da profissão. Relações estas que se materializam não só com o cliente, mas também, com a parte adversa, o colega e, ainda, com o próprio Estado, na medida em que este realiza sua exclusiva atividade jurisdicional por meio do Poder Judiciário. Dá-se especial relevo, não só pela novidade, mas pelas repercussões e implicações do art. 32 da referida lei, o qual imputou a responsabilidade solidária entre advogado e o cliente nos casos de lide temerária. Todavia, a simples leitura do artigo *suso* nos revela que para o reconhecimento da solidariedade são necessários dois requisitos: primeiro, é haver coligação, conluio entre o advogado e o cliente com intenção de lesar a parte adversa e, segundo, é que tal apuração se dê em ação própria. O escopo do legislador, certamente, foi assegurar o devido processo legal (art. 5º, inciso LV, CF). Desatendidos esses requisitos, afronta-se a Constituição Federal." [8]

---

(7) TRT 10ª REGIÃO — 3ª T — RO 0265-2003-017-10-00-6 — DJ 3.10.2003 — *Just Trab* HS 241/133.
(8) TRT 15ª REGIÃO — RO 21727/06-0 — 25.2.1997 — *LTr* 61-05/715.

A ação própria poderá decorrer de prejuízos que o advogado produziu ao Erário Público, quando, também, a decisão estará sujeita a processo próprio.

"MÁ-FÉ PROCESSUAL — RESPONSABILIDADE CIVIL DO ADVOGADO. Má-fé processual. Incidentes infundados de advogado em ações diversas para clientes também diversos. Hipótese distinta da prevista para a responsabilidade da parte (CPC, art. 16) e da disciplinar. Imunidade vedada pela Constituição (art. 5º, XXXV). Responsabilidade civil do advogado perante a Fazenda da União. Encaminhamento à Procuradoria Geral da República, para propor ação civil contra o causídico." (9)

No caso, o advogado aprontara sem-número de situações totalmente infundadas. Sucessivas correições parciais cumuladas com recursos ordinários, exceções de suspeição sem maior fundamento, linguagem inconveniente, petições a destempo, repetição de ações em Juntas diferentes, mandado de segurança inusitado recusado *"in limine"*, requerimentos de distribuição por dependência a processos já extintos ... entre outros tantos exemplos de conduta eivada de supina malícia e/ou total despreparo.

A OAB foi cientificada da atuação desse advogado. Finalmente na Correição Parcial supra-referida, o Juiz Corregedor determinou:

"Oficie-se à Procuradoria Geral da República em São Paulo, por intermédio da Procuradoria Regional do Trabalho, junto ao Tribunal Regional do Trabalho da 2ª Região, a fim de que, se assim se entender, seja proposta a correspondente ação de responsabilidade civil em favor da Fazenda Nacional, arbitrando-se os prejuízos pelo tempo inútil dispendido pelos juízes, órgãos coletivos, funcionários, material, etc."

"O advogado que, no exercício profissional, é responsável pelos atos praticados com dolo ou culpa, na hipótese de lide temerária, pode ser responsabilizado solidariamente com o cliente em ação própria, para a qual incompetente a Justiça do Trabalho. Inteligência do art. 32 da Lei n. 8.906, de 4 de julho de 1994." (10)

Já foi feita referência à utilização de computador para a formulação de petições iniciais que, devidamente arquivadas, são utilizadas em casos semelhantes. Ocorre que tem se verificado casos em que o advogado lança mão, por cópia, de petições que não guardam relação direta com uma ou algumas das circunstâncias fáticas especiais no novo caso.

"É sabido, por exemplo, que diariamente, os Juízes são levados a instruir processos resultantes de patrocínio irresponsável que chega, habitualmente, a usar programa padronizado de computador para formular o mesmo tipo de pedido, independentemente das peculiaridades da situação do cliente ..." (11)

A utilização de petição padronizada, via computador, poderá trazer prejuízos à própria parte representada, sujeitando o advogado à indenização.

---

(9) TRT 2ª REGIÃO — CORREGEDORIA — CP 204/01 — 6.11.1991 — *LTr* 56.03/293.
(10) TRT 3ª REGIÃO — 4ª T — RO 06577/95 — 30.8.1995 — *LTr* 59-11/1546.
(11) TRT 5ª REGIÃO — 5ª T — RO 012900167-50 — 30.08.1994 — *LTr* 59-05/685.

"Litigância de má-fé — Caracterização — Se o reclamante pede em juízo parcela que sabe que não é devida, age de ma-fé, não sendo justificativa o fato de o advogado ter assinado petição que estava na "memória" do computador com tal postulação. A se admitir tal assertiva, abrir-se-á precedente perigoso, vindo todos a juízo fazer petições padronizadas, sem qualquer critério, causando transtornos aos empregadores e o caos da Justiça do Trabalho, já assoberbada de processos. Se a culpa é do procurador, deverá ele, no foro próprio (inclusive no foro íntimo), ressarcir o seu cliente dos prejuízos que lhe causou, por força da Lei n. 8.906/94." (12)

A querer capitular como procedimento de má-fé o fato de o advogado de reclamante usar de modelos padronizado, armazenados nos arquivos de seu computador, para o mesmo tipo de ação, levaria o juiz, necessariamente, a considerar litigância de má-fé as centenas de contestações padronizadas, advindas de arquivos de computador, utilizadas especialmente pelos órgãos da Administração Pública e, pior, estaríamos diante de uma "judicância de má-fé", em face dos incontáveis casos de sentenças que decorrem de simples clicar de botão de computador, provindas do Poder Judiciário, em Varas e Tribunais, sem atender às peculiaridades da situação das partes, além dos Pareceres do Ministério Público, pelo sistema "cola-copia".

Deverá o Magistrado, diante da ocorrência de situação supra-relatada, agir com muita prudência e bom senso, na tentativa de caracterizar como litigância de má-fé apenas a conduta do advogado do autor, considerando que a prática é comum também quanto aos advogados dos Demandados e, não raro, dos próprios agentes ou órgãos da Magistratura e do Ministério Público, a fim de que não possa deixar margem a se concluir que tal penalização se trata apenas de uma predisposição contra o advogado do autor que procurou o Poder Judiciário, enfraquecendo os argumentos e fundamentos realmente válidos e consistentes para penalizar a conduta efetivamente maliciosa de partes e advogados, que em nada dignificam o exercício profissional e devem merecer a reprovação de todos.

Em que pese a disposição expressa do parágrafo único do art. 32, do Estatuto da Advocacia e da OAB, de alguns setores da magistratura têm surgido a tese de "relativizar" tal disposição. Neste sentido têm penalizado o advogado, por litigância de má-fé, nos próprios autos, e sem lhe dar direito de contraditório ou defesa. Neste sentido,

"Cabível, na Justiça do Trabalho, nos mesmos autos da ação corrente, desde que comprovada a má-fé ou o conluio entre as partes, a condenação solidária do advogado nas reparações dos danos advindos da lide temerária." (13)

Lê-se na fundamentação do acórdão, prolatado por unanimidade:

"No processo do trabalho, longe do rigorismo que se lhe empresta o processo civil, tenho que, na própria ação, e assim temos admitido, desde que comprovada a má-fé ou conluio entre as partes, é possível, no próprio processo, ter o advogado como solidariamente condenado a reparações deste jaez."

---

(12) TRT 3ª REGIÃO — RO 9725/96 — DJMG 21.2.1997.
(13) TRT 14ª REGIÃO — RO 0440/97 — 29.7.1997 — *LTr* 61-11/1553.

Afigura-se que o art. 32 do Estatuto da Advocacia, em seu parágrafo único, não faz nenhuma distinção sobre o ramo do direito no qual é aplicável a regra ali estabelecida. E essa interpretação é por demais clara e expressa para comportar a fundamentação supra-exposta pelos ilustres e doutos juízes componentes da Turma.

Os alegados princípios da concentração, celeridade e economia processual jamais poderão obter o condão de criar obstáculos ao texto expresso da lei (art. 32, parágrafo único, do EOAB), muito menos de violar expressas disposições constitucionais que asseguram o direito ao contraditório e ampla à defesa (Constituição Federal/88, art. 5º, LV).

Decisões como esta obrigam-nos a uma reflexão sobre condenações por litigância de má-fé e, muitas vezes indenizações por dano moral e material advindas de postulações consideradas contrárias à lei, pela parte ou pelo advogado, levando-se em conta que magistrados, não por ignorarem o texto da lei, mas por se rebelarem contra a mesma, fazem a sua "justiça" por critérios totalmente subjetivos, *contra legem*. É de se esperar que, pelo menos, na composição dessa Turma que assim decidiu não tenha participado nenhum juiz oriundo do quinto constitucional da OAB ...

E mais,

"S.V." ingressou com uma Reclamatória Trabalhista, visando obter o pagamento de adicional de insalubridade, pois trabalhava como forneiro. A perícia constatou que o grau de calor era inferior aos índices estabelecidos oficialmente. A ação foi julgada improcedente e condenado o reclamante ao pagamento dos honorários periciais. Como este não tivesse recursos para atender à condenação, o Juiz, por despacho, condenou o advogado, solidariamente, ao pagamento das despesas processuais. Agravou de petição o advogado ao Tribunal Regional, sendo considerado parte legítima ao recurso, em que pese não ter sido parte no processo, absolvendo-o da condenação, realmente insustentável.

> "Apenas na hipótese de lide temerária, prevista no art. 32 da Lei 8.906/94, na qual tenha sido comprovado o comportamento culposo ou doloso do patrono, é que será este responsabilizado solidariamente com seu constituinte pelo pagamento das despesas processuais."(14)

Podendo ser acrescentado à Ementa: — ... e por ação própria.

Outro caso,

> "Litigância de má-fé — Solidariedade — Aplicabilidade quanto ao Advogado — A previsão legal do inciso I, do art. 14, do Código de Processo Civil, deve ser adotada para coibir prática ilícita, também, do advogado, penalizando-o, nos temos do art.16 do mesmo diploma e parágrafo único do art. 32 da Lei n. 8.906/94. Restando comprovado que o reclamante não poderia entender sozinho as postulações, mais correto ainda se faz a aplicação da litigância de má-fé ao seu patrono, visto que este deve agir com lealdade, dada a sua capacidade de discernimento." (15)

---

(14) TRT 3ª REGIÃO — AGRP 270/98 — 17.11.1998 — *LTr* 63-05/663.
(15) TRT 24ª REGIÃO — RO 1679/98 — 18.3.1999 — *LTr* 63-09/1244.

O aresto supra está a merecer, também, algumas reflexões. A Egrégia Turma não só revogou o parágrafo único do art. 32 do Estatuto da Advocacia (Lei n. 8.906/94), em que pese citado na Ementa, como atentou contra o dispositivo constitucional inserido no art. 133 da Constituição Federal e no art. 6º do mesmo Estatuto, na medida em que este assegura a inexistência de hierarquia entre advogados e magistrados. Não se discute se entre atos e fatos que emergem do processo, a conduta da parte e/ou ou do advogado permitem concluir pela existência de má-fé — o que se discute é a inobservância da disposição da lei no sentido de ser assegurado ao advogado o devido processo legal, com presença do contraditório e asseguramento da mais ampla defesa. Preocupantes, ainda mais, são os argumentos expendidos no corpo do acórdão, para justificar a ilegalidade contida na decisão. Já nem se fala da imposição de indenização *ex officio*, sem notícia da iniciativa das partes e nem de prova do montante do prejuízo, que poderia comportar anteposição de teses contraditórias, fala-se de fundamentação para justificar ilegalidade palpável, flagrante. Lê-se:

> "O descumprimento desse dever resulta, sem dúvida, na penalidade preceituada no art. 16 do mesmo diploma e o parágrafo único do art. 32, da Lei n. 8.906/94 penaliza também os advogados por essas práticas, inclusive, citada nas razões do reclamante. Embora preveja a apuração dos fatos em ação autônoma não está a afastar a pena, na forma como foi aplicada nestes autos, mas a permitir demanda alternativa, caso o prejuízo processual não seja reparado no curso do processo em que ocorreu."

Ora, o disposto no art. 32 do Estatuto não deixa entrever, para qualquer mente despojada de prévio propósito deliberado de punição do advogado, em admitir a hipótese de forma ALTERNATIVA, para apuração da responsabilidade do advogado. Nem se necessita buscar princípios de hermenêutica para apontar a heresia jurídica que se pretende impor.

Para reforçar o entendimento da Egrégia turma, esta trouxe à colação decisão provinda da 15ª Região, no seguinte teor:

> "O descumprimento desse dever avoca o castigo previsto no art. 16 do mesmo diploma. Ademais, o parágrafo único do art. 32 da Lei n. 8.906/94, reforçando as normas processuais que tratam do tema, também, determina a punição dos patronos, por práticas desse jaez. Embora referida norma preveja a apuração dos atos em ação autônoma, não está a afastar a sanção, que deve ser apreciada pelo magistrado, que conduziu o processo, no qual ocorreu a perfídia."

Este acórdão ainda vai mais além, sugere a possibilidade de dois procedimentos cumulativos, o advogado seria condenado à indenização no processo trabalhista e, além disso, poderia responder pela sua conduta, em ação autônoma. Vale dizer, que se estaria sustentando o *bis in idem*, ou possibilidade de decisões contraditórias sobre o mesmo fato.

Se já foi condenado no processo trabalhista, como ficaria sua situação se viesse, na ação autônoma, ser absolvido da prática de qualquer conduta de má-fé, em conluio com a parte? Será que a Turma que o condenou devolveria ao advogado o valor que, a essa altura, já teria pago, a título de indenização? E o Julgador que injustamente o condenara poderia ser penalizado por "judicância de má-fé"?

Esse tipo de procedimento em julgamento da atuação de advogados, sem nenhum pudor em atropelar a lei e o bom senso, sugere muito antes do que um sadio propósito de fazer Justiça, um deliberado propósito de penalizar o advogado, não só aquele advogado, concreto, que atuou no feito, mas o advogado, como entidade genérica, vista por alguns magistrados, felizmente uma minoria, como o responsável por todos os males que afligem o Judiciário brasileiro. Daí entenderem que toda prerrogativa do advogado, indispensável ao pleno exercício profissional, seja um indevido privilégio.

Não se está querendo isentar de responsabilidade o advogado desleal, malicioso, antiético, que age com má-fé, em conluio com a parte, ou mesmo à revelia desta, este deve ser condenado, sim, e devidamente penalizado. Mas o ordenamento jurídico impõe uma apuração isenta, em procedimento próprio, com o devido processo legal, com contraditório, com ampla defesa, e disso a Advocacia brasileira não pode abrir mão.

Ainda outra decisão,

"PETIÇÃO INICIAL — ALTERAÇÃO DA VERDADE DOS FATOS — DEFESA DA RECLAMADA — IMPUGNAÇÃO DO AUTOR INSISTINDO NA FALSIDADE DOS FATOS — LITIGÂNCIA DE MÁ-FÉ CARACTERIZADA — PENA ABRANGENTE AO RECLAMANTE E SEU PATRONO — INTELIGÊNCIA DO ART. 17, II E III, DO CÓDIGO DE PROCESSO CIVIL. Incorre em litigância de má-fé a parte que adota procedimento temerário, notadamente o autor de ação judicial que na petição inicial altera a verdade dos fatos com o intuito de obter vantagem ilegal. A pena correspondente agrava-se mais ainda quando o autor, mesmo diante da defesa e de documentos verossímeis apresentados pela parte adversa, mantém na sua impugnação a falsidade dos fatos. À mesma pena sujeitam-se solidariamente os patronos do autor, posto que comprovado de modo claro e evidente sua culpa." (16)

A Egrégia Turma condenou, desde logo, o patrono do Reclamante, sem obediência ao claro texto do parágrafo único do art. 32. E fundamentou a decisão nos seguintes termos, citando acórdão da 10ª Região, no qual se lê:

"(...) — A situação verificada no caso concreto representa mais um episódio de reclamar da autarquia gerencial da profissão advocatícia, postura firme e intransigente em defesa dos valores éticos e morais que devem nortear o exercício de tão nobre *munus* público."

Inteira razão cabe à assertiva. A OAB (denominada no acórdão como "autarquia gerencial...") deve punir os advogados que não se conduzem dentro dos preceitos de ética, ocorre que muito raramente os Magistrados comunicam, oficialmente, à Entidade os desvios de conduta ocorridos nos processos e será difícil à OAB manter um fiscal em cada processo para verifi-

---

(16) TRT 13ª REGIÃO — RO 0546/2000 — 17.5.2000 — *LTr* 65-04/469.

car a conduta profissional dos patronos das partes. Bem andava o CPC de 1939, quando em seu art. 63, § 3º, determinava que a temeridade ou malícia do advogado seria levada ao conhecimento do Conselho local da OAB pelo juiz, independente da aplicação da penalidade que, então, era do pagamento do décuplo das custas pela parte. Se o novo CPC não traz expressa esta regra, nada impede que o Magistrado ou o Tribunal comunique à OAB, sempre que se defrontar com conduta atentatória aos princípios éticos que devem nortear o processo, para que o Tribunal de Ética da OAB, instaure o processo ético-disciplinar e puna o advogado faltoso, se for o caso. É verdade que alguns magistrados vêm adotando esta prática, o que deveria ser tomado como regra geral.

Mas, por outro lado, se afigura indefensável a tese acolhida pelo acórdão, ao decidir:

> "A postura adotada pelos patronos do autor, contudo, serviu tão-somente para caracterizar, com maior veemência, a forma temerária com a qual exerceram o seu *munus,* razão por que devem responder, logo nos presentes autos e solidariamente, pela indenização a que fora condenado ao autor, por força da hodierna interpretação que se dá ao art. 32, parágrafo único, da Lei n. 8.906/94, tudo nos moldes delineados pela decisão primária."

"Hodierna interpretação que se dá ao art. 32, parágrafo único da Lei n. 8.906/94"? Moderna interpretação por quê? E para quê?

O texto legal referido diz expressamente que o advogado, em caso de lide temerária, responderá solidariamente, desde que coligado com este, O QUE SERÁ APURADO EM AÇÃO PRÓPRIA.

Nem a um primeiro anista de Curso de Direito será necessário interpretar o que significa "ação própria"!

Já os Romanos preconizavam:

"INTERPRETATIO CESSAT IN CLARIS"

"QUANDO VERBA SUNT CLARA, NON ADMITTITUR MENTIS INTERPRETATIO"

E nada mais claro do que a redação do parágrafo único do art. 32 do Estatuto da Advocacia. Mesmo que se tentasse orientar a interpretação para a verificação da vontade do legislador, ainda assim, nenhuma interpretação diferente, partida da vontade do legislador, poderia ser extraída, a não ser aquela de que a responsabilidade solidária do advogado seja apurada em AÇÃO PRÓPRIA. Ou seja, em ação especifica, dentro do devido processo legal, mediante asseguramento do contraditório e da ampla defesa.

A multa e a indenização por litigância de má-fé não integram, não se somam às custas judiciais para os efeitos recursais.

Em conseqüência, não pode ser tolhido o recurso, por ausência de depósito do valor dessa multa e/ou indenização por litigância de má-fé.[17]

---

(17) TST — 4ª T — *Jornal da Lei — Jornal do Comércio* — Porto Alegre — 12.7.2005.

Lamentavelmente o regime socioeconômico que se pretende impor ao Mundo, com a total subserviência ao Deus Mercado, desenvolve uma cultura de transgressão à ética, de desrespeito a princípios mínimos de convivência e atuação profissional dignas e de estímulo à corrupção e impunidade e tendência à generalização.

Esse cenário contaminou, também, toda a estrutura judiciária. Juízes corruptos, ociosos, preconceituosos e arbitrários, agentes do Ministério Público mais interessados em aparecer na mídia do que buscar a melhor Justiça, advogados despreparados e antiéticos, buscando vantagem a qualquer preço, legisladores preocupados com seu reduto eleitoral e com as vantagens pessoais que lhe possa resultar da atuação legislativa.

Esse quadro conduz a um perigo, o da generalização. E que pese a força das circunstâncias negativas, políticos há que são honestos, agentes do Ministério Público exercem com zelo, diligência e discrição a sua alta missão, juízes, ainda em sua maioria, são honrados, trabalhadores, preocupados com a solução mais justa a cada um dos dissídios levados a sua apreciação, e os advogados, em sua maioria, também, são honestos, éticos, procurando cumprir o mandato que lhes foi outorgando com a maior diligência e dedicação, tendo nos honorários a receber o sustento de sua família.

E essas observações vem à colação, quando se nota uma crescente onda de preconceitos generalizada contra os advogados, apontando-os como os vilões das mazelas que afligem o Judiciário brasileiro, como profissionais que devam ser afastados do processo judicial, cujos honorários devem ser suprimidos ou aviltados ao máximo, e que devem ser penalizados a qualquer pretexto, como processo intimidatório para que não recorram, para que não "inventem teses novas", para que não resistam à Injustiça. Lamentavelmente os crescentes casos de penalização por litigância de má-fé, muito antes de penalizar as partes, visam penalizar o advogado, não individualmente — aquele que atua no processo —, mas considerado genericamente. Estas penalizações, não raro, têm servido como ato de afirmação desse preconceito e como instrumento de intimidação.

Condenar-se por litigância de má-fé o advogado que usou de petição padrão, condenar o advogado por ter sustentado uma tese *contra legem*, mas em busca de melhor Justiça, condenar o advogado por exercer o pleno direito de defesa e de recurso e, o que é pior, condenar o advogado sem lhe dar direito ao contraditório e sem o exercício à ampla defesa, em nada contribuirá para o aprimoramento do Judiciário e para a obtenção de melhor Justiça.

Correto afirmar-se que

"ADVOGADO — ATUAÇÃO — Visa alcançar a observância do direito positivo em vigor, colaborando com o judiciário na defesa dos interesses dos respectivos constituintes. Ao magistrado cumpre atuar com espírito de compreensão, voltando-se à observância e acolhimento de articulações que se mostrem procedentes." [(18)]

---

(18) Min. Marco Aurélio Mendes de Farias Mello — *In* AC EMB DECL-EMB-RR-4920/82 — Em 8.9.1988 — *LTr* 53-5/611.

Violação gritante às garantias constitucionais verifica-se nos casos em que a litigância de má-fé não foi objeto de discussão na fase de conhecimento e sem requerimento de ninguém, sem alegação de prejuízo de nenhuma das partes, vem expressa na sentença ou, o que é pior, em decisão de instância superior. O advogado é surpreendido com uma condenação na qual não lhe foi assegurado o devido processo legal, nem lhe assegurado o contraditório e ampla defesa. E isso ocorre quanto à parte, também.

Em discussão sobre o tema, no âmbito do Conselho Federal da OAB, o ilustre Conselheiro mineiro, professor *Paulo Medina*, sugeriu a introdução, na lei processual, de uma exceção incidental, pela qual se abriria prazo à parte e ao advogado para apresentação de defesa, se no processo de conhecimento o assunto não fora ventilado.

Seria uma solução a ser considerada de *lege ferenda*, como imperativo mínimo de obediência à Carta Magna vigente.

XIV — HIPÓTESES QUE NÃO CONFIGURAM LITIGÂNCIA DE MÁ-FÉ

Não se poderá caracterizar como deslealdade processual a conduta da parte que busca em instância superior a manifestação sobre sua pretensão, que considera justa. Se, em princípio, além da hipótese da violação à norma legal expressa, os argumentos da Parte são defensáveis, sob um dos três aspecto enfocados pelo Estatuto da Advocacia: se a decisão recorrida fere a Constituição, não está em consonância com a Justiça ou se estriba em precedente jurisprudencial, não se pode falar em litigância de má-fé.

A não ser assim, todo aquele que tivesse perdido uma ação e interpusesse recurso, seria considerado litigante de má-fé.

A jurisprudência tem assentado que se a pretensão tem fundamentos defensáveis inocorre a deslealdade processual.

Caberá ao Julgador, caso a caso, examinar com o máximo cuidado e prudência, a ocorrência do constitucional direito de recurso deferido ao cidadão, à instância superior, nos moldes estabelecidos no Código Processual, ou se trata de abuso de direito, em que o recurso é manipulado como simples expediente protelatório para retardar o cumprimento da obrigação.

Neste sentido,

"Não é litigante de má-fé quem se defende utilizando fundamentos não desarrazoados, embora juridicamente insustentáveis." (1)

Também,

"MÁ-FÉ PROCESSUAL — Não a caracteriza a visualização incorreta dos fatos ou sua errônea valoração jurídica, quando não se evidencia o propósito de usar o processo para fins anormais.

(...)

Em tal matéria, é preciso usar-se de muita cautela. Só quando a pretensão manifestada, ou resistência oposta, apresenta-se despida de quaisquer visos de razoabilidade, raiando pelo absurdo jurídico, ou pela impossibilidade material ou lógica manifesta, cabe a aplicação das sanções previstas nos arts. 17 e 18 , do CPC. Litigante de má-fé é aquele que alimenta o litígio sem poder ter razão e sabendo que não a pode ter e, portanto, utiliza-se do processo como instrumento de protelação ou de capricho." (2)

---

(1) TA RS — 2ª CAM — AP 19.726, 11.9.1976 — *R Julg* 33/266.

(2) TA RS — 2ª CAM — AP 21.958 — 17.6.1980 — *R Julg* — 36/336.

A má formação profissional dos advogados, mais modernamente, decorrência da proliferação de Cursos de Direito, sem condições razoáveis de funcionamento, tem ensejado situações de risco para as partes, pelo despreparo demonstrado na lide forense. Esse despreparo, porém, não enseja a capitulação da litigância de má-fé, se não caracterizada a intenção de causar prejuízo indevido à parte contrária.

Daí,

"Apenas um reparo transparece imperativo, é no tocante ao reconhecimento, contra o embargado, da litigância de má-fé. É que os evidentes equívocos conceituais em que incidiram as teses processuais sustentadas pelo procurador judicial do embargado demonstram-no órfão da necessária base científica, agravada pela ausência do bom direito. E possivelmente isto rendeu ensejo à pletora de teses juridicamente espúrias na espécie versadas, o que não se pode imputar diretamente à parte, cuja conduta não se adequou ao previsto em quaisquer dos incisos do art. 17 do CPC e sobre quem, diretamente, recairia a sanção, com o obrigatório desembolso, o que não confere com a melhor justiça." [(3)]

Não raro magistrados procuram caracterizar a litigância de má-fé, em casos nos quais uma tese defendida por uma das partes simplesmente não coincide com o ponto de vista do Julgador. Consideram uma afronta o pleno exercício do contraditório, em nome de uma Verdade absoluta, na sua ótica.

Fundado em contrato de depósito "XY" moveu execução contra "WZ".

Embargaram os executados, sendo objeto da discussão jurídica a possibilidade de execução para entrega de coisa fungível. A matéria é controvertida doutrinariamente e alicerçaram-se, os Embargantes, ao mais, em parecer do Eminente processualista Prof. *Galeno Lacerda*. Em primeiro grau, os embargos foram fulminados pela decisão que, ao mais, condenou os Embargantes por litigância de má-fé.

Em grau de apelação o Tribunal confirmou a tese do Juiz, ao rejeitar os Embargos, mas absolveu os Embargantes da condenação por litigância de má-fé, dispondo:

"Litigância de má-fé — Dano processual — Não caracterização — Necessidade de se demonstrar, irrefutavelmente, a existência de dolo, a fim de configurar o *improbus litigator.*"

"(...) A litigância de má-fé, também, não se configurou. O acionado procurou defender a sua posição e tese, que podem não ser as melhores, mas nem por isso se pode afirmar que foram apresentadas em lide temerária ou com intuito protelatório.

Ademais disso, não estão presentes os pressupostos que a caracterizam, e ela não se presume. As infrações previstas no art. 17 do CPC não devem ser analisadas com rigor objetivo, pois, do contrário toda parte que perdesse a demanda seria litigante de má-fé. Ressalta-se que para a caracterização do

---

(3) TJ RS — 3ª CAM — AP 592119853 — 8.4.1993 — *RJTJ* RS 159/339.

improbus litigator exige-se prova irrefragável do dolo e demonstração de dano processual à parte contrária.

In casu, repita-se, o requerido apenas buscou demonstrar e comprovar procedência de suas alegações, não implicando, o ato, em má-fé ou dolo. Além do que, a boa-fé é que se presume." [(4)]

Um sem-número de questões jurídicas, tanto de direito material, como de direito processual, estão sujeitas a interpretações não raro conflitantes. Isso ocorre tanto na doutrina, como na jurisprudência. Abraçando o advogado uma ou outra das teses, com razoável fundamentação, não se lhe poderá impor a capitulação da litigância de má-fé.

"LITIGÂNCIA DE MÁ-FÉ — Descaracterização — Interpretação diversa de texto de lei da que efetivamente contém ou que lhe dá o magistrado.

(...) Quanto à sua condenação na litigância de má-fé, entendo que lhe assiste razão, devendo ser afastada, já que a lide se desenvolveu dentro do aceitável, tendo as partes apenas exercido, em sua plenitude, o direito constitucional de defesa. Ademais, a interpretação diversa da do texto legal, por si só, não caracteriza a má-fé. (...)" [(5)]

Da mesma forma,

"Não caracteriza má-fé a litigância só porque a parte emprestou a determinado dispositivo de lei ou a certo julgado uma interpretação diversa da que neles efetivamente contida ou desafeiçoada ao entendimento que lhe dá o juízo." [(6)]

Igualmente,

"LITIGÂNCIA DE MÁ-FÉ — Mostrando sérios e jurídicos os argumentos do embargante que se escora em parecer de jurista de escol, não se pode vislumbrar propósito de procrastinação, sendo injusta a penalização por má-fé." [(7)]

Também,

"AÇÃO DE EXECUÇÃO CONTRA AVALISTA — Litigante de má-fé — Se a pretensão do credor embargado se apóia em tese de direito controvertida nos Tribunais, não há por que qualificá-lo litigante de má-fé." [(8)]

Verificando-se, pois, controvérsia jurisprudencial sobre determinada matéria, não caberá a configuração *improbus litigator*, à parte que se filiar a uma das correntes.

"No que tange ao pedido da ré de condenação do autor em perdas e danos por litigância de má-fé, vez que, ao buscar a ampliação do pedido, deduziu pretensão contra texto expresso de lei, entendo deva ser indeferido, pois o autor objetivava, tão-somente, interpretação jurisprudencial mais favorável aos seus interesses." [(9)]

---

(4) 2º TACiv SP — 11ª CAM — AP 642.165-0/2 — 21.10.2002 — *RT* 813/ 314.
(5) TJ MS — 2ª CAM — AP 61.153-8 — 30.3.1999 — *RT* 768/329.
(6) STJ — 1ª T — RESP 21.185-6-SP — 27.10.1993 — *In* NEGRÃO, Theotonio. *Código de Processo Civil* 28ª ed. ED Saraiva, Art. 17, Nota 1 C.
(7) TA RS — 1ª CAM — AP 193089521 — 10.8.1993 — *R Julg* 88/303.
(8) TA RS — 3ª CAM — AP 23.052 — 13.8.80 — *R Julg* 36/503.
(9) TJ RS — 2º GR DE CAM CIV — A RESC 595044751 — 10.5.1996 — RJTJ RS 178/165.

Por conseqüência,

"LITIGÂNCIA DE MÁ-FÉ. Não a configura a interposição de recurso, ainda que improvido, desde que apresente um mínimo de razoabilidade." (10)

Já foi referido anteriormente que o advogado, hoje, vê-se diante de um penoso dilema, em face da exigência do pré-questionamento para ensejar a apreciação de seu recurso em Tribunal Superior, e a tendência dos juízes de 1º grau e magistrados de 2º grau de penalizarem como conduta protelatória, sujeita à caracterização como litigância de má-fé, os embargos declaratórios que procura a explicitação de determinada matéria.

Não deverá, porém, deixar de recorrer, sempre que entender necessário ao resguardo dos interesses e direitos de seu constituinte, como imposição moral e profissional de sua condição de Advogado.

"CARTÃO DE CRÉDITO. NULIDADE DA SENTENÇA NÃO CONFIGURADA. LIMITAÇÃO DOS ENCARGOS. — 1. Preliminar de nulidade de sentença rejeitada. A falta de exibição de contrato eventualmente firmado, considerando os documentos que instruem os autos, principalmente a cópia das cláusulas gerais, e a prática das administradoras de cartão de crédito, não importa qualquer prejuízo à apreciação dos pedidos da autora. — 2. Incidência do Código de Defesa do Consumidor. Abusividade dos encargos caracterizada. Limitação dos juros remuneratórios à Taxa Selic, que constitui a taxa média de mercado estipulada pelo Banco Central, sem prejuízo da correção monetária. — 3. Capitalização anual. Art. 4º da Lei da Usura. Igual periodicidade prevista no art. 591 do novo Código Civil, de hierarquia superior à MP 2.170/36. — 4. Comissão de permanência limitada ao mesmo índice estabelecido para os juros remuneratórios, uma vez flagrada sua abusividade. Súmula 294 do STJ. — 5. Multa já fixada em 2%, segundo cláusula contratual. — 6. Incabível a repetição do indébito, se não há prova de que realizados pagamentos acima do mínimo exigido nas faturas. Admissível apenas a compensação dos créditos mútuos. — 7. Imposição de multa pela interposição de embargos declaratórios afastada. *Litigância de má-fé não configurada.* Recurso não manifestamente protelatório, pois com sua apresentação a embargante buscou prequestionar a incidência de dispositivos legais, segundo Súmula do STJ. Apelo da autora parcialmente provido, rejeitada a preliminar. Apelo da ré desprovido." (11)

Da mesma forma,

"EMBARGOS DE DECLARAÇÃO — Litigância de má-fé — Descaracterização — Impossibilidade de aplicação de multa. No tocante à multa aplicada, entretanto, razão assiste à recorrente, eis que buscavam os aclaratórios elucidar questões que a parte considerava pertinentes, sem que se possa daí extrair a litigância de má-fé." (12)

A lei assegura ao cidadão carente de recursos a promover as ações que entenda necessárias, ao abrigo da justiça gratuita, nos termos da Lei n. 1.060/50.

---

(10) TJ RS — 6ª CAM — AP 5585037138 — 22.10.1985 — RJTJ RS 118/328.
(11) TJ RS — 12ª T — AP 70012165866 — 2.10.2005 — ARQJURISPR TJ RS.
(12) STJ — 4ª T — RESP 312.597-SP 16.4.2002 — DJU 24.6.2002 — *RT* 806/149.

O fato de, posteriormente ao deferimento do pedido de justiça gratuita, lhe ser cassado o benefício, não implica, necessariamente em litigância de má-fé.

Assim,

"IMPUGNAÇÃO AO PEDIDO DE ASSISTÊNCIA JUDICIÁRIA GRATUITA EM AÇÃO ANULATÓRIA. DIREITO PRIVADO NÃO ESPECIFICADO. Em tendo sido demonstrado que o impugnado tem recursos para arcar com os ônus sucumbenciais, é de se revogar assistência judiciária gratuita concedida. Inviável a aplicação de litigância de má-fé quando a parte tem o direito de pleitear em juízo um benefício constitucional (assistência judiciária gratuita)." (13)

Em que pese, via de regra, o ajuizamento de uma segunda ação, com omissão ao fato de já ter sido ajuizada ação anterior, vir sendo caracterizado como litigância de má-fé, poderão ocorrer circunstâncias especiais que afastem capitulação de conduta maliciosa.

Exemplo,

"Decisão de Tribunal Regional do Trabalho mantendo sentença que, com apoio no art. 17, III, do CPC, condenou o reclamante por litigância de má-fé, porquanto ao ajuizar a ação trabalhista, omitiu na petição inicial a circunstância de que já tinha proposto, anteriormente, medida cautelar com o fito de conseguir reintegração no contrato de trabalho, considerado extinto pela reclamada com o advento da aposentadoria voluntária. Hipótese em que a 2ª ação proposta também postula, liminarmente, a reintegração ao emprego, tendo a sentença declarado a litispendência, ao final mantida pelo acórdão do Tribunal Regional do Trabalho. Inexistência, no caso, de ofensa à literalidade do art. 17, III, do CCPC."(14)

Da mesma forma já foi decidido, em se tratando de Ação Popular, reiterando Ação Civil Pública sobre o mesmo fato.

A Administração do Município de "M", fora condenada em ação proposta pelo Ministério Público, referentemente a danos ambientais gerados pelo seu sistema de esgoto. Posteriormente um cidadão ingressou com Ação Popular com o mesmo objeto da ação anteriormente julgada. O juiz de 1º grau julgou a ação improcedente e condenou o autor como litigante de má-fé. Decisão de 2º grau:

"Litigância de má-fé — Descaracterização — Ação popular. Causa de pedir e pedidos lícitos e processualmente admissíveis. Irrelevância dos motivos extra-processuais que levaram a interposição da ação ou de o autor popular pertencer a grupo político de oposição ao réu." (15)

A disposição contida no art. 37, parágrafo único, do CPC, configura hipótese diferente da litigância de má-fé, de que tratam os arts. 16, 17 e 18 do mesmo código.

Em decisões de alguns juízes transparece uma evidente prevenção contra o advogado, cumprindo ao Tribunal, em âmbito recursal, corrigir distor-

---

(13) TJ RS — 10ª CAM — APEL CIV 70010440121, 02/06/2005 — ARQJURISPR TJ RS.
(14) TST — 1ª T — RR 526.588/99.5 — DJU 30.5.2003 — *Jurispr Trab* HS 234/106.
(15) TJ SP — 7ª CAM — AP 153 5215/8-00 — 18.12.2000 — *RT* 788/242.

ções, o que faz notar a necessidade de ser mantido o duplo grau de jurisdição em todos os processos, como garantia mínima ao exercício pleno da cidadania. Vejamos este exemplo.

"ADVOGADO — Condenação por despesas e perdas e danos (art. 37 do CPC) e litigância de má-fé (arts. 16 e 17 do CPC) — Sanções processuais distintas — Necessidade de que a parte beneficiada efetue pedido expresso." (16)

Da leitura do acórdão, verifica-se que o advogado recebera uma procuração, por instrumento público, em 17 de março de 1995. Em 12 de maio de 1995 o outorgado ingressou com ação cível em nome dos outorgantes. Em 3 e 16 de maio, primeiro a mulher, depois o marido, revogaram a procuração, sendo o outorgado notificado da revogação em 18 de maio, após ter protocolado a ação em juízo. O MM. Juiz de 1º grau houve por bem condenar o advogado, por litigância de má-fé, forte no art. 37 do CPC, aplicando-lhe a condenação correspondente a 25 (vinte e cinco) salários mínimos, por perdas e danos.

Recorreu o advogado, tendo o Egrégio tribunal afastado a condenação.

Destaca-se dessa surpreendente condenação em primeira Instância, independente da apreciação do mérito, considerando que a ação foi proposta antes da comunicação da revogação:

1º) A litigância de má-fé, capitulada nos arts. 16 e 17, nada tem a ver com a condenação em perdas e danos de que trata o art. 37, em seu parágrafo único, do CPC.

2º) A indenização por litigância de má-fé é fixada em quantia correspondente de 10 a 20% sobre o valor da causa e não em salários mínimos.

3º) Não se vislumbrava, conforme é mencionado pelo acórdão, qualquer indício de prejuízo à parte interessada, a ser indenizado, além do que a parte contrária nenhum pedido de indenização formulara no processo.

Em alguns casos, a peça apresentada em juízo, pleiteando ou contestando um pedido é alicerçado em fundamentos diversos, sendo considerados alguns totalmente infundados, mas outro(s) procedente(s). Neste caso a parte não poderá ser capitulada como litigante de má-fé.

"Litigância de má-fé — Descaracterização — Parte que formula preliminares manifestamente infundadas dentre outras defesas oportunas — Fato que afasta o intuito meramente protelatório da demanda." (17)

Enfim, — o que a jurisprudência mais lúcida e judiciosa tem procurado ressaltar é que a caracterização da litigância de má-fé pressupõe conduta maliciosa, espírito emulativo, pretensão infundada, devidamente provada, com objetivo claro de causar prejuízo à parte contrária, da qual resulte, efetivamente, prejuízo a esta.

---

(16) 2º TACiv SP — 11ª CAM — AO 442.473-00/0 — 12.12.1995 — *RT* 728/282.
(17) 2º TACiv SP — 7ª CAM — AP 640.866-00/1 — 24.9.2002 — *RT* 810/279.

Assim,

"Litigância de má-fé — Lide temerária — Caracterização que depende de prova satisfatória de sua existência e do dano processual que se pretendeu compensar com a condenação cominada na lei." [18]

Também,

"Não há abuso do direito de demandar quando não se caracteriza o espírito emulativo." [19]

No mesmo sentido,

"Quando o ordenamento jurídico concede um direito subjetivo, entende-se, como regra geral, que a seu titular fica livre o seu exercício, ainda que isso possa lesar interesse alheio. Só quando tal lesão não resulta, exclusivamente, daquele livre exercício, mas tenha como causa também o modo malicioso por que o titular o realiza, agravando-a mais do que é necessário é que se pode falar de abuso de direito, ou, em caso de litígio, de lide temerária." [20]

Ainda quanto a prova,

"Só se verifica a lide temerária quando se trata do *improbus litigator*, fazendo-se mister também seja provada a malícia." [21]

Da mesma forma,

"Não se vislumbra ocorrência de nenhuma das hipóteses previstas no art. 17 do CPC capazes de ensejar condenação por litigância de má-fé.

Incabível, entretanto, a aplicação da pena de litigância de má-fé aos autores, eis que não evidenciada a dedução de pretensão ilegal ou alteração da verdade dos fatos. Não se vislumbra, assim, estarem incursos em nenhum dos incisos do art. 17 do CPC, artigo esse tipificador do referido procedimento." [22]

"Despejo — Ação ajuizada após entrega das chaves do imóvel locado. Litigância de má-fé — Inocorrência. Distribuição inadequada de despejo uma vez que o imóvel, objeto da locação, já se encontra desocupado. Hipótese, porém, que existem aluguéis em atraso, a que o importa na necessidade de o locador se socorrer de um provimento jurisdicional para ver atendida sua pretensão." [23]

---

(18) TJ PI — 1ª CAM — AP 98.001646-0 — 3.8.1999 — *RT* 770/352.
(19) TJ RJ — 2ª CAM AP 1.012, — 31.8.76 — *In* ALVIM, Arruda. *Código de Processo Civil e Legislação Extravagante*. ED RT, 1985, p. 20.
(20) TJ RS — 3ª CAM — AP 1.288 — 30.4.1942 — "*O Direito*" 15/388.
(21) TJ DF — 6ª CAM — AP 9.690 — 13.5.1941 — "*O Direito*" 13/385.
(22) TRT 4ª REGIÃO — 4ª T — RO 96.036978-3 — 19.9.1998 — *LTr* 63-02/231.
(23) 2º TA SP — 7ª CAM — AP 514.499-00/0 — 14.4.1998 — *RT* 754/327.

XV — DA CARGA IDEOLÓGICA E DAS MOTIVAÇÕES PESSOAIS NA APRECIAÇÃO DA LITIGÂNCIA DE MÁ-FÉ

"A interpretação não é neutra.
Por trás dela há — nem sempre perceptível —
uma tendência filosófica ou política,
enfim, uma concepção de vida,
ainda que o intérprete se suponha imparcial."

B. Calheiros Bomfim

Tanto quanto na apreciação do mérito de uma ação proposta, quanto no julgamento da conduta da Parte ou do Advogado que formula as teses postulatórias ou contestatórias, o Juiz extravasa uma considerável carga ideológica, decorrente de suas convicções políticas, filosóficas e religiosas, não raro com mais forte influência do que as próprias convicções estritamente jurídicas, além de, algumas vezes, refletir indisposições pessoais com a parte ou seu advogado.

Rui Portanova, em excelente trabalho sobre as motivações ideológicas da sentença, assinala que, além das motivações probatórias, constatamos motivações pessoais e ideológicas nas decisões judiciais.

Entre as motivações pessoais a agir sobre o julgador, contaríamos as interferências psicológicas, sociais e culturais, a antipatia ou simpatia por uma das partes ou testemunhas, ao que se há de acrescentar, como fator de considerável relevância, sua concepção da advocacia, em geral, e do advogado que trabalha no feito, particularmente.

Sobre as motivações ideológicas manifesta-se o ilustre jurista:

"A ideologia de que falamos não é má-fé, é um conjunto de representações, saberes, diretrizes ou pautas de condutas. Este complexo disperso, acumulado e pseudamente sistemático orienta, condiciona e governa atos, decisões e atividades. Não é uma realidade sensível e concreta, mas realidade imaginária e meramente possível, emanada do contexto sócio-econômico. Está difundida nos preconceitos, costumes, religião, família, escola, tribunais, asilos, ciência, cultura, moral, regras gerais de conduta, filosofia, bom senso, tradição." (1)

---

(1) PORTANOVA, Rui. *Motivações Ideológicas da Sentença*. ED Livraria do Advogado, 1992, p. 17.

Há anos atrás, em comarca onde então trabalhávamos, por ocasião do jantar de despedida que a comunidade ofereceu ao Juiz, recém-promovido, que seria por isso transferido, em meio ao seu discurso de despedida, fez questão de referir que não ingressara na magistratura por sentir-se vocacionado para ser juiz, mas, sim, para servir a Santa Madre Igreja Católica Apostólica Romana.

Pode-se imaginar da carga ideológica que ditou suas sentenças ...

Quantas vezes o juiz, ao penalizar a parte por litigar contra a verdade, não estará tomando por parâmetro a SUA VERDADE? A sua verdade condicionada por uma carga ideológica e motivações pessoais das mais variadas ordens.

E quando penaliza o advogado, por peticionar contra a lei, não estará muito antes de pretender penalizar uma conduta processual que considera incorreta, procurando manter o *status quo* que esta lei representa, ao mesmo tempo procurando punir um crime de lesa-autoridade, autoridade da qual se sente ele, juiz, parte integrante?

Condenando a parte e/ou o advogado por defender uma tese amparada por corrente jurisprudencial controvertida, em posição contrária ao entendimento dele, magistrado, não estará deixando aflorar sobretudo a sua concepção ideológica advinda das forças que sobre ele influem, decorrentes de suas convicções políticas, religiosas ou valoração de incontáveis fatores de sua formação familiar, educacional, cultural e social?

Esta ordem de reflexões nos leva a depararmos com a redação do art. 285-A do CPC, introduzido pela Lei n. 11.277, de 7 de fevereiro de 2006, deferindo ao juiz o poder de lançar sentença de imediato, sem citação da parte contrária, baseado em decisões anteriores, em casos que entender idênticos.

Ao nos defrontarmos com a pletora de alterações da legislação processual, mudando o CPC a cada mudança de lua, assalta-nos a idéia, certamente totalmente infundada, da existência um imenso laboratório povoado de extraordinários cérebros da ciência jurídica, rodeado de dóceis legisladores, numa desenfreada competição, para ver quem consegue conceber e aprovar maior número de normas que possam infernizar o sadio labor judicial, quem possa produzir maior prejuízos à Comunidade, quem possa aviltar mais a advocacia, quem possa inventar maiores empecilhos ao pleno exercício da Cidadania e ao pleno gozo e exercício das garantias constitucionais.

Alguns desses fatores pessoais, decorrentes da ideologia, manifestam-se mais atuantes no juízo de primeiro grau, onde o julgador se defronta pessoalmente com a parte, com a testemunha, com o advogado, quando decide sobre a lisura da conduta pelos mesmos adotada no processo.

Examinando-se algumas dezenas de acórdãos, que emergem dos repertórios de jurisprudência publicados, onde a litigância de má-fé decretada em primeira instância é reformada em 2ª instância e, não raro, a reforma em 3º grau, podemos nos certificar da freqüência com que partes e advogados são submetidos ao desdouro de uma penalização por critérios totalmente subjetivos do julgador, sem uma devida consistência jurídica plausível.

Estes critérios subjetivos do julgador podem, inclusive, decorrer não de um ato de parcialidade consciente, mas de um complexo de fatores inconscientes, antes enumerados que moldaram sua personalidade.

Interessante é notar que nos órgãos colegiados, muitas vezes a litigância de má-fé é reconhecida e penalizada apenas pela maioria de seus integrantes. Então é de se concluir, necessariamente, que o(s) voto(s) vencido(s) não terá(ão) considerado a conduta da parte ou do advogado como censurável.

Mas se pelo critério de pelo menos um desembargador, ou ministro, tal conduta não estaria a merecer censura, como não admitir que a parte ou o advogado também assim o considerasse?

Daí afigurar-se como mais recomendável e lógico que, de *lege ferenda*, se considere necessária a unanimidade do órgão colegiado para confirmar ou condenar originariamente a penalização da parte ou do advogado por litigância de má-fé. Temos, analogicamente, exemplo no próprio texto processual na disposição do art. 588, II, do CPC, quando estabelece que o depósito de 5% sobre o valor da ação rescisória, reverterá à parte contrária, a título de multa, caso a ação seja, por UNANIMIDADE, declarada inadmissível ou improcedente.

CONCLUSÕES

De todo o levantamento panorâmico, retroexposto, sobre a matéria, afigura-se lícito concluirmos:

1º) A propositura, processamento e solução das lides devem ser conduzidos por meio de uma conduta ética, cujas violações necessariamente precisam ser combatidas e devidamente penalizadas, tanto no que tange à conduta da parte vencida, como na da parte vencedora.

2º) Este combate à malícia processual deve se estender a todos os ramos do Direito e a todos os tipos de procedimentos.

3º) A inconveniente conduta processual deve ser coibida a todos os participantes da ação judicial e devidamente penalizada.

4º) A caracterização da litigância de má-fé deve ser fundamentada em inequívoca intenção de prejudicar a parte contrária.

5º) Não pode ser caracterizada como litigância de má-fé a postulação contra expressas normas da legislação vigente, se o autor busca uma solução sob a guarida de princípios constitucionais ou em busca de uma melhor Justiça.

6º) O Poder Público não pode ser isentado da penalização por litigância de má-fé; quando assim age, será devidamente penalizado, cabendo à Administração Pública buscar o ressarcimento do prejuízo causado ao Erário Público, do agente responsável pela conduta temerária ou maliciosa.

7º) Especial cuidado e prudência devem ter os Juízes do Trabalho no julgamento da conduta das partes, considerando o *jus postulandi* do trabalhador, tanto como do pequeno empregador, normalmente jejunos de precisas informações sobre o ordenamento jurídico e, mesmo representado o trabalhador por advogado, pelas dificuldades de comunicação a respeito da real situação fática em que se desenvolveu a relação empregatícia e a carência de elementos documentais a respeito.

8º) A decisão que condenar a parte à pena de litigância de má-fé deverá ser convenientemente fundamentada, com especificação do inciso legal em que teria incorrido o infrator, na caracterização de cada ato de sua conduta.

9º) Nos precisos termos da lei vigente, a penalização pela litigância de má-fé está fixada na imposição de uma multa de até 1% (um por cento) sobre o valor da causa, e imposição do pagamento das despesas processuais e honorários advocatícios. *De lege ferenda*, seria conveniente que esta multa pudesse ser elevada até 5% do valor da causa, em se considerando a gravidade da infração ou reincidência.

10º) Somente nos casos de Embargos de Declaração, reiterados, considerados protelatórios, a multa poderá ser elevada até 10%.

Os magistrados deverão considerar com muito cuidado a alegada formulação reiterada de embargos de declaração, considerando a necessidade do prequestionamento que, seguidamente, os torna indispensáveis para a interposição de recurso à instância superior.

11º) Se a litigância de má-fé for aplicada em instância superior, sem que dela se cogitasse na instância inferior, é imperativo que se abra vista para o acusado, a fim de que possa exercer seu direito constitucional de ampla defesa e evitar-se a supressão de uma instância.

12º) O advogado acusado de conduta culposa ou dolosa, em conluio com seu cliente, para causar prejuízo a outrem, responderá em ação própria, sendo vedada qualquer interpretação restritiva, analógica ou de qualquer forma impeditiva ao preceito estabelecido no Estatuto da Advocacia.

13º) A indenização, fixada no § 2º do artigo18 do CPC, de até 20% sobre o valor da causa, constitui ressarcimento pelos prejuízos (danos emergentes e lucros cessantes) que a parte prejudicada sofreu.

Em se constituindo como indenização por ato ilícito do litigante de má-fé, como em todas as indenizações por ato ilícito, o ressarcimento depende da iniciativa da parte, que deve indicar a espécie de prejuízo sofrido e o valor a ele atribuído.

14º) A indenização não pode ser confundida com a multa.

A única leitura possível do texto legal, em face dos princípios que regem o direito indenizatório, é que o juiz, nos próprios autos, pode, diante do que for exposto pelo prejudicado, arbitrar esse prejuízo em até 20% do valor da causa, atendendo a princípios de razoabilidade. Se maior for o valor, restará ao prejudicado solicitar o arbitramento em liquidação ou em ação própria, buscando o ressarcimento com base no art. 16 do CPC.

A aplicação de indenização como penalidade, confundindo-a com multa, imposta *ex officio*, constitui uma aberração jurídica inqualificável.

15º) Será de bom alvitre que o Magistrado ou o Tribunal que julgar efetiva a litigância de má-fé comunique o fato à Seccional local da OAB, a fim de que se possa instaurar o processo ético-disciplinar para a apuração da conduta do advogado.

16º) Não devem os Juízes e Tribunais usarem a figura da litigância de má-fé como arma de intimidação contra as Partes e Advogados, para demovê-los de buscar no Judiciário a solução de suas questões ou o direito de recorrer à instância superior.

17º) *De lege ferenda*, recomendável será que as decisões confirmatórias de litigância de má-fé em grau recursal, ou impostas originariamente pelo órgão colegiado, somente terão eficácia se tomadas por unanimidade.

FONTES DE CONSULTA

LIVROS

AGUIAR, Roberto A. R. *O que é a Justiça?*. São Paulo Alfa-Omega, 1992.

ALVIM, Arruda. *Estudos e Pareceres — Direito Processual Civil-3*. São Paulo RT, 1995.

ALVIM NETO, José Manoel de Arruda. *Código de Processo Civil e Legislação Exravagante — Anotações de Jurisprudência e Doutrina*. São Paulo: RT, 1985.

______. FORNACIARI JÚNIOR, Clito e ZILSCH, Gisela. *Jurisprudência do CPC*. São Paulo: RT, V. I, 1978 e V. III, 1980.

ARMARIO, Faustino G. *Diccionario de Derecho Romano*. ED Réus, Madrid, 1976.

BEVILAQUA, Clovis. *Código Civil dos Estados Unidos do Brasil*. ED Rio, 1975.

BOMFIM, B. Calheiros. *Conceitos sobre Advocacia, Magistratura, Justiça e Direito*. Rio de Janeiro: Edições Trabalhistas, 1983.

______. *Álbum de Pensamentos*. ED Destaque, 2006.

______. SANTOS, Silvério e STAMATO, Cristina Kaway. *Dicionário de Decisões Trabalhistas*, 32ª ed. Rio de Janeiro: Edições Trabalhistas, 1998.

CARNEIRO, Athos Gusmão. *O Novo CPC nos Tribunais do Rio Grande do Sul e Santa Catarina*. Tomo I, Coleção AJURIS, 1976.

CARRION, Valentin. *Nova Jurisprudência em Direito do Trabalho*. São Paulo: Saraiva, 1997 e 1998.

CARVALHO, Luiz Antônio da Costa. *Curso Teórico-Prático de Direito Judiciário Civil*, V. I. ED. A. Coelho Branco Fº, 1938.

COUTURE, Eduardo. *Os Mandamentos do Advogado*. ED Sergio Fabis, 1979.

DIAS, Aguiar. *In* SILVA, Wilson Melo da. *O Dano Moral e sua Reparação*. Rio de Janeiro: Forense, 1955, prefácio.

DINIZ, Maria Helena. *Curso de Direito Civil Brasileiro*, 7º Volume. São Paulo: Saraiva, 1984.

DUTRA, José. Discurso, in *Novo Código de Processo Civil nos Tribunais do Rio G. do Sul e S. Catarina*, t. I — Coleção AJURIS, 1976.

FERREIRA, Aurélio Buarque de Holanda. *Novo Dicionário da Língua Portuguesa*, 1ª ed., 15ª Impressão. Rio de Janeiro: Nova Fronteira.

FILAS, Rodolfo Capón. *Diccionario de Derecho Social*. Verbete *Buena Fé*. ED Rubinzal-Culzoni, Santa Fé, Argentina, 1987.

GALVÃO FILHO, Áureo. *Expressões do Pensamento Jurídico e Outros*. ED OAB, 2005.

GIGLIO, Wagner D. *Direito Processual do Trabalho*. São Paulo: Saraiva, 2002.

GOMES, Orlando. *Obrigações*. Rio de Janeiro: Forense, 1972.

JESUS, Damásio E. de. *Código Penal Anotado*. São Paulo Saraiva, 1989.

LIMA, George Marmelstein. *Desrespeitos à Regra Processual da Livre Distribuição*. RT, 797/170.

LIMA, Manoel Hermes de. "Litigância de má-fé — Solidariedade do advogado com a Parte. Lei n. 8.906/94, art. 32, parágrafo único", LTr 59-01/34.

LOPES, João Batista. "O Juiz e a Litigância de Má-Fé". São Paulo: *RT* 740/128, junho de 1997.

MIRANDA, Pontes de. *Comentários ao Código de Processo Civil*. Rio de Janeiro Forense, 1974.

NEGRÃO, Theotonio. *Código de Processo Civil e Legislação Processual em Vigor*, São Paulo: RT.

______. *Código de Processo Civil*, 28ª ed. São Paulo: Saraiva,

OSSORIO, Angel. *El Alma de la Toga*. ED Edial, Lima-Peru, 2001.

PEREIRA, Virgílio de. *Direito de Família*. ED Lio-Tipographia Fluminense, 1923.

PORTANOVA, Rui. *Motivações Ideológicas da Sentença*. Cuiabá: Livraria do Advogado, 1992.

PRATA, Edson. *Jurisprudência do Código de Processo Civil* — Ementário. Vol. 1. ED Leud.

Comentários ao Código de Processo Civil. Vol II, T. I, Rio de Janeiro: Forense, 1987.

RODRIGUEZ, Isaac Sandoval — *Legislacion del Trabajo* — ED Los Amigos del Libro — La Paz — 1995.

ROSA, Inocêncio Borges da. *Comentários ao Código de Processo Civil e Comercial*. São Paulo: Livraria do Globo, 1940.

SANTOS, Ernane Fidélis dos. *Manual de Direito Processual Civil*. V. 1, São Paulo: Saraiva, 1985.

TEIXEIRA FILHO, Manoel Antonio. *As Alterações no CPC e suas Repercussões no Processo do Trabalho*. São Paulo: LTr, 1996.

TELLES, José Homem Correa. "Comentário Crítico à Lei da Boa Razão", *Revista AJURIS* n. 8, novembro de 1976.

VARELA, J. M. Antunes. *Direito das Obrigações*. Rio de Janeiro: Forense, 1977.

VASQUEZ, Jorge Rendón. *Guia Procesal Civil*. ED Edial — Lima-Peru — 2001.

VERGARA, Osvaldo. *Código de Processo Civil e Comercial do Estado do Rio Grande do Sul*, 3ª ed. São Paulo: Livraria do Globo, 1936.

REVISTAS E PUBLICAÇÕES PERIÓDICAS

Revista LTr
Revista dos Tribunais
Revista Justiça do Trabalho — HS Editora
Revista Forense
Revista de Jurisprudência do Tribunal de Justiça do Rio G. do Sul
Revista Julgados do Tribunal de Alçada do Rio Grande do Sul
Revista Trimestral de Jurisprudência
Boletim ADCOAS
Revista LEX
Revista "O Direito"
Revista Jurídica
Revista AJURIS
Revista DT — *On line*
Revista Síntese Trabalhista
CD — Justiça do Trabalho — HS Editora — Nota Dez

SITES

www.trt4.gov.br
www.stj.gov.br
www.stf.gov.br
www.otrabalho.com.br
www.senado.gov.br